A GEOGRAFIA DA PELE

Evaristo de Miranda

A GEOGRAFIA DA PELE

1ª edição

EDITORA RECORD
RIO DE JANEIRO • SÃO PAULO
2015

CIP-BRASIL. CATALOGAÇÃO NA FONTE
SINDICATO NACIONAL DOS EDITORES DE LIVROS, RJ

Miranda, Evaristo de
M644g   A geografia da pele / Evaristo de Miranda. – 1. ed. – Rio de Janeiro: Record, 2015.

ISBN 978-85-01-10372-7

1. África – povos africanos – agricultura e ecologia. 2. República do Níger – aldeias africanas. I. Título.

15-22720   CDD: 107
                                                                  CDU: 1(07)

Texto revisado segundo o novo Acordo Ortográfico da Língua Portuguesa.

Copyright © Evaristo de Miranda, 2015

Mapa: Matheus Jeremias Fortunato

Todos os direitos reservados. Proibida a reprodução, armazenamento ou transmissão de partes deste livro através de quaisquer meios, sem prévia autorização por escrito.

Direitos exclusivos desta edição reservados pela
EDITORA RECORD LTDA.
Rua Argentina, 171 - 20921-380 - Rio de Janeiro, RJ - Tel.: 2585-2000.

Impresso no Brasil

ISBN 978-85-01-10372-7

Seja um leitor preferencial Record.
Cadastre-se e receba informações sobre nossos lançamentos e nossas promoções.

Atendimento direto ao leitor:
mdireto@record.com.br ou (21) 2585-2002.

Que grande doutor é o tempo!
Não há melhor intérprete das profecias que o sucesso das
cousas profetizadas, nem há discurso mais certo para
alcançar o que se não entende, que o discurso dos anos.

Padre António Vieira
"Sermão das quarenta horas", 1642

Sumário

Nota do autor	9
Mapa	11
A caligrafia dos insetos	13
As penas do marabu	23
Um pé na cozinha	31
Asas crocantes	43
Sabores africanos	51
Os vícios do leite	59
Casa de ferreiro	65
O dinheiro do chefe	75
O destino dos cereais	81
Abortos minerais	95
Ruínas metálicas	103
O ferro celeste	119
Loucos e rebanhos	129
A pastora sem braços	141
Os cachorros da parteira	145
Rumores vegetais	155
A árvore da palavra	165
Um símbolo do mundo	173

Jogos de adeus	181
A travessia do Saara	191
Por terra, mar e ar	203
As verdes virtudes	211
Os caminhos dos ventos e das aves	217
Entre serpentes e bovinos	227
Um soluço profundo	231
Uma aliança de ferro e leite	235
A marcha das sombras	239
Na palma das mãos	243
O parto do retorno	247
O sol na ponta de uma corda	251
O luto cor de laranja	259
Rumo ao norte	265
O último lugar	273
Cores e rebanhos	281
A grandeza da fome	287
Encontro de avós	295
A tenda movediça	305
Saudades do deserto	311
A arte de costurar	317
A espada e a flecha	327
Final de Ramadã	331
A escrava buzu	335
Um mergulho para os céus	345
Epílogo	359
Principais plantas e árvores citadas	361

Nota do autor

Por casualidades juvenis e políticas, tive de deixar o Brasil no início dos anos 1970. Acolhido na França, comecei estudos de agronomia. Entre 1976 e 1979, conduzi uma pesquisa sobre desequilíbrios ecológicos e agrícolas no sul do Saara. Era inusitado que um brasileiro recém-formado coordenasse um projeto francês na África. Foram meses de preparativos e anos de trabalho em Maradi, no Níger. Nos anos 1980, retornei ao Brasil. Sobre os muitos episódios dessa experiência de humanidade, prometi aos africanos guardar silêncio por trinta anos. Agora, o mestre do tempo me autoriza a falar.

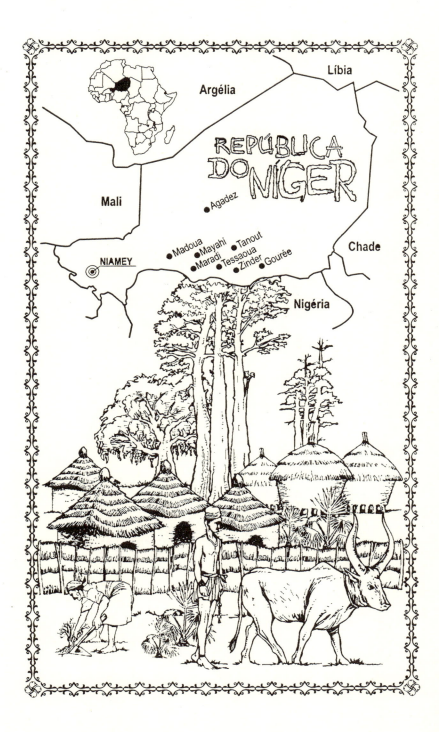

A caligrafia dos insetos

Minha pele não suportou três anos no deserto do Saara. Animado pela ousadia dos deuses da juventude, não percebi o quanto era tatuada pelo sol, pelo vento, pela vegetação, pelos animais e pela seca. Hoje, uma estranha geografia marca minha epiderme. Percorro suas manchas, rugas, máculas, dobras e cicatrizes como quem caminha entre colinas, montanhas, cordilheiras, países e continentes. Nas entranhas da memória, diversos idiomas e sonoridades identificam cada uma dessas paisagens de meu corpo. Elas têm um só nome: África.

A África evoca florestas, cipós e gorilas, lembra savanas, elefantes, girafas, leões e tantas maravilhas. A minha África é modesta. Não está em filmes de natureza, nem frequenta roteiros de viagens ou de safáris fotográficos. Fica longe de tudo isso, bem no meio do continente. É feita de areia, pastagens, choupanas de palha e infindáveis campos de cereais, em meio a baobás e acácias. Fica no Sahel, ao sul do deserto do Saara, povoada por animais invisíveis. Nos mapas, esse pedaço está localizado no Níger, um dos países mais pobres do mundo. Em meu corpo, o Sahel é uma ampla região, demarcada entre os cotovelos e as mãos, entre os joelhos e os pés. Fronteiras políticas, a natureza e os africanos ignoram. Eu aprendi a relativizá-las.

Mal cheguei ao Níger e as marcas da África surgiram em minha pele. Não esperava por isso. Estava no começo de uma pesquisa sobre as relações entre a agricultura e a ecologia no Níger. Era a primeira visita aos campos cultivados de Magami, aldeia próxima da fronteira com a Nigéria, no centro-sul do país. Minha cabeça de jovem agrônomo processava tudo o que via, sentia e ouvia: odores, vozes, paisagens, sabores, imagens... Havia esquecido a dor.

O sentimento doloroso surgiu de forma africana. Do nada. Caminhava num campo de cereais e senti um ardor crescente em vários pontos do corpo. No início parecia suportável. No início. Logo queimava e doía, cada vez mais. Estranhas vesículas surgiram e pipocaram em meus braços e pernas com a velocidade da luz. Eram bolhas circulares e alongadas. Pensei em taturanas. Não havia nenhuma visível nas proximidades.

A dor aumentava. Mei Dagi, meu guia local recém-contratado, inveterado mascador de noz-de-cola, começou a falar de forma enfática. Para mim, era difícil entendê-lo em seu idioma, o hauçá. Eu havia estudado o hauçá antes de deixar a França, mas suas palavras pareciam azuis. Sua língua amortecida e seus lábios tonificados, como os de um índio mascador de coca do altiplano andino, expunham resíduos alaranjados da noz-de-cola. Ele sempre usava um estranho chapéu de pano, igual ao dos caubóis texanos. Coisa incongruente aquele chapéu, índigo, naquele local. Mei Dagi era assim. Ele evocava minha pele. Falava das folhas de um vegetal. De cura. De uma erva.

Mei Dagi fez alguns gestos. Ele era zaré, zarolho. Seu único olho vivo me pedia atenção. Compreendi. Deveria aguardar. Ele cuidaria do assunto. Fiquei imóvel enquanto o caubói se afastava sob *su sombrero* azul. Seus serviços de guia, eu requisitava conforme a ocasião ou a circunstância. Ele cobrava por dia. E eu pagava suas diárias, religiosamente. Nem sempre o levava comigo nas pesquisas de campo, mas, naquele dia, tê-lo junto fora uma boa decisão.

A CALIGRAFIA DOS INSETOS

Enquanto Mei Dagi se afastava, eu delirava. Certamente, ele buscaria uma planta milagrosa da flora africana, desconhecida da ciência, explorada há milhares de anos pela sabedoria de seus ancestrais. Isso depois de correr léguas, em meio a campos cultivados e pastagens. Ele enfrentaria perigos, como numa maratona ou num *western*. Fora mesmo uma sábia decisão contratar os serviços ocasionais desse dedicado guia-comerciante na cidade de Maradi, a capital do Departamento, onde estava a base operacional do projeto.

Não aconteceu nada disso. O bravo Mei Dagi dirigiu-se com calma, e certo gingado, até um campo de feijão, plantado bem ao lado. Ele escolheu e colheu umas folhas, bem verdinhas e turgescentes, de *wakê*, feijão-fradinho, também conhecido no Brasil como feijão-de-corda. Espremeu-as e colocou-as sobre os ferimentos. Os cataplasmas verdes, feitos de folha de feijão, tão banais, eram sua medicina. Funcionou. O dedicado Mei Dagi fez várias idas e vindas, lentamente, mascando sua cola e trazendo folhas de feijoeiro amassadinhas. O ardor passava imediatamente. As marcas ficariam para sempre.

Enquanto eu mantinha os cataplasmas das prosaicas folhas de feijão sobre as feridas, Mei Dagi afastava as plantas ao redor com a mesma delicadeza com que retirava sua dose crônica de cafeína e teobromina das nozes de cola. Ele observava as plantas com a ponta dos dedos e com seu olho ciclópico. Achou o criminoso. Era um inseto de hábitos noturnos, a cantárida africana. Ela não fazia parte da minha lista de pragas das lavouras de feijão. Nem dos cereais. Mas sabia defender-se do intruso que eu era.

O pequeno besouro tinha uma bela coloração verde-brilhante, quase de um metálico azulado. A substância dissipada era a cantaridina. Ela dissolve o cimento existente entre as células da epiderme, mesmo em pequeníssimas quantidades. Quando uma bolha se rompe, o líquido provoca novas vesículas nos locais onde voltar a tocar a pele.

Os dedos de Mei Dagi apontavam para outras cantáridas. Sua cabeça começou a balançar estranhamente. Ele evocou o risco de ser atingido nos olhos. Sugeriu uma retirada. Nada mais de estudos naquele dia. Ficariam para depois. Na prática, eles nem sequer haviam começado. Concordei com esse guia previdente. Caminhamos em direção ao veículo, parado à sombra de um pequeno baobá. Eu reclamava e indagava em voz alta: por que esse fatídico encontro matinal? Logo comigo? Nos princípios de minha missão?

Mei Dagi me perguntou, sorrindo:

— Você tem muitos vilarejos para estudar em sua pesquisa?

— Sim. Vários.

— Este já te marcou.

— Será?

As feridas secaram e cicatrizaram. As marcas pareciam tatuagens. Os trabalhos de pesquisa foram retomados. Visitei vários vilarejos, muitos campos cultivados, com e sem a companhia de Mei Dagi, e nunca mais encontrei as cantáridas. Estava cada vez mais familiarizado com as pistas e estradas da região. Um dia, ao comentar com Mei Dagi o desaparecimento das cantáridas e a permanência das marcas em meus braços e pernas, ele me disse que isso tinha uma explicação. E me sugeriu retornar a Magami. Para uma conversa com os agricultores sobre esse assunto.

— Uma conversa sobre cantáridas?

— *Babo*. Não.

— Sobre o quê?

— Sobre suas marcas.

— Minhas marcas?

— Sim. Suas marcas.

A CALIGRAFIA DOS INSETOS

Tempos depois, acatei a ideia de retornarmos a Magami. Mei Dagi organizou uma reunião sobre minhas marcas e a experiência do brasileiro com as cantáridas. Ao chegar ao vilarejo, caminhamos até a sombra rendilhada de uma imensa acácia, repleta de ninhos de cegonhas, na praça central. Éramos aguardados. Os agricultores estavam sentados sobre esteiras de palha estendidas sobre a areia ou sobre estrados de madeira bem típicos do Sahel. Após as infindáveis saudações de boas-vindas, alguns agricultores e meu guia mascador de cola explicaram que, no Sahel, as asas das cantáridas eram trituradas e utilizadas em infusão por suas propriedades diuréticas e afrodisíacas. Sobretudo estas. Desde a Antiguidade, diziam. Enquanto falavam, descascavam e comiam amendoins. Com duas ou três esposas e tanto trabalho nas lavouras, esses agricultores muçulmanos deviam mesmo recorrer às cantáridas, aos amendoins e a outros recursos inimagináveis para cumprir suas tarefas agrícolas e suas obrigações conjugais.

Eram muitas mulheres nos campos do Sahel. E os homens, minoritários. Eles eram uma espécie de sobra, de resto de Israel, de raspa de tacho. Com as secas e a miséria, os mais jovens e empreendedores migravam para as cidades e até para o exterior. Ficavam as mulheres. Numerosas. Contudo, os homens restantes estavam dispostos a cumprir o preceito islâmico da poligamia. No passado, ela se justificava pelas guerras, um poderoso mecanismo de redução do número de machos. Hoje, pela migração.

Por mais mulheres ou fantasias, a cantaridina em excesso é extremamente tóxica. Em pequenas quantidades, servia aos insetos para escrever sua caligrafia na pele dos humanos. Ela era a tinta dessas canetas invisíveis e voadoras. As marcas indeléveis eram brancas. A epiderme perdia totalmente a coloração. Na pele bronzeada, elas ficaram evidentes em meus braços e pernas. No caso dos negros africanos, ela deixava sinais ainda mais visíveis.

Branco no preto, quase fosforescentes. A forma dessas nódoas leitosas lembrava pontos, traços, hieróglifos, claves de sol, pedaços de caligrafia árabe. Sem começo, nem fim. Sem verso, nem reverso.

No meio da conversa, os agricultores começaram a arregaçar mangas, calças, túnicas e bubus. Cada um me mostrava suas marcas, abundantes, diversas e artísticas. Com orgulho. Outros adultos e várias crianças se aproximaram, curiosos, e também mostravam suas cicatrizes. Quem as tinha, e onde as tivesse. Às vezes, em lugares bem surpreendentes.

Ao mostrar suas marcas, eles liam palavras, frases e mensagens das cantáridas em seus dorsos e membros. Colocados lado a lado, era possível talvez descobrir um texto, ler um livro, dependendo da ordem e da posição das pessoas. Seus corpos marcados eram capítulos em busca de livros. Ou de capítulos precedentes e subsequentes. Tudo absolutamente incompreensível para mim.

Eles aguardavam algum comentário de minha parte, sobre minhas marcas. Qual seu significado? Onde eu poderia me encaixar? Para Mei Dagi, minha ciência branca e ocidental devia ter algo a dizer sobre isso, sobre essas marcas, mesmo se eu não entendesse nada daquela caligrafia entomológica.

Eu estava perplexo. Voltara ao vilarejo na expectativa de obter explicações, e agora eu deveria fazer comentários, relatos, e prestar esclarecimentos. Que comentário poderia fazer sobre nódoas e cicatrizes provocadas por insetos em minha pele? Diante da expectativa geral, arrisquei uma consideração banal e ridícula:

— É... Eu aprendi uma lição.

— Qual?

— Que um pequeno inseto pode ser muito perigoso.

— ...

— Daqui em diante tomarei um cuidado especial com as cantáridas.

Decepção geral. Eles abanaram as cabeças com deboche. Um garoto repetiu, olhando fixamente para mim, a mesma frase em francês, para verificar se era bem isso que eu tentara dizer em hauçá. Diante da minha confirmação, ele a traduziu de novo para a roda de agricultores. Nova decepção. Não era nada disso. Eles esperavam outra coisa de mim. Sei lá o quê. Um seminário?

Diante da expectativa palpável de todo o grupo, retomei e mudei o discurso. Agradeci a ajuda e a sabedoria de Mei Dagi, esse grande guia recém-contratado, e o milagre de seus cataplasmas. Silêncio geral. Concluí, com ironia:

— As queimaduras das cantáridas não afetaram meu apetite sexual.

Ninguém sorriu. Também não era isso. Nesse momento, Mei Dagi aproximou-se. Como um bom guia, profissionalmente retirou-me da discussão. Demos alguns passos, lado a lado. Ele olhou para cima, invocou os céus e evocou as marcas na minha pele.

— Não foi um acidente.

— Eu tive a impressão de que sim, Mei Dagi.

— Você precisa pensar...

— No quê?

— Descubra o significado dessas marcas.

— E elas têm um significado?

— Você sabe o que as cantáridas quiseram te dizer?

— Sei lá, Mei Dagi.

— Talvez algo novo sobre a vida de Magami.

— Então as cantáridas escrevem? E isso tem algo a ver comigo?

— Quem sabe? Talvez seja sobre suas pesquisas na África.

— Minhas pesquisas?

— Quem sabe como será o seu retorno para a Europa?

— Meu retorno à Europa?

— Quem sabe o futuro?

20 A GEOGRAFIA DA PELE

— Não vai me dizer que as cantáridas fazem previsões...

Mei Dagi concluiu sua fala com ar de mistério. E permaneceu em silêncio com um leve sorriso do lado esquerdo de seus lábios africanos. Não era ironia, nem brincadeira. Apesar do seu chapéu de caubói, feito de um pano índigo desbotado.

Retornamos para debaixo da acácia. Os agricultores ainda falavam e insistiam com gestos. Eu deveria ler e entender a mensagem das cantáridas na minha pele e compará-la às deles. O garoto que falava francês traduzia e repetia tudo para mim. Eu deveria descobrir onde esse texto dos insetos se encaixava. Em silêncio, perplexo, pensava com ironia: seriam as minhas marcas um prefácio esclarecedor da história de Magami, do Níger ou da África? Ou um epílogo apocalíptico do que me aguardava nos próximos anos? Tive a impressão de estar perdendo tempo, apesar da seriedade dos propósitos de todos.

Como minha compreensão da língua hauçá não era lá grande coisa, talvez eu não estivesse entendendo direito. Ou fingisse não entender. E se porventura o significado dos comentários surrealistas dos agricultores fosse outro? Não era. O mesmo garoto repetia, num francês impecável, o que meu hauçá captava entre cacos semânticos e pedaços sintáticos:

— *Monsieur*, existem riscos. Perigos.

— Tanto assim?

— *Monsieur* deveria ler e entender a mensagem

— *Que mensagem?*

— A mensagem das cantáridas sobre sua pele.

— Eu deveria?

— Sim. Quem sabe o futuro?

Para mim, no máximo, bastaria descobrir o nome científico daquela espécie de cantárida. E ficar afastado desses terríveis insetos. Só depois eu soube que eram mais de 2.600 espécies de cantáridas e assemelhadas. Eles insistiam. Pelo meu bem. Pelo meu futuro. Apontavam com o dedo para minha pele. Eu mal entendia a língua dos hauçás, quanto mais a escrita das cantáridas. Cogitei, pela primeira vez, a hipótese ou a possibilidade de uma gramática entomológica. Mas relutava. A que ponto cheguei?, pensava. Com alguma hesitação, de quem comete um delito pela primeira vez, tomei coragem e perguntei:

— Quem poderia me ajudar a "ler" o significado destas marcas?

A resposta foi simples e em uníssono:

— *Malan Zabeiru*, Mestre Zabeiru, o marabu.

Anotei. Agradeci a colaboração de todos. Mei Dagi respirou aliviado. Os agricultores, o vilarejo, o Níger e a África respiravam aliviados. E me cabia achar esse marabu, especialista em escritos de insetos e literatura entomológica. Onde a África estava me levando? Mal chegara ao coração do continente negro e agora, além de acreditar numa possível escrita das cantáridas, eu também aceitava a existência de humanos especializados em sua leitura, tradução e interpretação. Eu hesitava. Mas quem sabe o letrado marabu de Magami tivesse uma receita ou uma borracha mágica para apagar os garranchos mal traçados, deixados em minha pele por silenciosos e literatos insetos africanos?

As penas do marabu

Marabu é a designação comum, em francês como em português, do devoto muçulmano. Na África ao sul do Saara, o nome toma ares de curandeiro, adivinho. Alguns de seus túmulos são venerados e visitados como lugares santos muçulmanos. O nome marabu me fazia pensar na grande cegonha africana, de pescoço pelado, sempre sóbria e engravatada. Elas são um pouco parecidas com o tuiuiú ou jaburu do Pantanal. Por que teriam o mesmo nome? Talvez as acrobáticas posturas dos marabus em oração para a Meca lembrassem as da cegonha em repouso. Eu hesitava em buscar o tal marabu, decodificador e intérprete de sinais entomológicos.

Uma semana depois, sem muita pressa nem convicção, retornei a Magami quase em segredo. Sem avisar Mei Dagi. Era dia de mercado semanal. Parei o carro num lugar qualquer, perto da agitação da feira local. Atravessei algumas ruas e pedi ajuda a uns meninos para achar a choupana do marabu, se é que não vivia em alguma gruta de areia ou no oco de uma árvore. Guiado por eles, fui ao encontro do famigerado marabu, nesse vilarejo perdido num oceano de palha seca e areia. Eu ia encontrar um especialista em ler marcas "na pele e nos céus". E tantas outras coisas, eu imaginava.

Malan Zabeiru era um exemplo da convivência de práticas animistas e conhecimentos ancestrais africanos (saberes, diriam alguns) com o Islã, recém-chegado e em forte expansão. Não me parecia normal perguntar a um marabu qual a intenção e a mensagem dos insetos ao produzir, deliberadamente, marcas pelo corpo com aquele formato, disposição, localização e extensão. As crianças que me acompanhavam alegremente pararam a uns respeitosos 10 metros de distância da casa do marabu, indicando-a com os lábios. Tomei coragem. E fui até lá sozinho.

A cerca externa era vulgar, de palha, num canto de ruas, como qualquer outra, sob a sombra amarela das folhas e galhos de um raquítico *neem*. A casa ficava na parte mais ensolarada e seca do vilarejo de Magami, onde as grandes árvores eram raras. Apenas alguns *neens* pipocavam por ali. Entrei pela única abertura. No interior do quadrilátero de palha, duas pequenas choupanas estavam assentadas num canto do terreiro de areia, bem varrido. Eram tão leves que davam a impressão de poderem ser levadas de um lado para outro, conforme as necessidades do proprietário ou os caprichos do vento. Mal atravessei a paliçada de sua casa, ecoou a primeira frase de Malan Zabeiru enquanto ele saía de uma das cabanas:

— *Babo photos!* Nada de fotos!

Achei estranho. Nem máquina fotográfica eu levava. Após toda a série de saudações de praxe, ele me convidou para entrar em sua cabana-consultório. O consultório, capela ou mesquita do marabu era banal. Nada de máscaras ou sinais externos. Nem sapos com bocas suturadas, nem marabus ou cegonhas taxidermizadas. O ar refletia uma tonalidade ocre difusa. O mesmo despojamento externo habitava o interior da cabana. Alguns morcegos, bem vivos e imóveis, se mantinham dependurados no teto, coisa comum nas choupanas da região. Eles sabiam guardar segredos. Eu podia falar à vontade.

Sentei-me face a face com o marabu. Ornado com um belo turbante vermelho, enquanto eu falava ele jogava e retomava seus búzios numa esteira de palha em frangalhos colocada entre nós.

Num hauçá mal falado, expus minhas marcas e inquietações. Ele parecia não entender muita coisa, o que não tinha a menor importância. O vilarejo inteiro já o informara dos meus infortúnios. Várias vezes. Eu me sentia aguardado.

Concluí minha fala. Ele parou com suas conchinhas. Examinou minhas marcas com uma mescla de interesse e repulsa, pelo menos aparente. Tocava com a ponta dos dedos este corpo, cor de cadáver, descolorido e pálido, como dizem os pequenos garotos africanos assustados ao ver um branco. Com uma pena de avestruz, cobria e descobria minhas marcas cadavéricas, acariciava-as através de um tato sutil, incompreensível para mim.

— Você não perdeu os braços.

— *Babo*. Não.

— Nem as pernas — disse ele, me provocando.

— É verdade.

— Qual é o problema?

— Não sei.

— O que quer saber?

— Estas marcas. O que significam?

O marabu colocou sua pena de avestruz sobre o joelho e explicou: nos corpos dos africanos, as marcas falam de épocas difíceis, anos de seca, ataques de lagartas, falta de vento, advertências celestes, excessos de chuvas, traições amorosas, presságios, momentos de orações, quedas de meteoros, desencontros familiares, e por aí ia. Talvez eu não ouvisse direito. Como marcas na pele podiam falar de tudo isso?

Malan Zabeiru prosseguia com seu discurso e suas explicações. Dependendo da pessoa escolhida pelas cantáridas, seu corpo se transformava numa enciclopédia de feitos e circunstâncias, presentes, passadas e futuras. Tudo muito bem registradinho, na pele de cada um, segundo Malan Zabeiru, como as sagas dos islandeses e noruegueses, gravadas sobre o couro das vacas. Quase perguntei se as cantáridas seguiam alguma forma de registro metódico por tema ou tipo de pessoa. Haveria uma ordem alfabética ou de data nessa literatura? Meu hauçá não dava para tanto, muito menos para alguma ironia.

— Muito bem Malan, mas e as minhas marcas?

— Huumm...

Malan Zabeiru retomou a negra e oscilante pena de avestruz na mão. Depois de um tempo em silêncio, concluiu simplesmente:

— No seu caso, não há muito o que dizer.

— Nada?

— Pelo menos agora.

— Como assim?

Para ele, era melhor não especular. Minhas marcas eram menos que um esboço. Não cunhavam nada. Nem sequer sinalizavam o começo de um rascunho. Eram um nada. Uns rabiscos. Nódoas desconexas. Pedi uma confirmação. Malan Zabeiru concordou e disse que seria mais explícito, mais claro, se era o que eu desejava.

Girou lentamente a pena de avestruz diante do rosto. E começou a traçar linhas imaginárias e palavras encantadas no ar abafado da choupana. Eram apenas escritos ou desenhos no vazio. Seus sinais mágicos caíam como poeira invisível entre nossos corpos. Eu sentia a perda semântica na medida da minha ignorância. Eu não captava nada, por mais que o marabu sublinhasse seus escritos aéreos. Sentenças pulverizadas e enunciados imperceptíveis se precipitavam, escorriam lentamente em direção aos búzios inertes e aninhavam-se invisíveis nas reentrâncias das conchinhas.

Fiquei desapontado comigo e com as cantáridas. E também com esse mestre africano. Uma decepção esse marabu Zabeiru, avesso a fotografias. Tinha a impressão de deixar o local como havia entrado. Esperava sair de lá com recomendações espirituais, de corpo fechado, talvez com algum patuá anticantáridas, com um pozinho para lançar nos campos antes de estudá-los ou com alguma reza braba muçulmana e... nada. Nem uma pena de avestruz, quanto mais de marabu.

No país hauçá tudo era pago, quanto mais uma consulta dessa magnitude. Paguei-lhe com algumas moedas. Ele as fez desaparecer das mãos como num passe de mágica. Enquanto eu tentava descobrir seu truque, as moedas desciam, tilintando, pelos labirintos de sua roupagem, cheia de dobras, sulcos, pregas, fendas e rugas. Imaginei-as caindo num saco repleto de moedas reluzentes, escondido em algum lugar sob suas vestes. Malan Zabeiru me garantiu sorridente e confiante, com um tom consolador até:

— Sua pele é boa. Elas voltarão a se comunicar.

— *Iaushe?* Quando? — indaguei com ingenuidade.

— Um dia. Uma noite.

— *Iaia?* Como? — reiterei com insistência.

— *Wuta.* Com fogo.

— *Ina?* Onde?

— *Nan.* Aqui. Ou na França.

— França? — indaguei com ar de fingida preocupação.

— Quem sabe o seu futuro?

Malan Zabeiru me indagava como se fosse um Mei Dagi emplumado. Mais uma vez não captei quase nada de suas respostas. Talvez Malan Zabeiru não tivesse entendido nenhuma de minhas perguntas. Talvez considerasse que eu não seria capaz de entender suas interpretações. Para as cantáridas seria uma questão de tempo e oportunidade voltarem a comunicar-se. Elas o fariam no futuro. Com certeza. Eu teria direito à sua literatura. Eu tinha uma pele predestinada a uma epopeia de insetos, repleta de eventos, ações gloriosas e retumbantes, previsões, profecias e reflexões. Aí então, depois de muitos cataplasmas de feijão, era só voltar a encontrar Malan Zabeiru e sua pluma negra e esgarçada de avestruz. Sem fotos e com moedas. Isso eu já tinha entendido. Salvo se as marcas ocorressem em Paris, hipótese pouco provável para as cantáridas.

— *Mei kiau... Nagodi!* Muito bem... Obrigado!

Eu me despedia e me levantava, frustrado. Talvez ciente de minha decepção com a invisível literatura dos insetos africanos, com o que ele não quisera ou não pudera me dizer, Malan Zabeiru me surpreendeu. Largou a pena de avestruz e me fez sinal com a mão para que esperasse. Eu me detive e inclinei-me em direção a ele, para ouvir algum conselho derradeiro.

Num novo passe de mágica, ele me estendeu um rolinho de papel azulado, saído não sei bem de onde. Seria um recibo? Se fosse, eu faria questão de incluí-lo em minhas prestações contábeis de meu orçamento em Paris. Iria inserir num item: gastos com curandeiros. Seria a glória junto a um centro de pesquisas científicas na França. Por lá, isso daria origem a grandes debates, mesas-redondas, novas teorias antropológicas... Alguns achariam um absurdo. Outros veriam no fato uma nova abordagem científica participativa muito promissora... e quem sabe surgiria um novo enfoque epistemológico sobre pesquisas de campo na África? *Babo.* Não.

Não era um recibo, nem uma fatura. O sonho de perturbar a contabilidade e a ciência francesa não vigorou. Desenrolado, seu papel era um fragmento de arte. Uma pintura de sua autoria, em guache. Com muitas letras árabes, frases e símbolos. Moderna, até. Intrigante, misteriosa, essa pintura. E devidamente assinada. Com pena de avestruz, talvez. Eu a contemplei, imóvel, surpreso e até maravilhado. Era uma pequena obra de arte.

— Ela te ajudará — arrematou Malan.

Incapaz de ler e entender, guardei-a como um amuleto. Como os judeus, pensei em colocar essa obra enrolada dentro de um estojinho, numa *mezuzá*, no umbral direito da minha porta, junto com a inscrição bíblica, extraída do Deuteronômio (6,9): "Tu os inscreverás sobre as ombreiras da porta de tua casa." Um dia. Quem sabe.

Malan Zabeiru me premiara com sua arte, num gesto afetivo de comunicação. Marcara suas mensagens no papel. Eu não as entendia. E se eu interrogasse as cantáridas? Boa ideia? Não. *Babo.* O delírio ainda não chegava a tanto. No caminho até o veículo, entre cachorros, crianças e muita gente agitada voltando do mercado semanal, eu imaginava essas cantáridas ansiosas por deixar sua semiologia na pele de um brasileiro, espécie raríssima na região. Esse seria talvez o pensamento de muitos no vilarejo. E até de seus insetos. Quem sabe se, em seus esconderijos invisíveis, as cantáridas cogitavam e discutiam:

— Até onde esse brasileiro levará nossas mensagens?

— Ele parece disposto a colaborar conosco: usa bermudas e camisas de manga curta, ao contrário dos hauçás recobertos de tecidos.

— É. Ele nos oferece um amplo suporte para a escrita entomológica.

— Mas sua pele é clara demais. Nossa tinta fica quase invisível.

Depois de imaginar as graves discussões e as difíceis decisões a serem tomadas pelas literatas cantáridas africanas, cheguei ao carro superaquecido ao sol do Sahel e resolvi engavetar, esquecer esse assunto. E, junto com ele, a misteriosa obra de arte de Malan Zabeiru. Por um bom tempo. *Affaire classée*, como se diz em francês.

Pura ilusão. Eu e Malan Zabeiru estávamos enganados. A tarefa de narrar lembranças, desenhar contornos, mapear paisagens e anunciar os vaticínios do Sahel na minha epiderme não seria apenas a obra das cantáridas. Elas haviam convidado outros elementos da natureza e da mitologia africana. Estava tudo combinado. Há séculos. O caso apenas começava. Eu nem suspeitava. O primeiro reencontro já estava marcado, bem pertinho da cozinha.

Um pé na cozinha

Dinheiro, *kudi*. A palavra mais escutada em toda minha passagem pelo Níger foi sempre *kudi*. Sob as árvores, nas ruas, nas relações amorosas, no meio do gado, nas discussões técnicas, sob tempestades de areia ou embaixo d'água: *kudi*, *kudi* e *kudi*. Dinheiro. Um bem raro e disputado como a água e o alimento.

Os agricultores nas aldeias africanas sempre me recebiam com cortesia e uma enorme indiferença. Era apenas mais um branco, curioso de sua terra e costumes. Eu falava mal sua língua, o hauçá. E, se trabalhava tanto por ali, era para ganhar mais dinheiro, mais *kudis* ainda. A monetarização nas relações sociais era absoluta no Sahel. Se alguém ajudava a empurrar o carro, deveria ser pago. Se alguém colaborava na troca de um pneu, deveria ser pago. Qualquer gesto, ação, informação e, às vezes, até uma intenção deviam ser pagos. Os maridos polígamos comiam dois dias na casa de cada uma das esposas, alternadamente, e sempre pagavam pelo almoço e por todos os outros serviços domésticos.

E foi com uns quantos *kudis* que eu comprei na feira da cidade de Maradi, após uma negociação infindável, um bastão de guardador de rebanhos ou de vigia noturno. Era feito de uma madeira sólida, clara e pouco flexível. Nem muito leve, nem pesado. Fora talhado com muito esmero e era bem equilibrado. Considerei-o um achado. Era minha muleta para enfrentar a África, o desconhecido, os franceses locais e as saudades. Comecei a empunhá-lo como um cetro real. Como eu usava sempre esse bastão em todos os meus deslocamentos e dele nunca me separava, logo ganhei um apelido dos hauçás: *Mei Sanda*, o senhor do bastão ou do cajado. A palavra *Mei* evocava o dono, o patrão, o senhor. Poderia ter sido diferente.

Desde minha chegada à região de Maradi, preocupei-me em não chocar ou ofender a população local com algum comportamento exótico. Tomava cuidado com o que eu vestia, dizia e fazia. Por um momento temi pelo bastão. Talvez pudesse parecer ofensivo. Nada disso. Que eu usasse um bastão era normal. Grave mesmo para os hauçás era eu não ter um ajudante de cozinha. Era uma situação impensável. Eles estavam chocados.

Em todos os vilarejos e aldeias visitados, a primeira pergunta invariavelmente era: onde eu havia deixado o meu *boy*? Eles não podiam imaginar que eu não tivesse um ajudante de cozinha, um *boy*. Quando não perguntavam, escrutinavam o veículo e sua carga, na esperança de ver emergir o tal cozinheiro. Ao constatar essa ausência, presumiam alguma emergência: o *boy* tivera problemas sérios; surgiram compromissos inadiáveis; ele estava com uma crise de malária; partira em peregrinação a Meca... Enfim, era uma situação passageira, até que conseguisse rapidamente um substituto.

Quando Mei Dagi confirmava e anunciava, com certo rancor, que eu não tinha *boy*, eles expressavam todo seu espanto. Para mim e para o guia. Todo branco tinha um ajudante africano. Eu era branco, vinha da Europa, logo... Não ter um *boy* estava fora de questão. Meu apelido poderia ter sido *Babo Boy*, algo como o sem-*boy*, o sem-ajudante, o sem-cozinheiro, o sem-pajem. Para evitar mais um codinome e o conflito com os costumes locais, num dos primeiros retornos do campo à cidade de Maradi, eu procurei por um *boy*.

Recorri a Mei Dagi, meu guia casual, comerciante intermitente, metido a conhecedor da região, especialista em cantáridas e agora, com sua penetrante monovisão, transformado em *headhunter*. Num fim de tarde Mei Dagi surgiu furtivamente, como quem trouxesse um tesouro capaz de despertar a cobiça de honestos e desonestos. Ao seu lado, palitando os dentes com um toquinho perfumado, vinha Haladu. Vestido de branco, com uma roupagem que chegava até os pés e lhe dificultava os passos, Haladu, recoberto de suor, se apresentou.

Ao relatar a carreira de seu indicado, o grande Haladu, Mei Dagi deu a impressão de que esse cozinheiro trabalhava com os brancos desde os primórdios do século XVIII. Ele havia servido gerações e gerações de franceses: de exploradores a comerciantes, de militares a cientistas, de religiosos a aventureiros. Haladu era um *chef* de cozinha. Negociamos rapidamente seu salário e as condições de trabalho sob a palavra decisiva de Mei Dagi. Haladu murmurou algumas palavras de agradecimento. Contratei-o. Mei Dagi sugeriu um adiantamento de salário. Concordei. Tive a impressão de que serviria para Haladu pagar uma comissão a Mei Dagi.

Haladu veio morar em casa. Nossa convivência foi tumultuada. Seus almoços eram sofisticados, com notas pantagruélicas. Nas viagens de campo ele levava um sonoro baú metálico, pintado de vermelho e repleto de pratos, mantimentos, talheres, areia e panelas. Juntos, os pratos e os ingredientes sacudiam pelas acidentadas trilhas e pistas africanas. Haladu comprava os alimentos no mercado da cidade de Maradi, sem negociar, gastando meus escassos recursos. Comprar coisas num mercado local africano é uma arte. Exige pechinchas, blefes, ameaças, súplicas e juramentos. Mais ainda quando o cozinheiro se vê na obrigação de preparar a legítima cozinha francesa, baseada em batatas, molhos e carnes, em pleno centro da África.

34 A GEOGRAFIA DA PELE

Nos mercados africanos negociam-se cada amendoim, cada grão de sorgo e cada centavo. Haladu não perdia tempo com esses detalhes financeiros e costumes tribais. Não. Ele observava as mercadorias, com o queixo empinado, como um grande chefe de cozinha francesa fazendo compras de madrugada no mercado hortigranjeiro de Rungis, ao lado de Paris. No máximo, no caso dos ovos, ele os mergulhava numa vasilha com água para ver se iam ao fundo rapidamente. Boiar ou descer devagar era um péssimo sinal. Deviam ser ovos do século passado. Os que iam ao fundo tinham apenas alguns meses de existência, longe de qualquer geladeira. Eram adequados para o consumo. Haladu não regateava com meus *kudis*, com o dinheiro alheio. Ele simplesmente escolhia, comprava e pagava. Os comerciantes hauçás adoravam Haladu e seus (meus) generosos *kudis*.

Como não havia geladeira, os produtos deviam ser adquiridos na véspera ou, se possível, no próprio dia da viagem. As saídas para o campo atrasavam horas, aguardando sua ida ao mercado. E os sacrifícios à gastronomia não paravam por aí. No local de trabalho, eu devia instalar o cozinheiro e seus equipamentos em primeiro lugar. Depois, os meus. *Noblesse oblige*. Além disso, precisava respeitar todas as paradas necessárias nos deslocamentos para as preces e orações de Haladu, um muçulmano devoto. Sempre voltado para Meca, nos horários adequados e prescritos. Acompanhado por Mei Dagi. Além da religião, a conversão ao Islã introduz a pessoa na geografia, no tempo e no espaço.

Por rodarmos tanto e em tantas direções, Haladu solicitava a ajuda da minha bússola para localizar Meca com precisão. Informei-me sobre as latitudes e longitudes de Meca e Medina. Em pouco tempo, tornei-me um especialista em localizar a Arábia Saudita e orientar as orações islâmicas. Sem me converter. O tema era relevante. Imagine uma oração mal direcionada! Oração é como um míssil. Poderia ir bater em Roma ou no vazio do oceano. Sem retorno. Às vezes, Haladu pedia uma parada do carro, para urinar. Antes de afastar-se um pouco, também solicitava a posição de Meca.

— Bússola para urinar, Haladu?

— Sim, Mei Sanda. Não urinamos de pé como os infiéis, patrão.

— Mas e a bússola?

— Não se pode urinar na direção de Meca.

— Ah, bom.

Devidamente orientado, dando as costas para Meca e Medina, ele se afastava e sentava-se sobre os calcanhares. Assim, acocorado, urinava. Como fazem as mulheres. Como faziam os muçulmanos na região. E aproveitava para relaxar uns bons minutos, na mesma posição.

— A urina nunca espirra na gente — concluía Haladu, com uma nota de civilização e de acusação velada contra os costumes bárbaros dos brancos ocidentais.

E me explicava com gravidade: urinando ou fazendo suas "necessidades", Haladu manipulava tudo, sempre e apenas, com a mão esquerda. Nunca nada com a mão direita. Por questões religiosas e de higiene.

Eu até ficava frustrado quando ele se localizava sozinho para as orações regulares ou necessidades fisiológicas. Jamais me queixei, e aproveitei essas longas paradas, longe dos ruídos de pratos e panelas, e dos odores de cozinha, para fazer minhas estranhas e necessárias orações, olhando para meu interior, desnorteado, em todas as direções.

Nada contra seu fervor muçulmano. Minhas queixas em relação a Haladu eram gastronômicas. Foram semanas tentando digerir as criações franco-africanas desse *chef*. Com exceção das batatas fritas, evitadas pelas moscas e varejeiras, o resto era povoado por esses maravilhosos e revoltosos insetos. Os pratos eram indigestos e, às vezes, intragáveis. Dada a escassez de água, o ecológico Haladu reciclava tudo. A mesma molécula de H_2O lavava verduras, mãos, talheres, e no final ainda podia cozinhar uma batata, antes de juntar-se às escassas nuvens do Sahel. Minhas reservas de fome, saliva, tolerância e dinheiro se reduziam a uma velocidade espantosa.

Entristecido e frustrado, Haladu comia sozinho suas criações gastronômicas, quase intocadas por seu estranho patrão, mesmo se visitadas e aclamadas por nuvens de moscas e outros insetos. Quando Mei Dagi estava presente, ele também as saboreava. Além disso, Haladu distribuía os restos às crianças que nos cercavam de curiosidade nos vilarejos e locais de acampamento. Como o número de moscas e crianças aumentava, as porções de Haladu se tornaram cada vez mais generosas e famosas.

Desinibidas e intrigadas com o meu modo de vida, as moscas e as crianças ganharam confiança. Sobretudo as últimas. As moscas eram como minúsculos passarinhos que nos envolviam com seus cantos, corais e orquestras. As crianças perguntavam, fuçavam em minhas coisas e davam sugestões o tempo todo.

As crianças africanas são uma bênção. Era uma descoberta mútua de vocábulos, sentimentos e expressões. Elas adoravam dar uma voltinha, montadas dentro e fora da minha velha Land Rover, um dos raros veículos a passar por aqueles vilarejos. Eu sempre buzinava ao aproximar-me dos vilarejos. Parava no alto de uma duna. As crianças (e as moscas) corriam de todas as partes em minha direção. Gritavam e zuniam:

— *Mei Sanda! Mei Sanda!*

Eu aguardava pacientemente a chegada de todas. Buzinando. Pareciam milhares de crianças, gritando, tagarelando e sorrindo. Subiam e se agarravam onde fosse possível. O veículo ficava entupido, recoberto por um enxame de crianças, vazando pelas janelas. Dezenas se sentavam no capô e centenas no teto. Milhares se agarravam nos estribos, bagageiros e esteios. As moscas assentavam sobre todos: nas bocas, nos cantos dos olhos, nas cabeças e nas múltiplas feridas. E fechavam seus olhinhos facetados enquanto esfregavam freneticamente as patinhas. Eu também quase não enxergava mais nada. Só via rostos sorridentes por toda parte, janelas, portas e frestas. Toda vez era assim. O carro afundava na areia com aquela carga ruidosa de tantos meninos e meninas, moscas e mutucas.

Buzinando, acelerando e roncando o motor, o *Mei Sanda* despencava da duna em desabalada carreira, como se diz. Ao chegar à parte baixa, no sopé da duna, eu dava uma brusca e violenta freada. Os meninos e meninas eram projetados na areia, uns sobre os outros, em meio a gargalhadas, gritos e uma euforia geral. Nunca ninguém ficou ferido ou terminou esmagado sob as rodas do veículo. Deve existir mesmo um Deus, acima das religiões, para zelar pelas crianças e por jovens brasileiros malucos, até nos confins da África.

Essas crianças, sobretudo as que apareciam nos horários das refeições, foram meus melhores professores de hauçá. Várias eram alfabetizadas. Algumas falavam um francês razoável. E até tinham uma vaga ideia de onde ficava o Brasil. Na falta de um tradutor, eu contava com o resultado da islâmica taxa anual de natalidade do Níger, uma das maiores do mundo, superior a 5%, para ultrapassar as barreiras linguísticas.

Antes de partir para essa pesquisa na África, eu estudei a língua hauçá em livros e com um professor. Teoricamente. Foi aí que descobri: os franceses, em que pese todo o seu gênio e realizações, são incapazes de pronunciar uma palavra paroxítona. Proparoxítona, então, é inimaginável. Parece simples e fácil. Para eles, não é. Um gaulês não consegue pensar na existência de proparoxítonas. É uma impossibilidade metafísica.

O francês é uma língua tonal. Poucos sabem disso, sobretudo os próprios franceses. Eduardo vira EduardÔ, e a mesma sorte têm palavras e nomes estrangeiros como penaltÍ, cornÉR, spaguettI, tortillÁ, KennedY, SuzukI, CâmarÁ, RonaldÔ, RiÔ de JaneirÔ, MéxicÔ e por aí vai. Os países africanos, para os gauleses, são oxítonos: MauritanIE, AlgerIE, TunisIE, LibIE, TanzanIE, EthiopIE, GambIE, NamibIE, Haute VoltÁ, RuwandÁ, AngolÁ, QueniÁ, UgandÁ, BissaÔ, CongÔ e eteceterÁ. Mesmo no latim, que não tinha oxítonas, todas as palavras ressoam fortes na última sílaba, na versão fonética dos franceses.

Um povo com o acento tônico numa única sílaba, e logo na última, deve significar alguma coisa. Sobre étimos e palavras, seus filósofos e psicanalistas já falaram muito. Contudo, ainda não decidiram enfrentar esse mistério tonal da dominância absoluta das oxítonas em sua pátria.

Para os franceses, o hauçá era todo oxítono, como sua língua. Eu aprendera o hauçá nos livros e com franceses. A garotada dos vilarejos ficava feliz em me corrigir e me ver pronunciar diferentes acentos tônicos. Os hauçás também pronunciavam meu nome paroxítono completo, com perfeição. Suas entonações flutuavam suavemente entre todas as sílabas.

Os velhos dos vilarejos achavam graça de ver suas crianças, negrinhas, sujinhas e animadas, ensinando aquele adulto, branquinho e arrumadinho. Ficavam surpresos. Talvez porque algo eu aprendia.

— Elas lhe passam ditados — diziam.

Mei Sanda era um bom aluno. Eu anotava as lições com cuidado em um único caderninho espiral, muitas vezes conferido pelos infantes. E as moscas agregavam seus pontinhos nas páginas branquinhas.

Enquanto a linguística avançava, a gastronomia e a higiene de Haladu não se arranjavam. Para satisfazer o estranho patrão francês, que não gostava das legítimas receitas da cozinha da Gália, Haladu tentou ser mais criativo. Lembrou-se de todos os franceses para quem trabalhara ao longo de sua existência multissecular. Dos mais excêntricos às madames mais normais. Antes e depois da colonização. Antes e depois da independência do Níger. No seu baú invisível de receitas, ele foi buscar inovações culinárias ainda mais caras e estranhas. Só para me agradar.

Para um número ainda maior de crianças e varejeiras do Sahel, foi a oportunidade de provar, em diversos vilarejos, as surpreendentes versões haladuianas da cozinha regional francesa. Eram pratos da tradição gastronômica provençal, lionesa, auvérnia, bordalesa, alsaciana e por aí afora. Sempre com o inconfundível toque de criatividade do Haladu na substituição de ingredientes. Ou porque eram inexistentes no mercado local, ou porque achava que o prato ficaria melhor com esse toque africano. Além da permanente presença das areias do Saara, sempre trincando entre os dentes, como um condimento indispensável. As nuvens de moscas também davam sua sutil e invisível contribuição. Até algo parecido com os crepes bretões ele tentou, com sua *galette* com a farinha de *hatsi*, de milheto, no lugar do trigo-sarraceno. Não deu certo. Faltou tudo.

Com tantos gastos e inovações, meu orçamento entrou no vermelho. E isso sem que eu degustasse quase nada. Eu justificava minha indiferença e repulsa aos alimentos e às moscas com falta de fome, indisposição, cansaço, crises digestivas próprias dos brancos recém-chegados e tudo o que meu vocabulário hauçá permitia. Não era muito. A lista de evasivas ficou curta. As desculpas se esgotaram.

Uma manhã, decidi dialogar com Haladu, tendo algumas moscas e crianças como testemunhas. Sugeri, numa temperada mistura de francês e hauçá, que me introduzisse à cozinha hauçá. Mesmo. Já bastava de cozinha francesa. Desejava pratos simples, do cotidiano dos hauçás, valorizando os produtos da região. Expliquei: eu não era francês. Vinha de outro país, parecido com a África: o Brasil.

— *Brrréééésil* — disse Haladu, lentamente.

— Sim. *Brésil.*

— Onde fica?

— Longe, muito distante — repliquei.

— Como Meca?

— Mais longe.

— Onde?

— Do outro lado do mar.

— Que mar?

— O Atlântico.

— *Atalantic*, Mei Sanda?

— Sim, Haladu. *Atlantique.*

— Qual?

Calei-me. Ao contrário de Haladu, eu só conhecia um Atlântico. Haladu vivia a mais de mil quilômetros do litoral, cercado de areia e paludismo. Ele devia conhecer um número sem fim de mares e oceanos imaginários. Naquele tempo, a televisão ainda não fizera sua marcha triunfante pelo Sahel. A referência geográfica mais distante para Haladu era Meca, situada a nordeste. O Brasil ficava a sudoeste. Era o oposto de Meca, em tudo. Comecei a evocar, com ironia, as oposições brasileiras e arábicas. Ele não gostou. Primeiro, franziu a testa. Suas veias saltaram como um rio em tempos de cheia e apresentaram seus meandros transbordantes de indignação. Depois foi a vez do couro cabeludo. Ele prosseguiu crispando-se até a nuca. Achei o terreno delicado e perigoso.

Decidi não prolongar a aula de geografia cultural e religiosa. Nada de confrontar Oriente e Ocidente e muito menos a Meca e o Brasil. Resumi: apesar de sua excelente cozinha europeia, preferia comer algo bem africano. O melhor da cozinha dos hauçás. Com produtos frescos e simples da região. Seria possível? Haladu arregalou os olhos e perguntou:

— De verdade, Mei Sanda?

— Sim.

— Comida africana?

— Sim.

Ele respirou aliviado. A proposta o alegrava. Sua fisionomia iluminou-se. Limitou-se a dizer um suave "de acordo", em hauçá e francês, inclinando a cabeça e mostrando seu crânio liso, raspado à navalha e que voltava à aparência de um mar calmo.

— *Tôôôuu*, Mei Sanda. De acordo, patrão.

— Ótimo, Haladu. Combinado.

Ele estava de acordo. Havia uma saída. Eu também respirei, aliviado. E as crianças sorriam, dando sinais de aprovação. As moscas manifestavam seu júbilo através de novas harmonias sonoras e coreografias acrobáticas sobre nossas cabeças. Pareciam exagerar.

Asas crocantes

No dia seguinte ao entardecer, voltei do campo acompanhado de Mei Dagi e por nuvens de insetos e pássaros interessados em nosso cotidiano. Encontrei Haladu excitado e radiante. Ele preparara uma deliciosa surpresa culinária, avisou. Enquanto eu descia o "material científico" do veículo e organizava minhas coisas, senti um odor provocante de fritura. Lembrava carne assada. A mesinha estava posta. Logo lavei as mãos e sentei-me diante de meu prato metálico, ainda vazio. Era como a materialização de minha primeira conquista pessoal no diálogo com a África profunda. Graças às raízes brasileiras, eu encontrara, havia um tempo, uma saída para meus problemas alimentares e para as falhas do meu *boy* e prendado cozinheiro.

Logo Haladu se aproximou, sorridente, com uma frigideira. Algo chiava na fervura.

— O que você preparou Haladu?

— *Oiseau, patron! Oiseau!* Ave, patrão, ave!

Ave. Sonhei com um frango, com uma galinha-d'angola ou quem sabe uma suculenta e desconhecida ave africana. O odor de fritura lembrava o brasileiríssimo frango a passarinho, recordei até o peito saboroso do mutum. Algo parecido vinha por ali. Haladu espetou seu garfo na frigideira e expôs triunfante, diante de meus olhos, um morcego. Colocou a frigideira sobre a mesa e mostrou-me outros morcegos. Eles flutuavam de asi-

44　　　A GEOGRAFIA DA PELE

nhas abertas. Rígidos e tostados. Mortinhos. Nadavam no óleo de amendoim.

— Haladu, são morcegos!

— Fresquinhos. Eu os capturei na sua casa de dormir, agora há pouco.

— Haladu, são morcegos!

— Mei Sanda: peguei esses passarinhos na sua casa de passagem!

— Haladu, são morcegos!

— *Oiseau, patron! Oiseau!* Ave, patrão! Ave!

Nunca me acostumei com os morcegos. Nem nas casas, nem nas panelas. As casas da região eram baixas e redondas. Feitas de barro ou, o mais comum, de palha trançada: um tecido vegetal de caules secos de sorgos e milhetos entrelaçados. Sempre recobertas por um cone de palha fina, feito de um capim parecido com sapé. Essas choupanas eram limpas, bem ventiladas e frescas. Pareciam ninhos. Morei em várias delas, como locatário ou hóspede de passagem. A maioria dos vilarejos do Sahel tem uma casa de passagem para seus visitantes, que as compartilham com os morcegos.

Dependurados naqueles adornos vegetais do teto, como estranhas luminárias acinzentadas, os morcegos estavam sempre ali, ao alcance das mãos. Agarrados de ponta-cabeça às hastes das gramíneas, lembravam nervos e juntas ressequidos. Perturbados por algum movimento ou uma sonoridade qualquer, voavam dentro da palhoça, girando velozes ao longo das paredes, em círculos. Era difícil fazê-los sair. Ficavam girando, girando, como num carrossel. Às vezes os imaginava como um desejado e inexistente ventilador sobre minha cabeça, fechava os olhos e fazia minha sesta, alongado sobre um heroico catre dobrável.

Em francês, morcego, *chauve-souris*, significa textualmente "rato careca". Em português, a etimologia da palavra evoca "rato (do latim *mure*) cego", como em espanhol. Em hauçá, eu estava a milhões de anos-luz de saber o nome genérico dos tais morcegos. Só muito depois ouvi falar do *jemagê* ou dos *jemagu*.

Haladu não entendia minha reação. Passava a mão na testa e na cabeça. Movia-se à direita e à esquerda. Estava revoltado e desconsolado. Ele me dizia: esse passarinho é bom, suculento, saboroso. Mostrava sua técnica de fritura, capaz de preservar as asinhas abertas e bem crocantes. Com sua habilidade, limpara-os pelo ânus, sem romper sua delicada pelagem. Ele não entendia. Não me entendia. Eu não o entendia. Nós não nos entendíamos.

Aterrorizado, com a mão diante do prato, eu o impedia de aproximar o garfo com sua vítima torrada. As crianças tentavam ajudar Haladu. Diziam que eram aves, pássaros. Voavam, piavam, tinham ninhos nos galhos. Comiam frutas e insetos. Eram aves. Aves noturnas. Viviam nos altos céus. E piavam suas observações infantis com insistência.

— *Oiseau, patron! Oiseau!* Ave, patrão! Ave! Morcego!

Ele repetia sem parar a mesma frase. Eu não sabia o que argumentar. Haladu pedia que eu provasse um pouquinho, pelo menos um pedacinho, antes de recusar. Falava com carinho. Suplicante. Como os pais quando tentam convencer suas crianças a provar legumes e pratos nutritivos, bons para a saúde. Ali, eram as crianças que pediam que o adulto Mei Sanda experimentasse. Elas haviam ajudado a capturar os morcegos. Estava tudo fresquinho. Eram cúmplices.

Diante do tumulto, Mei Dagi se aproximara. Talvez o guia fosse minha salvação, como no ataque das cantáridas. Não. Ele era da mesma opinião do grupo. Eu não podia recusar sem provar. Deveria degustar, pelo menos um. Seu único olho me fitava como um fuzil. O tom da discussão estava subindo. Eu me sentia um bebê. Acuado, num movimento descontrolado, esbarrei na frigideira e queimei a mão e o pulso com o óleo da fritura dos morcegos.

Quando Haladu, indiferente à minha queimadura, se preparou para cortar ao meio a barriguinha do mais gordinho dos morcegos, o Santo Espírito ou quem sabe o são Benedito me soprou um argumento decisivo. Ele iria facilitar (e complicar) o meu futuro na África:

— Haladu, minha religião não permite matar morcegos!

— Mas... Mei Sanda.

— Haladu, minha religião não permite comer morcegos!

— *Huuumm.*

Instaurou-se um silêncio obsequioso. Todos imóveis. Retomei a coragem, superei a dor das queimaduras e, com calma, tentei me explicar. Esforcei-me para assumir uma voz de monge, padre, pastor, imã, rabino, marabu... Enquanto isso, as bolhas iam crescendo em minha epiderme.

— É a minha religião, Haladu... Nem matar, nem comer.

— *Huuumm.*

— Deve estar bom, saboroso. Mas agora, devido à morte dos morcegos, farei penitências. Vejam, até já me queimei.

— *Huuumm.*

— Acho que já é um castigo.

— *Huuumm.*

— Vocês não sabiam de nada. Não têm culpa.

— *Huuumm.*

— Haladu, por favor, nunca mais mate ou cozinhe morcegos para brasileiros.

— *Huuumm.*

— Eles são para nós como a carne de porco para os muçulmanos.

— *Huuuuuummmm.*

Eu não estava mentindo. Justificava-me e dizia a Haladu e seus comparsas que, para os filhos de Abraão, era proibido comer morcego. "Dentre as aves, estas são as que considerareis proibidas; não devem ser comidas: a águia, o abutre (...) e o morcego" (Lv 11,13-19). Contudo, o texto bíblico, em parte, também dava razão a Haladu. O morcego é tratado nas escrituras como um *oiseau*, um voador, conforme proclamava Haladu. A calma voltou aos poucos.

— E para os franceses? Também é proibido? — indagou Haladu.

— *Babo*. Não, não, não. Você pode tentar.

— Mesmo?

— Sim. Eles têm uma cozinha complexa, um paladar refinado.

— É verdade. Melhor que o seu.

— Certamente. Sugiro o morcego ensopado. Eles não gostam muito de frituras.

— É mesmo. Talvez com batatas.

— Sim, com batatas. Como numa *daube*, num cozido.

Durante a noite, faminto, em meio a esparadrapos, gases e pomadas, enquanto cuidava das queimaduras, eu pensava e hesitava em demitir Haladu. Eu sonhara gerar emprego, renda e uma qualidade de vida melhor para os africanos. E agora, logo eu, começaria com demissões? Eu havia sonhado com grandes desafios humanos e científicos em minha aventura africana. Agora, estava mobilizado e imobilizado pelo *boy*, com seu baú de ferramentas e sua estupenda arte culinária. E, em breve, com uma mão enfaixada.

O que fazer com Haladu? Dias mais tarde, ao retirar a proteção de gaze, tive uma resposta. Notei em minha pele uma estranha composição entre as marcas deixadas pelas cantáridas e as do óleo escaldante dos morcegos. Antes do pulso, uma dessas marcas parecia uma cruz ou, melhor ainda, uma rosa dos ventos. Não sei por que isso me fez pensar que o trabalho me levaria para o norte, em direção ao Saara. Haladu seria uma âncora, cara, ruidosa e pesada demais para ser arrastada nesse imenso areal. Ele não faria parte dessa aventura saariana.

Na véspera do repouso semanal muçulmano da sexta-feira, minha decisão estava tomada. Consultei o palpiteiro Mei Dagi. Olhei para os céus. Calculei os direitos trabalhistas de Haladu, tudo o que lhe devia. Mei Dagi conferiu e aprovou, como especialista em contabilidade e legislação trabalhista. Ao me ver parar no banco, Mei Dagi aproveitou para pedir um vale, uma ajuda financeira, um adiantamento de diárias. Foi atendido.

Retirei o dinheiro, muitos *kudis* em volume e pouco em valor. Era uma pilha de notas novinhas de francos CFA, ao contrário das notas velhas e viajadas que Haladu trazia de troco do mercado. Quando trazia. O franco CFA, do antigo Banco Central da África do Oeste, era uma moeda unificada, imposta pela França, para organizar as finanças nacionais e o comércio internacional, logo após as independências dos países subsaarianos. Trinta anos antes de se pensar no euro, eles já tinham (e depois perderam) essa moeda comum.

Convoquei Haladu. Conversamos. Ele parecia desolado. Mas era só impressão. Sentado sobre seu baú de metal, Haladu compreendia a situação, talvez por ter sido avisado previamente por Mei Dagi. Anunciei o valor da indenização. Ele esperava receber um pouco mais de dinheiro, dado o seu esforço. Queria mais *kudis*. Seu esforço fora para satisfazer um brasileiro religioso, disse. E que não apreciava a cozinha francesa e não comia aves noturnas, pensei.

Tirei o dinheiro de um saco de papel. Quando viu aquele monte de notas novinhas e cheirando a tinta fresca, foi como agregar mais 30% em sua indenização. Para ele, agora, a mesma quantia era mais dinheiro do que esperava e merecia. Guardou tudo numa das diversas dobras e pregas de suas vestes. Assinou vagamente o recibo e saiu depressa. De marcha a ré. Recuava, curvava-se e pronunciava seus salamaleques, suas despedidas, numa mistura de hauçá e de trechos árabes do Alcorão.

— Tô, sanu, sanu... Bismilá... Al hamdulilá. Sim, sim... Deus queira.

E lá se foi Haladu, rapidinho. Cheio de *kudis*. Talvez ainda fosse pagar uma comissão secreta a Mei Dagi. Era muito provável. Nunca mais o vi. Eu aprendera mais uma: para os hauçás, uma nota nova valia mais do que uma velha, mesmo sendo do mesmo valor. Parecia estranho. Não era. Eu ainda descobriria o alcance dessa lógica.

Ao entardecer, sentado em frente à minha casa em Maradi, pensava no fato de ter os braços marcados por insetos e por morcegos, de certa forma. Refletia sobre como organizar minha sobrevivência no Níger sem Haladu. E, se possível, sem queimaduras adicionais. Nesse momento, uma nuvem de morcegos sobrevoou minha varanda. Convergiam para mim, davam voos rasantes. Eram enormes. Imaginei-os agradecidos por ter demitido Haladu, o matador de morcegos. Em agradecimento, talvez estivessem mobilizados, aos milhares, para eliminar todas as cantáridas, moscas e insetos existentes num raio de 100 quilômetros de minha casa. Quase me levantei para falar com eles e avisar que era no campo, na região de Magami, que seus serviços eram mais necessários. Junto aos agricultores.

Sabores africanos

Sem o ruidoso baú de Haladu sacolejando em todas as curvas das pistas e em cada duna; sem sua culinária; sem as paradas para atender demandas fisiológicas e espirituais, o silêncio ganhou um lugar sagrado em meu tempo africano. Mais ainda. A chegada do silêncio instaurou um novo tempo. Ampliado, ele abarcou novos espaços sonoros, humanos e geográficos. Comecei a ouvir e contemplar a África em meus deslocamentos solitários.

Raramente solicitava os serviços de Mei Dagi. Saía de madrugada e voltava no meio da noite, sob a custódia estelar. Meus dias duplicaram e triplicaram de tamanho. Eu parava onde e quando queria, para comer meus lanchinhos. *La grande cuisine* foi substituída por uma *nouvelle cuisine* feita de pães franceses com sardinha ou atum em lata, cebolas picadinhas na hora e o sumo de um limão. Mastigava quase sempre sem areia. Um alívio para os dentes. De quebra, umas tâmaras ou amendoim.

Instalado à sombra de uma árvore, eu saboreava lentamente essas iguarias eucarísticas enquanto organizava notas, prensava amostras da vegetação e marcava observações ecológicas em meus mapas. Moscas e insetos levavam certo tempo até descobrir esse lanchinho. Eu não os convidava. Os restos eram mínimos. O custo, baixíssimo. Era uma refeição de baixo impacto ambiental.

Satisfeito, eu não era obrigado a arrotar alto depois das refeições, agradecendo a Deus por me ter dado de comer, como rezava a boa tradição islâmica local e suas regras de etiqueta. Eu tinha um deus a menos para cuidar. O do Islã. Um alívio. Os três do cristianismo, em sua unidade, já pediam muitos cuidados. Almoçava longe do olhar curioso e faminto das crianças. Longe dos vilarejos. Restaram as saudades da molecada, de suas aulas de hauçá e das trapalhadas de Haladu.

Sem Mei Dagi, com menos insetos, deuses, alimentos, crianças e ruídos, durante o silêncio digestivo, eu contemplava e acariciava as marcas das assanhadas cantáridas e do óleo de amendoim dos morcegos fritos. Eram minhas *jãrfas*, minhas tatuagens. Além de Mei Sanda, eu me tornava aos poucos um Mei Jãrfa, o senhor das marcas, dos caracteres. Até me deu vontade de mostrá-las para Malan Zabeiru.

Viajava só e feliz pelas dunas e vilarejos. Poucos europeus faziam isso naquelas paragens. Um branco desacompanhado, trabalhando sozinho e vivendo por ali sem guarda, motorista, ajudante ou *boy* era inimaginável. Naquelas terras islâmicas, não existiam empregadas domésticas. Não se falava com as mulheres. Um provérbio hauçá dizia que nunca se devia perguntar o caminho para uma mulher ou uma criança. Todos os serviçais eram homens: camareiros, cozinheiros, faxineiros e lavadeiros. Os africanos ficavam admirados, quase revoltados, com a ausência do *boy*. Todos os brancos tinham pelo menos um serviçal e, em geral, uma queira. Quando eu chegava a um novo vilarejo, sempre perguntavam:

— Onde está o seu *boy*? Por que não veio? Ficou no caminho para fazer compras? Ocorreu um acidente? Uma enfermidade?

— Eu não tenho um *boy*, nem motorista. Não sou francês. Sou brasileiro. E posso me cuidar sozinho.

— Como fará sem o seu *boy*? Onde e como comerá? Por que não tem *boy*? Quem trocará os pneus de seu carro quando furarem? Quem vai ajudá-lo a desencalhar? E para lavar suas roupas? Como vai montar e desmontar seu acampamento? E se você adoecer?

Os meus argumentos e explicações eram sempre inúteis, insuficientes. Soavam vazios, falsos. Para eles, além de um grande sovina, eu tramava alguma coisa ou estava metido em enrascada. Talvez uma conspiração internacional. Refletindo com meus botões e meu Deus trinitário, ao olhar para as marcas em minha pele, tive uma inspiração. Desse momento em diante, ao ser questionado, eu assumia um tom compenetrado, quase de sofrimento, acariciava minhas marcas e pronunciava a frase definitiva:

— Minha religião não permite empregar um *boy*.

Demorei a chegar a essa resposta. Após uma centena de tentativas de explicações, essa funcionava perfeitamente. Tanto para a abstinência de morcegos como de serviçais. Alguns hauçás até faziam um sinal de reverência e respeito religioso. Solidarizavam-se comigo nesse enorme desamparo. Eu mostrava as marcas pelo corpo como consequência das vezes em que desrespeitara ou pensara desrespeitar meus preceitos religiosos. Eles compreendiam.

Meus interlocutores aprovavam meu martírio, minha provação voluntária, sem cozinheiro ou ajudante. Todas as religiões têm preceitos, proscrições e prescrições. A minha também. Eu era um tipo diferente de *rumi*, de romano, de cristão. Era como se fosse uma espécie de sufi cristão, de monge sofredor. Um projeto de marabu, quem sabe.

Alguns acariciavam minha barba, com admiração. Eram gestos carinhosos, cheios de intimidade. Os hauçás a chamavam de "touceira ou tufo da morte". Entre eles, só os idosos usavam barba, e a levavam até a sepultura. Era um sinal de sabedoria e maturidade. E de fidelidade. Usou barba, nunca mais tirava. E eu estava lá, com a minha barba. Tão jovem. Pronto para ser sepultado, solitário, sem serviçais, com essa touceira de capim outrora infestada de cantáridas invisíveis e agora cercada por morcegos imaginários.

Morcegos e *boys* estavam fora da minha vida. Os hauçás acolhiam esse estranho fervor religioso de cristão romano com um olhar comovido. E alguns até me chamavam Mei Sagê, o senhor da barba, mais exatamente o senhor do colar de barba (e não apenas de um cavanhaque). Eu era então o Mei Sanda (bastão), o Mei Sagê (barba), o Mei Jãrfa (marcas) e também, às vezes, o Mei Guidá, o dono da casa, um título mais banal. Toda casa e toda família hauçá tinha um chefe, um Mei Guidá.

Aos poucos, como na pele, a África penetrou em minha culinária. Minha iniciação começou com os sabores das bolinhas de massa de amendoim. Grandes plantadores dessa leguminosa — para comercializá-la e pagar os impostos exigidos pelos franceses no passado —, os hauçás adoravam essa plantinha estranha e caprichosa, também chamada de cacoete. Caprichosa porque suas flores, depois de fecundadas, cresciam e iam enterrar-se nos solos, como se fossem novas raízes para ancorar as plantas na areia. Ali, escondidos da luz, bem embalados em suas caixinhas naturais, os saborosos frutos do amendoinzeiro amadureciam.

O óleo de amendoim era produzido nos vilarejos. As mulheres moíam e aqueciam a pasta de amendoim obtida no pilão. Depois de coar o óleo, faziam umas bolinhas ao prensar a massa restante, ainda quente, contra a palma da mão. Elas ainda soltavam um óleo abundante. Eram agrupadas e submetidas a essa pressão manual contínua. Nada de máquinas ou prensas manuais rústicas. A extração do óleo era realizada entre os dedos e a palma da mão. No final desse processo artesanal, resultavam umas bolas marrons, endurecidas, de torta de amendoim, com marcas sutis de dedos femininos.

Essas bolinhas de torta de amendoim eram vendidas nos mercados locais, junto com grãos de amendoim cozido, servidos em pequenos saquinhos plásticos e cujo sabor nunca me entusiasmou. Amendoim, para mim, era torrado e salgado. Cozido, nem pensar. Tornei-me um consumidor assíduo das bolinhas de torta de amendoim. Fáceis de transportar, conservar e consumir, proporcionavam energia e proteínas nos deslocamentos pelo campo. E eram muito saborosas.

Nas raras ocasiões em que Mei Dagi me acompanhava, inquietava-se com o meu interesse gastronômico pela leguminosa. Perguntava-me de onde eu conhecia o *gugiá*, o amendoim. Cansei de explicar-lhe, inutilmente, que aquela planta era originária do meu país, da minha terra, das Américas.

— Nunca ouvi falar que a França plantasse amendoins, Mei Sanda.

— Não falo da França, Mei Dagi, e sim do Brasil, meu país natal.

— Acho mais difícil ainda.

— Por quê? O clima de lá é parecido com o daqui.

— Como assim? Parecido?

— Sim. O amendoim é originário do Brasil. Veio de lá para cá.

— Não é verdade. Você mente, inventa.

— Mei Dagi, o amendoim veio das Américas para a África.

— *Babo*. Desde a criação do mundo, o amendoim está na África.

Como provar o contrário? Era como nas teorias sobre mudanças climáticas e globais: meus argumentos eram hipóteses inverificáveis. Especulações escatológicas. Dogmas inquestionáveis. Com fervor agronômico, eu não me entregava.

Expliquei para Mei Dagi: a palavra francesa *cacahouète* era originária da América. Não era francesa. Na língua dos índios, o prefixo *ca* significava planta, mato, vegetação. Como em ca-cau ou ca-ucho, palavras presentes no francês. Lembrava, em silêncio, todos os *cas*: da caatinga, da capoeira, da caipora, do capim, do catumbi, do caxangá, do caobi e da catanduva. Haja mato. Haja saudades. E haja compaixão dos africanos para esse estranho branco meio europeu e suas histórias absurdas sobre seu país e os amendoins.

Para Mei Dagi, eu estava totalmente enganado. O nome da planta era *gugiá* e ela era africana. Desde a criação do mundo. Ponto. Eu não podia fazer da fitogeografia, da botânica, e muito menos da linguística, uma obsessão. Nem uma guerra santa ou cultural. Logo eu. Conformado, abandonei essa tentativa de identidade comum com os africanos, pela via do amendoim e da florística, tão pouco convincente. Procurei outro caminho.

Enumerei as contribuições mútuas entre Brasil e África ao viajado e negociante Mei Dagi, especialista em trocas e escambo. Da África, os portugueses introduziram no Brasil o dendê, o inhame e a galinha-d'angola, a *zabô*. Não era lá muita coisa. Esses três produtos não são, por assim dizer, a base da nossa cozinha, de nossas exportações agrícolas, nem do pão nosso de cada dia. Mas eram de origem africana. As asiáticas bananas haviam feito um estágio de aclimatação na África, em São Tomé, antes de vir ao Brasil. Não houve meio. Dendê e inhame também não faziam parte da culinária local.

— Quem eram esses *portunguenses*? — indagou Mei Dagi.

— Meus ancestrais.

— Então sua família tem negócios com a África há muito tempo?

— Não é bem assim, Mei Dagi. Você não está entendendo.

— Eu conheço bem bananas e inhames. *Portunguenses* não.

E prosseguiu, demonstrando sua experiência e seu conhecimento continental de comércio:

— Inhames e bananas na beira do Saara? *Babo*.

— Entendo. Realmente nunca os vi por aqui.

— Nunca precisamos dessas coisas dos *portunguenses*.

— Eu sei, Mei Dagi.

— Nós vivemos de milheto e sorgo.

O milheto é um cereal típico das regiões semiáridas da África. Suas espigas são longas, mais de 1 metro, e seus grãos, pequeninos. Sua farinha é panificável e parecida com a do trigo. O sol ainda não se levantou e as mulheres hauçás já pilam o milheto. Sua estranha sinfonia de batidas nos pilões, com palmas e cânticos, sempre me despertava antes da aurora.

Mei Dagi zombava de minhas ideias. E espalhou mexericos sobre minhas ideias pelos lugares onde passava. Começaram a correr boatos nos vilarejos sobre esse tal de Mei Sanda. Culpa dele. Mulheres e jovens perguntavam com ironia, por trás das paliçadas, enquanto eu passava:

— Você sabe qual passarinho trouxe o milho e o amendoim para cá?

— Voando sobre os mares?

— Para trazer a mandioca para a África deve ter sido uma ave enorme.

— Pois é. Maior que certas mentiras.

Minha reputação não melhorava. Para não piorar a situação, decidi encerrar o assunto. Seria mais um *affaire classée*. Não se falaria mais de amendoim brasileiro. Muito menos de tomate, batata, mandioca, milho, cacau, abacaxi, pimenta ou de outras iguarias americanas. As coisas e as plantas estavam onde sempre estiveram. Desde sempre e para sempre.

Minha culinária seria totalmente africana, na visão de Mei Dagi. Na minha gastronomia, além do amendoim, a farinha de milheto também encontrou lugar de destaque na mesa. Misturada com leite condensado e água, a farinha de milheto parecia aveia em flocos e proporcionava um excelente e saudável café da manhã. Quando as circunstâncias permitiam, tendo dormido em algum vilarejo ou acampamento de pastores, pedia a Mei Dagi ou às crianças que solicitassem às mulheres se podiam passar no pilão um punhado de milheto com tâmaras.

Havia tâmaras nos mercados locais. Bem sequinhas e cheias de pó, eram tâmaras provectas, vindas lá do meio do Saara, com algum cheiro de dromedário e de uma idade respeitável. O pedido para as mulheres seguia acompanhado de algumas moedas. Eu juntava leite condensado e água a essa mistura de tâmara e milheto passados no pilão. Tinha um saboroso *musli* ou cereal matinal. Muitas vezes compartilhado com a molecada, com gosto de caravanas, sorrisos femininos e dunas invisíveis.

Nessa fase de prospecção gastronômica ou alimentar, além das bolinhas de amendoim, tâmaras e milheto, descobri a possibilidade de comprar leite fresco ou coalhado nos mercados locais, vendido por insinuantes mulheres peuls, de belos traços semíticos. Fui deixando de lado um produto industrializado sabe-se lá onde por uma multinacional por um produto da economia local.

Meu rito iniciático no mercado local e com essas atraentes mercadoras peuls foi longo. Era o primeiro contato com essa etnia nômade. O futuro ainda me reservaria encontros surpreendentes com os peuls machos. Comecei com suas mulheres. Eu progredia no hauçá e me sentia mais seguro. Foi uma ótima ideia associar o consumo de leite e esse recorte de gênero, *gender issue*, como se diz nos dias de hoje. E foi também uma bela variação étnica e visual passar do mundo hauçá para o universo peul. Não havia comparação possível entre essas mulheres adoráveis e as silenciosas latas de leite condensado.

Os vícios do leite

As vendedoras de leite do mercado de Maradi foram as primeiras mulheres africanas a dialogar comigo. Elas e sua etnia peul eram fascinantes. Para meus padrões de beleza, as mulheres peuls eram simplesmente lindas, ao contrário da maioria das hauçás. Maquiadas, com grossos colares, brincos enormes e pesados braceletes, portavam uns insinuantes birotes em forma de concha ou em espiral. Seus traços semíticos, sua elegância, seu porte esbelto e seus cuidados com as vestimentas e adornos as tornavam verdadeiras modelos. Sua passarela era o mercado local.

Ter um encontro matinal com um grupo de Naomis Campbells não era para qualquer um. E, depois, havia esses olhares estranhos. As outras mulheres nunca fixavam o olhar nos homens brancos. Com elas, era diferente. Passei a frequentar o mesmo mercado, as mesmas peuls e os mesmos produtos. Fiquei viciado no leite peul. Comecei um novo curso de hauçá, pronunciado por outro sexo, por outra etnia, com outro sotaque e em outra posição.

Eu ficava na dúvida diante do comportamento desses laticínios ambulantes. No melhor hauçá possível, eu as cumprimentava. Elas respondiam languidamente. E prosseguiam acocoradas, diante de grandes cabaças decoradas, repletas de leite fresco ou coalhado. Havia também umas cabaças menores com uma coalhada mais seca. Tudo meio azedinho. E esse grau de acidez

60 A GEOGRAFIA DA PELE

dependia do número de horas decorridas desde a ordenha dos animais. Meu vocabulário era limitado. E, depois de cada frase de uma peul, suas vizinhas davam sorrisos estranhos e até gargalhadas. Murmuravam em fulbê, sua língua, estranhos comentários sobre minha pessoa. Aos poucos, tornei-me um cliente especial, como eu pensava, ou a vítima preferida.

Com o passar do tempo, elas ficavam mais estranhas ou, talvez, mais atrevidas. No começo, essas peuls me vendiam as medidas de leite ou de coalhada solicitadas, anunciando apenas o preço da quantidade adquirida. Sem maiores comentários. Ou então eu chegava, oferecia umas peças de moeda e dizia que desejava aquele valor de leite ou coalhada. Pouco a pouco, elas mudaram a linguagem e me indicaram o comportamento a seguir. Novas regras de transações comerciais com o Mei Sanda foram se definindo.

Nosso relacionamento pedia discrição. Eu só me apresentava quando não havia ninguém no local. Elas ficavam mais à vontade, e eu também. A sós, eu tinha certeza de que nenhum voluntário viria me socorrer, traduzir uma frase, opinar ou, pior ainda, fazer o favor de esclarecer o que eu não desejava ver esclarecido. Nosso encontro era um desencontro de perdição e sutis desentendimentos entre um macho e muitas fêmeas de etnias diferentes.

Desafiadoras, olhavam bem nos meus olhos. Depois, percorriam meu rosto e os 25 anos de meu corpo com seus olhares de raios X. Teciam comentários em fulbê, sobre cada parte do meu corpo. Eu me sentia despido. Corava. E, com ar malicioso, me perguntavam em hauçá:

— Então, hoje você veio decidido ou não?

— Como assim? — eu indagava.

— Decidido, sabendo o que quer, ou só com vontade?

— O que querem dizer com isso?

— Hoje vai provar meu leite ou minha coalhada? Ou quer provar do dela?

Eu tentava ser concreto num vacilante hauçá, misturado ao francês. Quando me respondiam em fulbê, eu brincava de falar português. Elas me derrotavam com perguntas simples e diretas. E muitos risos. Sabiam o quanto eu era inofensivo e despreparado. Eu ficava agradavelmente perdido. Será que havia entendido o que acabara de ouvir? Diante de minha perplexidade, divertiam-se. Eu nunca tive certeza de entender direito. Nem desejei.

Quando tentava alguma precisão, obtinha uma provocação. Ficava na dúvida. E a situação entre nós se tornava mais delicada. Talvez aquele fosse o jeito peul de comerciar com jovens brancos sul-americanos, apelidados por elas de mouro, *maure*. Eu não era berbere, nem muçulmano, nem sabia aonde aquilo poderia me levar. Contudo, achava delicioso. Explicava que não era *maure*: eu vinha do Brasil, *Brésil*. Elas perguntavam se minha terra ficava na *Maure-tanie* ou no *Maure-ocos*. Nem na Mauritânia, nem no Marrocos. Brasil. *Brééésil*. Inútil tentar explicar onde ficava minha terra d'além-mar.

Comecei a me arrumar um pouquinho mais antes de ir ao mercado. A cuidar um pouco mais do visual, a exemplo de minhas fornecedoras. Deveria exibir minhas marcas ou não? Diante de minhas duvidosas hesitações mouriscas e de um nervosismo aparente, elas diziam:

— Quer que eu descubra minhas vasilhas para você observar bem de perto?

— Por que não escolhe alguma para descobrir você mesmo?

— Fique à vontade.

— Nossos sabores não são iguais. Nem o preço. Nem...

As frases se tornavam cada vez mais ousadas. Diziam coisas que eu não entendia. E mais sorrisos. E eu ficava mudo, perplexo e feliz de gastar meia hora de tempo naquela brincadeira matinal. Bastava a aproximação de algum africano e as ironias desapareciam de forma brusca. Os contornos de meus arabescos se transformavam em linha reta. Seus lenços desciam mais sobre as testas, subiam nos queixos e escondiam parte de seus rostos. Tudo assumia um ar grave, de negócios, cheio de reclamações e intriga feminina. O cliente intruso se afastava e tudo recomeçava. Eu nem tentava imaginar o que diziam sobre meu apelido hauçá. Mei Sanda. Diante de minha perplexidade vacilante, mais provocações. Ai de mim se pedisse para repetirem.

— Quer que eu te explique com as mãos?

— Ainda não entendeu?

— Aproxime-se, Mei Sanda. Vem aqui, *Maure*.

No final, eu já via malícia em tudo. Até no troco.

— Não solte a moeda. Coloque-a suavemente em minhas mãos.

— De que jeito você comerá nossa coalhada?

— Por que te chamam de Mei Sanda?

Nesses diálogos, as expressões "leite", "meu leite" e "teu leite" devem ter assumido as conotações mais inimagináveis, sem que eu pudesse perceber, responder ou replicar. Quando possível, o dia começava nessa via láctea, sorvendo leite, palavras, sabores, coalhadas, olhares, comentários, dentes brancos, rostos tatuados e sorrisos peuls. Eu nunca me interrogara: de onde vinha tanto leite, tanta coalhada e todos aqueles queijos? Onde estaria a fábrica de tudo aquilo?

Mei Dagi também foi ficando para trás. Eu dispensava suas orientações. Já não precisava tanto dele, nem para comprar leite nos mercados locais nem para encontrar pistas e vilarejos. Ele aproveitava seu tempo para realizar pequenos negócios, transportando, com total desenvoltura, uma série de pequenas mercadorias dentro do meu veículo de trabalho. Aliviado do peso de Haladu e de seus instrumentos e, em parte, da insinuante presença de Mei Dagi, eu me perguntava sobre a pertinência de voltar sempre para a base do programa de pesquisa, na distante cidade de Maradi. Comecei a dormir cada vez mais no campo, dentro ou fora do veículo.

O próprio Mei Dagi me recomendara um acerto com algum agricultor para ocupar uma choupana e um espaço por alguns meses, anos ou décadas, em um daqueles vilarejos. Mas onde? Passei um bom tempo examinando mapas e anotações. Não ia lançar minha âncora em qualquer vilarejo.

Cheguei à conclusão de que o ideal era a aldeia de Magami, cuja localização era central, no cruzamento de várias trilhas, uns 40 quilômetros do asfalto, cercada de pequenos bosques e dunas e bem representativa da área pesquisada. Logo Magami. Coincidência geográfica ou histórica? As cantáridas eram um pouco agressivas, mas seu marabu era um artista e seus agricultores, interessadíssimos em literatura entomológica, na minha pele e no meu destino. Além da solução para os problemas de alimentação, agora eu acertaria os de moradia, num esquema bem africano: no meio da natureza. Perfeito. Em contato direto com a população. África profunda. *Deep Afrika*. Vários grupos peuls viviam nos arredores de Magami. Não deveria faltar leite e coalhada por lá. Nem sorrisos. Eu mesmo sempre pensara e desejara morar no coração de uma aldeia hauçá.

Planejei uma aproximação territorial progressiva com Magami. Comecei a estacionar cada vez mais perto do vilarejo, após os trabalhos de campo. Dormia tranquilo e acordava com o som das mulheres martelando seus pilões. O carro parecia parte da paisagem, sob as acácias e baobás. Estava conhecendo mais e mais agricultores. Já havia consultado Malan Zabeiru. Falava com muitas crianças. As noites eram passadas ou num catre dobrável ao relento, protegido por um mosquiteiro amarrado em alguma árvore, ou abrigado na parte posterior do veículo. Esse espaço era amplo e a porta traseira ficava aberta, devido ao calor. Eu me insinuava junto à periferia de Magami, ao entardecer e durante o período noturno. Após um banho de cuia, dormia como uma pedra. Sonhando com os seios da terra e os rios de leite e mel. Assim foi, até o primeiro pesadelo africano.

Casa de ferreiro

Numa dessas noites africanas, estacionado ao lado das primeiras habitações de Magami, durante o sono eu senti que morria. Perdia as forças, a energia. Havia uma pressão em meu peito. Não conseguia respirar. Sentia falta de ar e sufocava cada vez mais. Tentava encher os pulmões. Não conseguia movê-los. Os pulmões estavam paralisados, ou eu não tinha força para respirar. Com o peso do pesadelo, o desespero aumentava. A pressão no peito continuava. Não entendia por que não podia respirar, nem me mover. Suava frio.

Despertei em plena escuridão. Imóvel. Apenas abri os olhos. Dei de cara com dois negros enormes debruçados sobre mim. Eles me observavam bem de perto, não mais que alguns centímetros. Um de cada lado. Tinham um par de chifres de boi, amarrados — sei lá como — em suas cabeças. Os olhos, esbugalhados. E o mais impressionante: o rosto e o corpo estavam pintados com marcas brancas, alinhadas, da largura de um dedo. Uma visão assustadora. Tive a impressão de que seguravam meus braços. Minha reação foi gritar:

— *Uá nêne?!* O que é que há?!

Eles ficaram imóveis por um instante. Olharam assustados ou surpresos. E saíram em disparada. Pareciam nus. As linhas pontilhadas brancas dançavam no ar. Tentavam seguir os pares de chifres. Em sua corrida, derrubavam paliçadas e trombavam como dois bois desembestados. Meu coração batia forte. Assustado, saí do carro empunhando meu bastão. Não sabia o que fazer. Não havia ninguém. A noite era cúmplice. Eu ainda ouvia, ao longe, alguns sons da carreira desses dois homens-bois misteriosos, vindos sabe-se lá de onde, para beber minha energia ou, pior ainda, para roubar meus sonhos e segredos. Cães latiam e uivavam.

Descalço na areia, senti o quanto estava fria. Lembrei-me dos escorpiões e de seus passeios noturnos. Voltei para o carro. Tranquei as portas traseiras. Agachado, acendi minha lanterna e senti como uma queimadura entre a parte traseira da coxa e a panturrilha. A dor era conhecida. O local era novo. Estiquei a perna e caiu uma cantárida bem do lado. Matei-a com a lanterna. Comecei a escrutar o cobertor e os lençóis. Encontrei outras. Falava comigo mesmo e pedia calma. Suava quente, suava frio. Depois de uma ampla revisão, o carro parecia livre das cantáridas. Havia encontrado e matado sete. Todas.

Não estava disposto a sair caminhando pela noite africana em busca de algumas folhinhas terapêuticas de feijão. Decidi alugar, urgentemente, uma choupana, para ficar junto de algum morador em Magami enquanto trabalhasse na região. Precisava escapar das cantáridas e de seres noturnos, cornudos e assustadores. Perdi a coragem de dormir em locais abertos na África. Nunca mais. Também decidi não comentar nada do ocorrido. Nem sobre as cantáridas, nem sobre os chifrudos de pintas brancas e olhos arregalados. Sobretudo com Mei Dagi.

Foi difícil alugar uma choupana, uma casinha em Magami. O mercado imobiliário ainda não surgira nas aldeias do Níger. Muito menos para brancos. A proposta era uma novidade absoluta. Ninguém se interessou. Ou acreditou. Falei com muita gente na aldeia: o professor primário, alguns notáveis, agricultores e comerciantes... Nada feito. O plano parecia destinado ao

CASA DE FERREIRO

fracasso. Seria praga dos homens-bois? Ou uma maldição de Mei Dagi, um guia menos solicitado depois que eu ganhara toda essa autonomia? Até Malan Zabeiru pensei em consultar.

Na realidade, só consegui um lugar para ficar em Magami quando recorri à intermediação justamente do guia e caubói Mei Dagi, de quem já me imaginava livre. Fui buscá-lo, com um carregamento de suas mercadorias, em Maradi. Ao chegar a Magami, com toda sua desenvoltura, cuidou desse negócio, enquanto gerenciava os seus, entre latinhas de massa de tomate, sabonetes, cremes e pacotes de açúcar.

Bastaram dois dias para que Mei Dagi chegasse com uma solução. Ele me sugeriu morar com um filho perdido de Ogum nas terras do Islã. A proposta era instalar-me na casa de um ferreiro. Levou-me até lá. Os domínios do ferreiro eram amplos se comparados ao tamanho médio das unidades familiares de Magami. Mas pareciam estar entre os mais pobres ou malcuidados do vilarejo: cercas podres e irregulares, paliçadas caindo aos pedaços, cheias de frestas e uma confusa divisão dos espaços internos. A casa do ferreiro ficava na parte mais arborizada da aldeia, bem sombreada, quase sombria, em posição oposta ao cercado ensolarado de Malan Zabeiru.

Guwani era seu nome. Fora o único a aceitar que eu pudesse viver, por uns meses, anos ou séculos, em uma de suas choupanas, dentro do dédalo de seu cercado. Recebeu-me de bom grado, mas sem entusiasmo. Confirmei o valor mensal do aluguel. Sua mulher garantiria a água para mim, trazendo diariamente, do poço, duas bilhas de uns 20 litros. Ele achava muita água, mas concordou. O lugar era tranquilo. Um pouco afastado, na borda sudoeste do vilarejo. Eu controlaria um quadrilátero cercado de palha, com divisórias, com um tapume atrás do qual tomaria meus banhos de cuia, e uma choupana ampla para dormir e deixar minhas coisas, com meus morcegos particulares. Tinha até

68 A GEOGRAFIA DA PELE

uns estrados de madeira para descansar à sombra de uma grande árvore. Quase tudo cabia à sombra generosa dessa frondosa árvore de caritê: pássaros, macacos, morcegos, crianças, toneladas de areia, esperanças, almas penadas. Ela só não continha o sonoro martelar dos metais na lida cotidiana do ferreiro.

A presença desse caritê, de uns 15 metros de altura, conferia certa sacralidade ao local. Era uma das árvores mais altas do vilarejo. Com o tempo descobri que as aves do céu evitavam-na. Nada de ninhos, nada de pouso. Os únicos vertebrados que pareciam frequentar seus galhos eram os dois filhos do ferreiro, Tuk'wa e Daodá. Lá de cima, observavam e registravam tudo o que ocorria no vilarejo e em suas proximidades. E também na minha casa, logo abaixo. Diziam que a árvore sugava os odores de todo o vilarejo. E com isso, pelas narinas, eles sabiam quem viajava, cozinhava, adoecia, fazia suas abluções e outras coisas inimagináveis.

Para Guwani, a árvore já tinha mais de 100 anos, pois produzia nozes de caritê em abundância. Talvez fosse verdade. Para começar a produzir, a árvore da manteiga vegetal leva pelo menos 50 anos. De suas amêndoas, a ressequida esposa do monogâmico Guwani extraía a manteiga de caritê. Muita manteiga. Com ela produzia umas pomadas para serem aplicadas em recém-nascidos, uns bálsamos para o corpo e que nunca soube muito bem para que serviam, além de outros produtos terapêuticos que minha vã filosofia nem sequer podia imaginar.

Seca como um graveto, a esposa de Guwani era sempre visitada por mulheres, até de outros vilarejos, e por parteiras. Parteiras sim, pelo que entendi com o tempo. Muitas chegavam seguidas por rebanhos de cabras, bem dóceis. Era estranho ver aquelas mulheres seguidas por cabras, como se fossem cachorros ou animais de estimação. E vê-las retirar-se com pequenas cabaças repletas de manteiga vegetal de caritê, cujo destino apenas suas mãos suaves conheciam. Nenhuma tardava mais do que o necessário na entrada da casa de Guwani. Poucas adentravam seu cercado.

Não era apenas a ausência das mulheres. Ninguém visitava o ferreiro. Nunca vi um homem entrar naquele quadrilátero. Eles ficavam do lado de fora. Talvez fosse um local amaldiçoado. Ferreiros tinham fama de serem um pouco feiticeiros ou ligados ao sobrenatural. Guwani vivia isolado e parecia exilado no seio de seu grupo hauçá. Quem sabe se aceitara a ideia de um branco vivendo em seu cercado por esta única razão: solidão. Mei Sanda era uma nova companhia, indiferente a seus poderes siderúrgicos e a seus sortilégios siderais. Um estrangeiro ignorante e descrente em matéria de forças terrestres e espirituais. Um branco que aparecia e desaparecia como uma assombração, escondido em seu veículo, recoberto de crianças, de sacos e envelopes plásticos repletos de plantas ressequidas e amostras de solos.

No centro desse pequeno labirinto de cercas, como no núcleo de uma galáxia de palhas e fibras, estava a forja de Guwani. Era como um altar, um pequeno templo, no meio dessa miniatura de cidade ou vila que era seu domínio. Na frente do forno havia um fogo, sempre aceso. Ficava no fundo de uma pequena cratera escavada no solo, protegido por uma cobertura de palha. Esse fogo nunca apagava. Durante todo tempo em que ali estive sempre brilhou, como uma pira dedicada ao soldado desconhecido.

Guwani era um senhor do fogo. Com o tempo entendi o alcance desse título ígneo pronunciado por Mei Dagi, com alguma solenidade, em nosso primeiro encontro. Bastava olhar naquela direção, de dia ou de noite, e lá estava o vermelho das brasas e das pequenas chamas corando o local, refletindo no teto de palha. Um perfume de forno de lenha incensava nossos domínios. Eu sonhava com churrascarias, com pizzas, com uma pira romana... Com o tempo descobri que a pira era eu. A oferenda era minha. Encontrar o ferreiro Guwani foi, de certa forma, minha glória e minha miséria.

Logo descobri que todo o fogo existente nas casas de Magami vinha dali. Aquele fogo alimentava todas as cozinhas do vilarejo. Quando alguma família de Magami viajava, o fogo de sua casa apagava. Até aí, coisa normal. Na volta, nada de acendê-lo com fósforos ou isqueiros. Nem pensar. Pedir uma brasa para a vizinha como quem pede uma colher de açúcar, idem: nem pensar. Era necessário ir buscar uma brasa ardente na casa de Guwani, com o ferreiro, com o dono do fogo. Essa brasa daria continuidade à chama. E, instalado em meu domínio, cansei de ver esse ritual.

As mulheres chegavam tímidas, com um pedaço de cerâmica, de algum vaso quebrado, nas mãos. Depois descobri que obrigatoriamente era um vaso que servira para guardar a água de consumo da casa. Chamavam primeiro pela esposa de Guwani. Conversavam um pouco e ela as conduzia até a forja. Entravam no quadrilátero com sobriedade, aproximavam-se de Guwani e pediam a sua brasa. Pronunciavam uma espécie de fórmula ou pedido-padrão, adequado à circunstância. Parecia uma oração.

Diante dos pedidos por brasas, Guwani, acocorado ao lado do braseiro da forja, começava a escolhê-las, separando-as com a ponta dos dedos. Era algo impressionante. Parecia um truque de magia. Ele soprava e recolhia uma bela brasa, bem rubra, entre os dedos. Lentamente se movia em direção à mulher e perguntava:

— Esta parece boa?

— Sim.

A mulher estendia o pedaço de cerâmica, como um berço acolhedor.

— Não, não. Buscarei outra melhor — replicava Guwani.

Como um Prometeu, ele devolvia a brasa ao braseiro e voltava a cutucá-las com os dedos, com intimidade, desafiando os deuses e os mortais. Depois de mostrar duas ou três brasas, depositava uma delas, enfim, no caco cerâmico. A mulher respirava aliviada. Eu também. Com a brasa bem aconchegada em seu leito de argila cozida, a mulher agradecia e partia assombrada. Sempre. A esposa do ferreiro a acompanhava até os limites da casa. Eu me sentia um romano, um etrusco, assistindo àquela distribuição dos deuses lares.

Devia haver um truque. Como era possível que ele segurasse as brasas tanto tempo sem se queimar? Lembrava-me da tradição brasileira de andar sobre brasas com os pés nus durante as festas juninas. O truque devia ser o mesmo. Nunca descobri ou tentei fazer igual. Nem com os pés nem com as mãos. Sempre usei fósforos e isqueiros e nunca recorri à mulher do ferreiro para acender fogo algum. Confesso que acendia meus foguinhos como quem cometia uma transgressão. Nunca imaginei me envergonhar de acender uma fogueirinha ou meu fogareirinho a gás para fazer um chá. Guwani olhava meus fósforos com supremo desprezo.

A única esposa de Guwani, sempre com seus seios murchos à mostra, cuidava da casa, recebia as raras visitas em busca de brasas ou de manteiga vegetal e ajudava o marido em seu ofício. Ela sempre carregava coisas presas sob os seios, com absoluta naturalidade: folhas ou ramos de temperos, objetos miúdos, nozes-de-cola, um pedaço de papel, uma faca pequena...

Várias vezes observei essa técnica feminina de usar os seios para deixar as mãos livres. As africanas levantavam os seios e posicionavam vários objetos que ficavam presos pela mama. Num gesto análogo, os homens também colocavam coisas atrás das orelhas para liberar as mãos: bastões de limpar os dentes, cigarros, raminhos perfumados, lápis ou canetas. Nada comparável ao que podiam carregar as mulheres em suas mamas. Além disso, as mulheres também enfiavam os mais diversos objetos nos tufos de seus cabelos.

Para os africanos, os cabelos de uma mulher podem amarrar um elefante e arrastam mais homens que dez pares de bois. É o que me diziam. A selva da cabeleira dessas hauçás podia conter uma infinidade de coisas esquecidas, perdidas há dias ou décadas em meio às suas abundantes carapinhas: nove amuletos, um ferro de repassar a carvão, dois pares de óculos, três panelas procuradas há meses, quatro latas de massa de tomate, alguns sabonetes, talheres e outras tantas coisas. Com a esposa de Guwani, também era assim.

O primeiro dos filhos de Guwani, Tuk'wa, era um pouco surdo e o outro, Daodá, um pouco coxo. Um pouco. Conforme a conveniência. Tuk'wa e Daodá passavam os dias no campo, trazendo lenha e água, fazendo carvão para a forja do pai, cultivando, caçando, brincando, subindo na árvore de caritê e, sobretudo, ajudando o pai a consertar ferramentas agrícolas, peças de cozinha, armas de caça e de defesa pessoal, além de diversos utensílios de toda a população de Magami. Demorei a perceber que tudo isso estava imerso num banho de ciências ocultas. Até suas brincadeiras.

Jamais encontrei Guwani andando pelo vilarejo, no mercado ou em nossas reuniões com os vilões. Apenas uma vez dei com ele trabalhando seu campo de cereais, meio a contragosto. Como um personagem do livro *O pequeno príncipe*, vivia, em seu pequeno planeta, ao lado de seu vulcão particular e de sua espécie de baobá. Durante toda a estação chuvosa, consertava as ferramentas agrícolas danificadas de todos os agricultores, sem exceção. Acompanhei com perplexidade esse ritual de prestação de serviços.

Os agricultores ou seus filhos chegavam dos campos com utensílios danificados ou desregulados pelo uso. Eles os deixavam apoiados na paliçada externa, do lado esquerdo da entrada de seu quintal. Um dos filhos de Guwani saía regularmente para recolhê-los. Sobre a mesma paliçada, só que do lado direito da entrada, seus filhos também deixavam apoiadas as ferramentas consertadas. Enquanto Tuk'wa e Daodá desapareciam e reapareciam, as duas filas de ferramentas diminuíam e se dilatavam ao longo dos dias e de toda estação chuvosa, dançando ao som do martelo de Guwani.

As ferramentas eram consertadas por ordem de chegada. O ferreiro não sabia quem era o proprietário de cada uma. Bastava examinar um arado e Guwani sabia o que era necessário fazer. Eu observava com curiosidade esse trabalho regado a suor. Se fosse um conserto muito diferente, o agricultor esperava o filho de Guwani sair para explicar-lhe o problema ou a modificação desejada. Aguardava acocorado lá fora, em silêncio, sem gritar ou chamar. No final do dia ou no dia seguinte, os agricultores recolhiam suas enxadas, arados, pás, escavadeiras, ancinhos... em perfeito estado.

Eu vivia num centro de prestação de serviços agrícolas. Guwani trabalhava com afinco. Às vezes parecia que, durante toda a noite, martelava, soldava, limava, cortava e afiava. Ninguém pedia nada. Ninguém agradecia. Nem aparecia, nem pagava nada. Com tanto trabalho, sobrava pouco tempo para Guwani plantar e cuidar de suas terras. Os campos do ferreiro eram os piores do vilarejo. Malcuidados, pouco capinados, invadidos por pragas e ervas daninhas, produziam pouco alimento, quando o faziam. Contudo, sua família nunca passava fome. Eu via seus celeiros abarrotados de milheto e sorgo.

No momento da colheita, ao final da estação chuvosa, os agricultores voltavam a se apresentar na frente da paliçada do ferreiro. Ali, de forma anônima e silenciosa, deixavam suas contribuições. Eram sacos, feitos de folhas de palmeira *dum*, recheados de milheto, sorgo, milho, feijão, amendoim... Os jovens agricultores deixavam as porções mais generosas. Os mais velhos e enfermos, as menores. Pouco importava. Até um pote cerâmico cheio de mel eu vi depositado na frente da sua casa. Todas as retribuições eram depositadas do lado direito da entrada.

Os filhos de Guwani saíam para buscá-las e as levavam para dentro, sem perguntas. Sem identificar o doador. Da mesma forma que buscaram os instrumentos agrícolas durante a estação chuvosa. Guwani nada pedia, nada agradecia e nada pagava. Graças a essa rede de troca de serviços, aos poucos os celeiros do ferreiro se enchiam de cereais e leguminosas, como todos do vilarejo. Creio que Guwani nunca precisou pegar alimentos ou dinheiro emprestados com ninguém. Talvez nem conseguisse. Tomar dinheiro emprestado num vilarejo hauçá era uma ciência local mais complexa do que a metalurgia mística dos ferreiros africanos.

O dinheiro do chefe

Com a mudança para a casa de Guwani, minha integração com o povo de Magami aumentou. E como. Um dia, o chefe do vilarejo aventou com discrição, através de um intermediário, se eu poderia emprestar-lhe algum dinheiro. Achei a demanda inusitada. Qual não seriam o constrangimento ou mesmo a vergonha do chefe do vilarejo de Magami para chegar a esse extremo? Logo ele, um líder, necessitado a ponto de pedir empréstimo a um branco estrangeiro. E, por discrição ou vergonha, viu-se obrigado a recorrer a um terceiro para tanto. Pobre África.

Procurei saber do intermediário de quanto dinheiro o chefe precisava. A resposta: o quanto eu quisesse emprestar. Embaraçado com a demanda, fiquei ainda mais com a resposta. Procurei orientação com meu desorientado guia Mei Dagi, sempre circulando entre as choupanas, fazendo seus pequenos comércios, tramando e desaparecendo no meio da palha.

Mei Dagi ajeitou seu chapéu de pano, mascou um pouco de sua noz-de-cola e me sugeriu emprestar o equivalente a uns 5 reais, no máximo. Falou como o gerente de negócios de um banco. Sério e taxativo. Achei pouco e ridículo. Isso não resolveria os problemas do chefe, nem de ninguém. Ele precisava de dinheiro e, certamente, de um montante mais expressivo para honrar algum compromisso ou satisfazer alguma necessidade. Em tom repreensivo, indiquei a Mei Dagi que ele parecia brincar com o problema financeiro do líder de Magami.

Mei Dagi, monocular, olhou-me com certo desdém e foi taxativo: o chefe não precisava de um tostão. Era um homem rico. A demanda era um sinal de amizade. Era uma oportunidade para eu demonstrar o tamanho da minha confiança nesse homem e nos hauçás. E, se fosse mesmo assim, eu deveria oferecer uma quantia bem maior. Fiquei meditando. Perguntei se ele me devolveria o dinheiro, mesmo sem juros. Para Mei Dagi, não, nunca.

— Se eu emprestar uma quantia significativa, perderei tudo?

— Você mostrará o tamanho da sua confiança — respondeu Mei Dagi.

— Não entendo bem essa história de empréstimos.

— Ninguém entende você.

— Como assim?

— Por que você ainda não pediu dinheiro emprestado a ninguém?

— Eu não preciso de dinheiro, nem de empréstimos.

— Isso não tem nada a ver. Você não confia em ninguém.

— Como assim, não confio?

— Você não pediu dinheiro emprestado para ninguém, nem quer emprestar.

— Devo emprestar o que eu quiser para quem não necessita?

— Sim, Mei Sanda.

— E pedir um empréstimo, sem precisar?

— Exato, Mei Sanda.

— Não estou entendendo direito.

— Não me surpreende, Mei Sanda. Você não consegue mesmo entender.

Meu guia começou a relatar parte de seus empréstimos concedidos e pedidos em Magami e alhures. Comecei a entender e a descobrir a existência de uma complexa rede de empréstimos no vilarejo. Todo mundo emprestava dinheiro a todo mundo. Mais uma rede social hauçá. Os pagamentos eram complicados, fora das regras contábeis. Os *kudis* andavam para todo canto.

Alguém pedia um empréstimo de 50 francos para um amigo. Logo esse amigo pedia também um empréstimo equivalente àquele para quem emprestou ou a seus familiares. E assim deviam mais ou menos a mesma quantia, um para o outro, ou por intermédio de seus familiares. Ninguém proporia anular uma dívida mútua equivalente. Seria uma proposta indecente, para eliminar um relacionamento. Uma má ideia do ponto de vista social. Isso acabaria com a rede de relacionamento, via *kudis*. Com o tempo, no final das contas, tive a impressão de que tudo se anulava e ninguém perdia ou ganhava nada, praticamente.

Cada um devia mais ou menos o que havia emprestado. Só que em quantidades e com pessoas muito diferentes. As dívidas eram dinâmicas e se acumulavam. Eu não seria capaz de manter e gerir essa contabilidade. Seria impossível para mim equilibrar o emprestado com o tomado em empréstimo. E deveria fazer isso considerando os membros das famílias, as relações de trabalho e o calendário. Isso implicaria conhecer genealogias, relações de parentesco e amizade. Era um raciocínio complexo demais para mim.

Segundo Mei Dagi, se eu emprestasse algum dinheiro ao chefe, estava dado o sinal de partida. Outros viriam me pedir mais dinheiro emprestado, e eu deveria fazer o mesmo. Não conseguiria participar desse jogo. Cada um jogava com cerca de uns trinta parceiros entre credores e devedores. Era como um jogo de xadrez entre muitos jogadores. Cada lance suscitava novas iniciativas e implicava uma teia de informações entre as famílias sobre essas transações financeiras. Não era para mim.

Pior ainda, o branco Mei Sanda era capaz de introduzir notas novas, de um papel reluzente. Elas valiam mais do que as velhas.

Eu aprendera isso com Haladu, o ex-cozinheiro. Isso criaria um jogo duplo. Quando pagasse duas pessoas com o mesmo valor, deveria atentar para que o estado de conservação das notas fosse igual. Se uma fosse nova e a outra velha, elogiaria um e ofenderia outro. No mínimo. Imagine-se agregar mais essa variável aos empréstimos!

O fluxo de crédito e débito nessa rede financeira se alterava o tempo todo sob a iniciativa de cada participante. E ao sabor de novos laços afetivos entre as pessoas, ou por razões de comércio, trabalho, vizinhança e outras. Até por verdadeiros empréstimos. Os *kudis* flutuavam, escorriam, desapareciam, emergiam e regiam os afetos. O ideal era adivinhar os movimentos dos parceiros e, sobretudo, dar sinais evidentes de estima por todos, estabelecendo vínculos crescentes com a comunidade. A regência múltipla do verbo emprestar me ultrapassava. O dinheiro tinha um alcance simbólico muito maior entre os hauçás do que na cultura ocidental. Eu sempre abominei comprar a crediário ou tomar empréstimos com bancos ou amigos. Ali, o dinheiro era a medida de referência das relações humanas.

Um dia, numa das minhas muitas discussões com Mei Dagi, irritado, ele me disse com um tom de voz que mesclava indignação e decepção:

— Você nunca me deu um presente de mais de 10 francos!

Eu já lhe dera diversos presentes de mais de 50 e até 100 francos. Não era o caso de acusá-lo de mentir. Ele apenas dizia que não o valorizava como deveria. Não o amava. E tinha pouco apreço por sua amizade.

Pensei até em consultar Malan Zabeiru sobre esse pedido do chefe. E se ele também me pedisse dinheiro emprestado? Algum tempo após a demanda do líder de Magami, depois de deixar todo o vilarejo apreensivo, sem respirar, mergulhado em considerações metafísicas abissais, decidi não entrar nessa rede multilateral de comércio afetivo. Mei Sanda não ia colocar a mão no bolso, nem se transformar num Mei Kudi. Eu não tinha vocação para atuar no setor financeiro hauçá, nem para psicologia social.

— Meu caro Mei Dagi, essa história de empréstimos é demais para mim.

— Como assim?

— Não serei capaz.

— Capaz do quê, Mei Sanda?

— Passarei dinheiro para todos que me pedirem e não saberei de quem, quanto e quando pedir.

— Calma. Sabemos de seus limites.

— E ainda sou capaz de ofender alguém sem querer.

— Você podia começar devagar, Mei Sanda. Sabemos de seus limites.

— Não, não participarei, Mei Dagi. Diga ao chefe ou ao seu representante. Não posso emprestar o dinheiro.

— Ele vai querer entender. Por quê?

— Por razões religiosas. Explique para ele. É como no caso dos morcegos e *boys*. Minha religião proíbe esse tipo de empréstimos. Sabe, proíbe lucro, juros, usura...

— Você perderá com isso, Mei Sanda. É para o seu bem.

— Talvez. Mas, terei ganhos nos céus, no paraíso.

— Talvez. Todos sabem de seus limites, Mei Sanda. Quem sabe o futuro?

A notícia correu com rapidez. Eles ficaram tristes e decepcionados. Ao cruzar com o chefe numa das vielas de Magami, olhou-me como uma vítima infantil de abuso. As pessoas me viam como alguém que recusara um presente ou um convite para um passeio ou um almoço. Eu perdera a oportunidade de galgar mais um patamar na integração local. Temia o alcance dessa recusa em minha vida por ali e na continuidade da execução de minha pesquisa.

Junto aos hauçás, Mei Dagi deve ter insistido sobre minha estranha religião cristã. Ela proibia emprestar dinheiro. Imagine-se um mundo sem empréstimos. Ele deve ter feito especulações e insinuações sobre outras dimensões teológicas e espirituais dessa atitude dos cristãos. Com certeza inventou e mentiu à vontade. Afinal, Mei Dagi era quem mais me conhecia.

Mais uma vez, os hauçás acharam o quanto devia ser um tédio esse tal de cristianismo. Essa religião pós-judaica e pré-islâmica proibia comer morcegos, ter *boys*, adquirir mais de uma esposa e até fazer empréstimos. Ao mesmo tempo, admiravam a capacidade de alguns cristãos de realizar esses sacrifícios tão ingênuos e inúteis por seu Deus. Pobre Mei Sanda, com sua barba abundante, seu bastão e sem poder endividar-se.

O destino dos cereais

Minha recusa de entrar como acionista branco do "banco" de empréstimos de Magami não impediu Mei Dagi de pedir minha ajuda para um de seus projetos sociais. Ele se apresentou um dia, belo e galhardo. Vinha acompanhado de dois senhores, fortes e musculosos. Necessitava do meu veículo e de meus serviços de motorista. Íamos transportar esses dois agricultores do vilarejo até a cidade de Maradi e, de lá, de volta, até o vilarejo, com algumas escalas pelo caminho de ida e de volta. Levariam e trariam mercadorias. Concluiu dizendo que ele, Mei Dagi, tinha suas razões e aconselhou-me a acatar o pedido. Sem muitas perguntas.

Constrangido pela presença dos estranhos, comentei em voz baixa e em francês se ele conhecia bem aqueles dois indivíduos. Para Mei Dagi, isso não era irrelevante. Suas razões ao solicitar esse apoio de transporte eram de foro íntimo, secretas, de alta estratégia, ligadas ao seu pequeno e criativo comércio. Por outro lado, Mei Dagi considerava essa operação algo de grande alcance social. Ainda marcado pelo episódio dos empréstimos recusados ao chefe da aldeia, considerei que talvez pudesse ajudá-los.

— Até para as suas pesquisas, Mei Sanda, essa viagem será importante.

Mei Dagi fez essa afirmação com um pequeno e raro sorriso nos lábios. Segundo esse meu guia favorito, eu estaria dando

82 A GEOGRAFIA DA PELE

mais um passo em minha integração local. Enquanto eu refletia um segundo antes de responder, Mei Dagi me interrompeu e explicou que eu não poderia viver ali e ficar totalmente fora das redes sociais de solidariedade dos hauçás, digamos assim. Para me ajudar a entender, evocou as tradições dos casamentos na região. E fiquei ouvindo seu nhe-nhe-nhem sobre noivos, festas e bodas.

Bem antes da celebração das bodas, ocorriam mobilizações e mutirões dos jovens para auxiliar o noivo a ampliar suas terras e cultivá-las. Muitas pessoas iam ajudá-lo a plantar, capinar e cuidar dos campos. Ele produzia mais e ganhava mais dinheiro na colheita, graças a esses auxílios. Além disso, pequenas poupanças e modestas contribuições financeiras das famílias convergiam como dons para o jovem casal organizar as comemorações de suas bodas. Mais tarde, um ano depois, a festa do casamento honrava a todos e consumia a totalidade desses recursos. A poupança obtida pelo noivo era gasta integralmente na comemoração. Os recursos revertiam para todos e honravam o casal. Como na rede de empréstimos do vilarejo hauçá, o balanço final era próximo de zero.

— Atenda esse pedido, Mei Sanda.

— *Babo*.

— Mei Sanda, faço esse pedido na frente desses amigos.

— *Babo*.

— É para o bem de todos.

— Mei Dagi, nem eu nem o veículo estamos disponíveis para serviços de transporte privados.

— Você não nos entende.

— *Babo*.

Eu não duvidava da necessidade daquelas pessoas. Por outro lado, tinha uma enorme e complexa pesquisa para realizar. O cronograma era apertado. Não podia consagrar tempo e recursos para essa demanda. Além disso, não entendia de seus negócios.

O DESTINO DOS CEREAIS

Por que deveria atender essas pessoas e não outras? O vilarejo por certo precisaria de uns dez veículos indo e voltando constantemente à sede da região, Maradi, para atender as necessidades dos idosos, enfermos, grávidas, comerciantes etc.

Mei Dagi franziu a testa, abanou a cabeça, acusou-me de egoísmo e insensibilidade em face das questões sociais hauçás. Segundo ele, eu só me preocupava em falar com plantas, conversar com areias e interrogar o vento. Meu assunto era a natureza. Os humanos e seus problemas não serviam para nada. Mesmo se morressem de fome.

Expliquei a Mei Dagi seu engano. Um dos desafios de minha pesquisa era justamente entender a questão dos alimentos, a origem e o destino dos cereais. Depois de estudar o consumo e a produção dos campos das famílias, obtivera os mesmos resultados desencontrados de outros pesquisadores. O que era vendido e consumido pelas famílias ficava bem abaixo da produção estimada. Era para sobrar cereais. Não sobrava. Mas eu não encontrava esse excedente de alimentos nem no consumo, nem no comércio, nem nos celeiros. Parte significativa dos cereais produzidos em Magami simplesmente desaparecia, evaporava. Não era consumido, nem vendido, nem estocado. Esses resultados confirmavam outros estudos intrigantes realizados por antropólogos na região, na mesma linha.

Mei Dagi ouviu com atenção minhas preocupações com o sumiço dos cereais. Ouvia e coçava a cabeça. De repente, prometeu me ajudar a resolver esse mistério. Pediu a seus conhecidos que se aproximassem. Fez-lhes comentários sobre o meu problema. Eu tentava acompanhar seu hauçá, rápido como uma gazela. Era impossível. Os amigos soluçavam respostas e gaguejavam indagações. Segundo Mei Dagi, ele podia me ajudar na pesquisa. Falou, falou e não disse quase nada concreto. No final, tive de lhe prometer segredo sobre tudo aquilo. Por pelo menos vinte ou trinta anos. E evidentemente deveria ajudá-lo no transporte dos agricultores e de seus bens. Nos dias seguintes, eu entenderia. Tudo. Ou quase tudo. Seria mais do que eu pretendia saber. Resolvi arriscar. Seus acompanhantes tinham os olhos cravados em mim. Com ar de raiva ou ódio. Prometi e cumpri

Quando tiveram certeza de minha concordância em apoiá--los na viagem, os agricultores avisaram esposas, filhos, amigos, vizinhos, sócios, parentes, colegas, desafetos, compadres, rivais e padrinhos. Saímos de Magami carregadíssimos em pessoas, bens, mercadorias e animais. O veículo avançava devagar. Tração nas quatro rodas. Marcha lenta. Bloqueio do diferencial dianteiro. Foram muitas paradas até chegar a Maradi, passando por bairros onde nunca estivera, e ao longo de um caminho cheio de meandros. O calor era intenso. Suávamos. Comprometi um feixe de molas com essa pesada expedição, sobrecarregada de preocupações e objetivos comerciais, científicos e humanitários.

No dia do retorno, saímos de madrugada de Maradi e chegamos a Magami imersos num dia luminoso e de sol ardido, saltando entre altas e brancas nuvens. Era um meio-dia de início de verão. No vilarejo, parei diante da choupana de cada um para que desembarcassem seus pertences e parentes. Gastou-se muito tempo nessa espécie de via-sacra infindável, com saudações e salamaleques a cada parada. Eram ajudas e trapalhadas no descarregamento das mercadorias, conversas e discussões sobre a viagem, disputas pelos produtos, comentários permanentes de Mei Dagi e muito suor.

Depois de toda essa manobra, voltei calmamente para a casa de Guwani. Estacionei e inspecionei o veículo. Logo um banho de cuia exagerado lavou as marcas do dia e quase consumiu meu estoque de 25 litros de água. O final da tarde se anunciava chuvoso. Estava com fome. Terminei rapidamente de acertar minhas coisas. Quando me dirigia para saber notícias com Guwani, ouvi Mei Dagi gritar.

— Mei Sanda! Mei Sanda!

Aquilo não era normal. Seu costume era entrar na primeira parte do cercado e me chamar com delicadeza e respeito. Mei Dagi, aparentemente excitado, foi entrando no cercado do ferreiro com dois homens. Eram os mesmos que eu levara até Maradi. Guwani lançou um olhar severo em direção da invisível e ruidosa visita. Mei Dagi e seus dois acompanhantes, por trás das paliçadas, perguntaram se eu já havia almoçado. Respondi que não. Então, convidaram-me a segui-los. Fiquei surpreso. Ninguém nunca convidava alguém para almoçar. Tudo era pago. Era e foi o meu primeiro e único convite para almoçar entre o povo hauçá.

Parecia um assunto de "homens". Por certo iam me oferecer um almoço pelos serviços prestados. Guwani levantou-se e caminhou em minha direção. Diante da aproximação de Guwani, Mei Dagi e os outros recuaram e deixaram rapidamente o cercado.

Mas não esperei a reação de Guwani. Tomei o bastão e os segui, despedindo-me com um gesto distante. Guwani apontou para mim e fez um movimento com as mãos, como se fosse uma bênção. Não entendi sua atitude. Ele parecia não aprovar aquela ideia do almoço. Alcancei o grupo e avançamos em silêncio por um labirinto de ruelas, palha, celeiros e passagens, onde Mei Dagi vivia desaparecendo. Rudimentos de palavras eram trocados entre meus anfitriões e provocavam alguns estranhos sorrisos. Eram risadas úmidas, cheias de saliva e baba. Mais que andar, eles deambulavam. Às vezes pareciam tropeçar em objetos invisíveis. Mais sorrisos.

Chegamos a uma verdadeira muralha de celeiros de palha que eu nunca havia notado. Passamos por essas colunas de celu-

86 A GEOGRAFIA DA PELE

lose, atravessamos o interior de algumas casas, coisa anormal, e chegamos a um pequeno quadrilátero feito com altos caules de sorgo. Sentia-me perdido. Ali estavam várias pessoas, a maioria vestida de forma mais ocidentalizada.

Fomos recebidos por amplos sorrisos. Acima do normal. Eram muitos dentes expostos, coroados por lábios escuros e manchados. Levaram-me para o fundo do quadrilátero da paliçada. Entramos numa choupana espaçosa onde vários homens, de pé e sentados, bebiam. No centro havia um grande odre de cerâmica. Sentei-me. Eles me passaram uma cabaça cheia de um líquido quase alaranjado. Sem a menor introdução ou cerimônia. Também sem hesitar, provei e aprovei. Ótima e cremosa cerveja.

O consumo de álcool é proibido em terras do Islã. A cerveja era excelente. Na casa havia outros grandes vasos cerâmicos repletos de cerveja. Um sacrilégio. Uma mulher circulava entre os vasos, verificava o conteúdo, trocava as cabaças e zelava, de alguma forma, pelo serviço. Os homens entravam e saíam. Eu já havia tomado o milheto ligeiramente fermentado e alcoolizado em diversas ocasiões. Coisa quase acidental. O cereal cozido ou pilado acabava fermentando, com o tempo e o calor. Ali, não. Era uma cervejaria mesmo. Nada acidental.

Mei Dagi sorria com seus amigos. Eu apreciava a bebida. A cerveja havia sido coada. O teor alcoólico era notável. Continuava um líquido espesso e untuoso, um pouco dourado, alaranjado. As cervejas do Egito dos faraós e de toda Antiguidade deviam ser parecidas com aquela. Bebíamos e conversávamos. Eu era observado como uma curiosidade. E eu os observava da mesma forma. O almoço de cerveja avançava.

Os homens — de pé, sentados, acocorados e até deitados — formavam alguns círculos concêntricos e ruidosos. Bebiam, falavam, sorriam, arrotavam e suavam. Muito. Gesticulavam. Aspergiam o ambiente com seu suor. Tremiam. O suor aumentava o brilho de suas peles gordurosas e, em seus rostos, destacava o traçado das marcas feitas à navalha, típicas dessa região. Uma espécie de tatuagem identificatória cravada abaixo de pares de olhos cheios de lágrimas.

Fortes odores de cerveja, suor, urina, humanidade e África nos envolviam com matizes agridoces. Depois de beber e relaxar um pouco, tive a impressão de estar sendo observado. Pensando comigo mesmo, achei aquela impressão um desvario. Era o efeito do álcool e do jejum, e não de algum sexto sentido. Todos me observavam. O sentimento continuava, com uma nota opressiva.

Como um pingo branco no meio daquela reunião de negros agitados, procurei em vão por Mei Dagi. Ele havia sumido. Não só ele, mas também seus amigos, meus ex-clientes ou passageiros, haviam desaparecido. Eu não conhecia nenhum dos presentes. Um zumbido de fundo parecia preencher frestas e vazios. Todos tinham rostos muito expressivos, ligeiramente contorcidos. Achei tudo aquilo ameaçador. Apreensivo, fechei os olhos como se fosse dormir. Abaixei a cabeça. E fiquei imóvel por uns minutos. Eu me lembrava do céu azul, das nuvens reluzentes e do sol ardido. Talvez até tenha dormido um pouco.

Abri as mãos, liberando o curso exterior dos céus e dos castelos de nuvens. Ainda de olhos fechados, senti o peito apertado, acordei com a lembrança dos rostos de Mei Dagi, dos dois agricultores e dos presentes. Eles desfilavam em minha memória. Sentia falta de ar. De repente, levantei a fronte e encarei o olhar de um homem. Ele estava sentado quase atrás do tacho de cerveja, mas bem na minha frente. Olhava-me fixamente. Fazia umas caretas. Seus olhos eram como dois tiros de ódio. Ao lado, um homem de pé oscilava como se fosse cair. Ele parecia desejar ler as marcas das cantáridas em meus braços.

Disfarçamos nossas atitudes. Desenrolei, lentamente, as mangas de minha camisa até o punho. Acariciei a areia do solo e busquei, pelo tato, o bastão. Encontrei-o e acariciei-o. Recusei uma nova cabaça de cerveja e voltamos a nos olhar. Eu já vira aqueles rostos. Pareciam os homens que levara até Maradi. Pareciam também os negros do pesadelo. Pareciam os ladrões de sonhos. Os homens-boi. Aqueles indivíduos nus, chifrudos e pintados de branco. Estranhos visitantes noturnos. Talvez fossem ladrões ou mentores de textos mágicos e ocultos, como o escrito em meu corpo pelas cantáridas e morcegos. O ar parecia embebido de vapores alcoólicos.

Eu me sentia ameaçado. Não sabia o que fazer. Temia que eles despejassem sobre mim um saco de cantáridas. Ou me arrastassem para algum lugar e arrancassem minha pele para confeccionar um livro, um palimpsesto. De repente, o calor parecia insuportável, a choupana exígua e o ar muito escuro. Quem poderia me socorrer? Onde andaria esse guia imprestável? Lembrei-me de Guwani e de como ele reprovara essa visita. Pensei em gritar seu nome, simular sua chegada para evacuar o local.

Nesse instante, a explosão de um trovão nos ensurdeceu e deu a impressão de incendiar a palhoça. Raios e trovões caíam e explodiam nas proximidades. Guwani devia estar batendo em sua bigorna. A cada estrondo celeste, o grupo emitia gritos de espanto e sarcasmo. Davam vivas e uivavam. Eu também participava gritando: Santa Bárbara!

Começou a chover. Era a primeira chuva do ano. A temperatura caiu. O úmido silêncio serenou a todos. A água corria lá fora, cantava nas palhas dos telhados e era absorvida pela areia do chão, sempre sedenta. Não foi uma grande chuva. Molhou a terra, assentou o pó e trouxe a promessa da estação chuvosa.

Outros homens se aproximaram de mim. Falavam das águas celestes. De que tudo era água. Risos. Que logo seria tempo de plantio. Que os rebanhos iam migrar. Risos. Que iam faltar sementes. Mais risos. Eu tentava falar do perigo das descargas elétricas. Imaginava a árvore de caritê de Guwani atraindo, absorvendo os raios e dirigindo-os à sua forja.

Ao ouvir a palavra "Guwani", um africano baixinho e obeso me falou dos casos de pessoas atingidas e mortas por relâmpagos. A salvação era levá-las para a casa de Guwani, dizia. Mas não podia ser logo depois do acidente. Nada de precipitação. Era importante assegurar-se de que a pessoa estava bem morta. Deixar o tempo necessário para o calor do raio passar. E só depois, bem depois, levá-la para Guwani. Sobretudo muito tempo depois, só assim um ferreiro é capaz de trazê-la de volta, como senhor do fogo e dos raios.

Atraído pelo espetáculo da chuva, atordoado pelos raios e pelas histórias que ouvia, perdi os dois homens ameaçadores de vista. Como por encanto. Quando olhei melhor, haviam desaparecido. Percebi Mei Dagi voltando. Caminhava a 1 metro de distância do chão. Flutuante e ensopado. Teria saído para vender guarda-chuvas? Capas? Animados pelo ar úmido e pelo frescor, prosseguimos todos com conversas desconexas, em meio a gargalhadas, goles de cerveja e roncos de alguns. Alguém trouxe amendoins, um pouco de mandioca cozida e uns pequenos tubérculos comestíveis de uma planta parecida com a nossa tiririca.

Comíamos e bebíamos, sem parar, a incomparável cerveja local. Com algumas saídas estratégicas para esvaziar a bexiga. Eu continuava tentando rever e lembrar-me dos dois ladrões noturnos. Eles haviam evaporado. Será que eu realmente os havia visto? Deveria falar sobre isso com Mei Dagi? Antes que eu pronunciasse uma palavra, foi ele quem me abordou. Com outro assunto. Bem relaxado, Mei Dagi se aproximou e olhou-me fixamente com seu olho singular. Com voz meiga, disse:

— Choveu pouco.

— Pois é, Mei Dagi.

— Mei Sanda, sua religião não proíbe beber álcool?

— *Babo*, não proíbe.

— Certeza?

— Absoluta. Até utiliza bebidas alcoólicas em seus ritos.

— Ainda bem.

— É. Não proíbe, não.

— Mas proíbe cada coisa...

— Pois é, você nem imagina a lista toda.

— Mas bebida alcoólica não?

— *Babo*. E, no caso do Islã, o álcool não está proibido?

— Sim, está.

— Está proibido mesmo?

— É, está sim.

— E tem sempre cerveja por aqui?

— Sim, sobretudo neste tempo de trabalho no campo.

— Entendo.

— É preciso recobrar as forças.

Fizemos uma pausa. Olhávamos à toa, contemplávamos os odres cerâmicos de cerveja, todos aqueles animados e assíduos consumidores. Decidi retomar a conversa:

— E de quem é essa cerveja toda, Mei Dagi?

— Nossa... De todos.

— Mas é muita cerveja.

— Muita.

— É preciso muito cereal para produzir tudo isso.

— Muito.

— Muito mesmo.

— É, mas ninguém deve saber. Nem você.

— Certo. Não sei de nada.

— Você tem razão, Mei Sanda. É muito cereal virando cerveja.

— Todo ano.

O DESTINO DOS CEREAIS

— É.

— Durante todo o ano?

— Quase.

Escurecia. Eu acabara de descobrir uma parte do destino secreto dos cereais: cerveja. Com certeza deveriam existir outros destinos, ainda mais fabulosos, como sacrifícios aos deuses, comércio ilegal, combustível para a forja do ferreiro, transmutações alquímicas, confiscos por parte dos gênios do mal, envios a outros planetas... A fermentação alcoólica era um destino saudável, agradável e justo para a produção de grãos. Prometi a Mei Dagi guardar segredo sobre esse desvio secreto. A sete chaves.

— Por vinte ou trinta anos — ele insistiu.

— De acordo.

— Alguma dúvida mais?

— *Babo*. Trinta anos!

O clima era de franqueza, de intimidade. Não sei bem por quê, mas pela primeira vez lhe perguntei sobre seu olho vazado:

— Mei Dagi, como você perdeu esse olho?

Imaginei que fora num acidente de trabalho. Atravessando uma mata de espinhos, enfrentando uma tempestade de areia no Saara, vitimado por uma flecha inimiga...

— Foi brincando com um sobrinho pequeno.

— Brincando?

— É. Em casa. Sobre uma esteira de palha.

— Como assim?

— Uma cotovelada da criança.

— Só isso?

— Só. Bem no olho.

— Puxa!

— Por que o espanto?

— Nada.

92   A GEOGRAFIA DA PELE

Saímos de lá juntos. Sob uma espécie de garoa fina. Quase abraçados. Mais uma vez, brigados e reconciliados. Era nossa sina. Orientado por um assertivo Mei Dagi, deixei alguns *kudis* com a dona da casa ou da cervejaria. Ela nos aguardava na saída do cercado, como uma fortaleza, encorpada. Parecia justo. Eu não colocara 1 quilo sequer de cereal naquele estoque destinado à cerveja. As moedas desapareceram entre seus seios. Isso me garantiu vários futuros convites para retornar. Antes que saíssemos, ela explicou que seu marido despertava gênios e espíritos com seus dons musicais e pronunciou um nome de instrumento desconhecido. Com olhos iluminados, disse:

— Meu marido toca...

— Violino — esclareceu Mei Dagi.

— Violino?

— É. Violino, Mei Sanda. Sabe o que é isso?

— Acho que sim.

Achei aquilo impossível, improvável. Para tirar qualquer dúvida, a mulher foi buscar o instrumento e o marido. Voltou rapidamente com os dois sob os braços. Como dois pacotinhos. Ele me apresentou uma pequena rabeca, em forma de pera, com duas ou três cordas, montadas sobre uma espécie de borracha ou couro esticado. Sentou-se no chão úmido e segurou-a com os pés. Com os pés. E produziu um pequeno som, umas magras notas musicais com uma vara, segura em uma mão. Achei aquilo curioso, maravilhoso. Pensei que ele afinava o instrumento. Ia me acomodar para ouvi-lo quando se levantou. Na realidade, estivera tocando. Sua mulher apontou para uma cabana. E ele voltou para o seu quartinho escuro, cheio de gênios, em meio às trevas, sem emitir um som. Caminhava com uma mancha molhada na bunda. Sem dizer uma palavra.

Para Mei Dagi aquilo fora apenas para me mostrar o instrumento. Ele não podia tocar ali, nem daquele jeito. Despertaria gênios errados, fora de lugar e de hora. Uma noite, se eu quisesse, ele me traria para ver as mulheres em transe, dançando com os gênios certos. Mas era preciso dar dinheiro a elas, advertiu. Concordei plenamente. Ele reiterou: *kudis*, dinheiro em cédulas, em papel, não apenas em moedas. Concordei de novo, sem nada entender. E fomos embora. Saltitantes. Cambaleantes. Deambulantes.

Com o tempo e a prática, conheci outras casas bastante secretas e discretas, dedicadas à arte da fermentação dos cereais e à produção oculta de cerveja. Provei uma pequena gama de birras que o clima, o milheto, a tecnologia, as proibições do Islã e o tempo permitiam. E assim foi, é e será por meses, anos e séculos. Nas pesquisas, relatórios e publicações, o mistério da evaporação dos cereais prosseguia. A palavra "cerveja", *guiá* em hauçá, não aparecia em nenhum dos escritos ou anotações dos pesquisadores. Não seria eu quem inauguraria esse acréscimo semântico. Ela não existia no meu vocabulário, nem constava no meu dicionário. O inexplicável desequilíbrio entre produção e consumo de cereais permaneceu. Fermentava. E prosseguiu depois da publicação de minhas pesquisas. Quem sabe até hoje.

Mei Dagi me abandonou, arrotando, no ponto milimétrico em que nossos caminhos divergiam. Segui em direção ao cercado de Guwani, sentindo frio, envolvido pelos vapores da água da chuva que com muita pressa voltava para os céus. Pensava nos malefícios das cantáridas, naqueles misteriosos passageiros e seus carregamentos, na ameaça dos homens-bois e em suas visitas noturnas, nas danças com gênios e espíritos resistentes ao Islã, ritmadas pelo som de violinos e rabecas, tambores e tantãs. Ao refletir sobre o destino secreto dos cereais, eu imaginava as tramas impenetráveis que existiam entre todos os seres humanos deste planeta.

Um relâmpago distante iluminou o vilarejo do lado sul. Deve ter caído no coração da Nigéria. Logo chegou o ribombo. Como o grito de um país ferido. Surdo e prolongado. Ouvia o choro de crianças. Talvez eu fosse acordado de madrugada por cortejos de mortos, vítimas dos relâmpagos, trazidos para serem ressuscitados por Guwani. Magami me parecia um lugar acolhedor e ameaçador, atraente e detestável, em sua dura e singular humanidade. Pela primeira vez temi por mim e pela pesquisa. Quando entrei no cercado, vi Guwani ao lado da forja. Cuidando do fogo. Em plena madrugada. Lavado pela chuva, seu fogo brilhava mais do que nunca.

Abortos minerais

O vento frio, a madrugada e o fogo aceso convidavam para um encontro junto à forja de Guwani. Não tive coragem de começar a conversa com algum comentário. Aproximei-me em silêncio. Talvez ele fosse reprovar minha incursão com Mei Dagi e seus amigos. Não. Guwani me convidou para sentar. Estendeu-me um pote com carne de cabra seca e apimentada e uma moringa com água. Mordi um pedaço dessa carne em tirinhas, saborosa e muito ardida. Esse prato típico era preparado em estrados verticais expostos ao sol e secava graças ao bater de asas das moscas do Sahel. Elas recobriam essas tirinhas de norte a sul e de leste a oeste e as enriqueciam com a proteína de seus ovinhos.

— Esta carne é quente como sua forja, Guwani, senhor do fogo.

— Você entende de alimentos, Mei Sanda, senhor da madeira.

— Talvez, mas o fogo consome qualquer madeira.

— Mas ele vive da madeira, pelo carvão.

Brincávamos com as palavras. Com frases. Pelo menos, eu achava.

— Madeira e fogo.

— Bastão e forja.

— O metal do machado corta a madeira.

— O fogo empresta a força da madeira para moldar os metais.

96 A GEOGRAFIA DA PELE

— A madeira retira do fogo do sol a sua força.

— As plantas recebem sua força da terra e olham o sol de frente.

— Com a madeira e o fogo, o metal se transforma em água.

— O ferreiro desperta o metal de seu sono embaixo da terra.

O sono dos metais era um dos assuntos prediletos de Guwani. Ele não falava e sim ruminava sobre esse primeiro saber dos ferreiros: o conhecimento da morada dos metais. O clã de Guwani sabia ou soube no passado onde estavam, na região, os melhores depósitos de laterita, essenciais para fundir o ferro. Várias vezes, ele me falou sobre esse assunto. Nunca me deu detalhes geográficos sobre isso. Talvez fosse tudo invenção.

— Como vocês podem saber onde estão dormindo os metais, Guwani?

— Eles falam com a gente através do céu, das estrelas.

— E você ouve?

— Sim. Com os pés. Por isso, têm forma de ouvidos.

— Quem?

— Os pés.

— Você ouve com os pés?

— *Babo*. Apenas com os rins.

— Os rins?

— Sim. Com os rins. Você sabe... Eles também têm forma de ouvidos.

Para Guwani, cada mineral era tratado como um ser vivo, habitado por forças e espíritos. Cada metal era uma criatura. Falante. Todo e qualquer metal tinha seus hábitos, suas maneiras de ser, forças e fraquezas, dons e limites. Todos os metais podiam evoluir e aperfeiçoar-se. Como os animais selvagens, os metais tinham suas camuflagens, suas tocas e esconderijos.

— Então você é um caçador de metais, Guwani?

— *Babo*.

ABORTOS MINERAIS

Eu indagava sorrindo, enquanto tomava um pouco de água fresca para aplacar o fogo da carne apimentada. Guwani, sempre sisudo, respondia balançando a cabeça:

— Mei Sanda, sou mais um pastor, um amansador de animais.

— Animais?

— *Babo*. Metais.

— Metais selvagens?

— Ajudo os metais a cumprir o papel de lança, enxada, facão, fivela...

— Pois é, ninguém nasce pronto.

Para esse ferreiro, trabalhar os metais o levava a fundi-los, purificá-los e moldá-los. Era mais do que uma rotina. Vivendo no seu cercado, pude observar uma parte dessas operações de manipulação e domesticação dos metais. Eram muitos os segredos da metalurgia para dar a consistência da água a um sólido metal, extraído da terra. Eram muitos os conhecimentos para levar o metal a assumir a forma ou, melhor ainda na visão do ferreiro, o papel de uma faca, o papel de um estribo ou de um arado.

— Eu não caço nada na natureza.

— Entendo.

— Apenas ajudo a nascer... E educo — retrucou.

Para ele, nos depósitos ou minas, o mineral estava vivo. Era como um feto. Se fosse deixado no seio da terra, amadureceria. Com muitos anos, a laterita se transformaria em ferro, alimentada pelas energias desse útero frio e escuro. Se esse ferro fosse deixado no ventre da terra, em séculos se tornaria cobre. E, em milênios, vários metais, até, finalmente, se transformar em ouro. De transmutação em transmutação. Muitas vezes. Guwani me explicara tudo isso por ver em meu rosto os sinais do interesse e da descrença. Ele sempre me dizia:

— Meus metais estão vivos.

— *Babo.*

— Como tuas plantas, Mei Sanda.

— *Babo.*

Contudo, os agricultores e a vida na aldeia não podiam esperar tanto tempo e tantas transmutações. Essa lenta gestação subterrânea não satisfazia suas necessidades urgentes de trabalho e de bem-estar. Magami precisava dos metais, bem domesticados, agora. Guwani e os ferreiros agiam com violência, abreviavam essa gestação. O ferreiro era um obstetra da natureza. Guwani obrigava a natureza a parir, fora de lugar e fora da hora.

O ferro era gerado no útero da terra ao longo de séculos. Guwani era capaz de fazê-lo nascer da laterita no mesmo dia, através do fórceps de seu forno e de seus conhecimentos. Dizia. Filho dessa antiga tradição, ele também era capaz de extrair o estanho da cassiterita. Dizia. Um pouco mais ao norte, nas montanhas do Aïr, o estanho era encontrado na superfície dos solos. Isso também ocorria no planalto Bauchi, um pouco mais ao sul, na Nigéria. Lá onde os raios estavam caindo.

Há mais de 3 mil anos exploram-se minas de cobre no Níger. Há alguns milênios, rochas e minérios africanos já eram sondados nas profundezas da terra, extraídos e fundidos nas forjas dos ferreiros. Desde a remota Antiguidade, os minérios viajavam pelo Saara, sendo trocados por escravos, nozes-de-cola e outros bens através dos sonhos, conhecimentos, segredos e epopeias de reis, guerreiros, comerciantes, pastores e ferreiros.

Mais do que um parteiro, Guwani praticava um verdadeiro aborto metalúrgico ao fundir os metais a partir de rochas e minérios. Ele, seu fogo e sua magia aceleravam os ciclos da natureza. De certa forma, seu trabalho era um delito contra a natureza e seus ritmos. Ele acelerava o tempo. Sobre ele e sua casa pairavam muitas energias cósmicas e forças espirituais negativas. Não podia ausentar-se. Suas saídas eram excepcionais, implicavam cuidados preventivos diversos e exigiam muitos preparativos, discretos e até ocultos. A natureza buscava vingança, dizia. E coisas estranhas aconteciam, mesmo, nesse cercado de palha onde esse pequeno Prometeu vivia acorrentado.

— O que eu extraio do metal pelo fogo fica no fogo.

— Fica no fogo?

— Fica. Leva muito tempo para desaparecer.

— E o que fica?

— Você não sabe?

— *Babo.*

— Você pode ver na sombra das chamas.

— Na luz das chamas, Guwani?

— *Babo.* Na sombra das chamas.

Muitas vezes seus filhos Tuk'wa e Daodá me mostraram a projeção de sombras estranhas na paliçada. Eram formas com movimento, sombras dançantes, a partir do fogo da sua fornalha. E não havia nada nem ninguém diante da luz. No princípio me pareceu uma espécie de ilusão de óptica, de projeção das retinas ofuscadas pelo fogo da forja. O pai os ensinava a identificar nessas sombras, de origem desconhecida, os perigos, os avisos e as brincadeiras. Tuk'wa e Daodá evocavam sempre essas sombras do fogo, misteriosas, em nossas conversas. Tentei falar mais com ele sobre isso. O momento parecia propício. Para mim, ele não reservou nenhuma explicação.

— Basta saber que as sombras existem.

— Sim.

— São formas. Elas são a essência das formas.

— Sim.

— E frequentam esta casa.

— Sim.

— Não se assuste. É só isso.

Abri os braços em direção aos céus e deixei-os cair. Guwani franziu as sobrancelhas. Todo ferreiro conhecia e reconhecia a essência das formas, os caminhos do sólido ao líquido e desse, de novo, ao sólido. Não se assustava com sombras e formas. Por mais que aparecessem e dançassem nos tapumes de sua casa. Ao desrespeitar as leis da natureza, para servir os humanos, ele devia cuidar-se, e muito. A revolta e a sede de vingança do mundo subterrâneo o observavam. Permanentemente, ele dizia.

Uma vez eu tinha visto Guwani fundir ferro ou metalizá-lo. No começo, sua esposa introduziu pedaços de laterita selecionados dentro do seu forno, em forma de útero. Com dois foles de couro de cabra, um em cada mão, Guwani começou a trabalhar. Seu ritmo lembrava inspiração e expiração. Como dois pulmões, os foles aspiravam de forma alternada o ar e o lançavam no forno. Alimentavam a combustão. Esses foles tradicionais parecem uma pequena valise. Levanta-se a tampa e fecha-se de frente para trás, impulsionando o ar. É preciso experiência. E ritmo. E resistência.

O processo fluía com regularidade, sempre em harmonia com sua própria respiração. A temperatura do forno aumentava. A laterita ficava incandescente e queimava como uma brasa. E nada de ferro. Mais tarde, Guwani me explicou que muitas vezes o trabalho fracassava e produzia apenas um resíduo, um resto calcinado, uma lia sem utilidade.

— Tudo fica perdido no fogo e não volta mais.

Poucos no vilarejo sabiam desses seus êxitos e fracassos metalúrgicos. Ninguém podia vê-lo, ou na prática não o via nesse trabalho de fundição, apenas quem vivia em seu cercado. Sorte minha. Eu era um deles. Naquela ocasião, como o ferro se recusava a deixar a matriz de laterita, Guwani mobilizou outros recursos. Uma espécie de fórceps biológico.

Desde o início, sua esposa recitava pequenas canções. Ela mantinha um galo preso entre os pés e uma faca afiada pendurada num dos seios. O ritmo dos foles ganhava intensidade. Ela agregava carvão ao forno, sem largar do galináceo, sem interromper os cânticos, nem deixar cair a faca. Num dado momento, a um sinal sutil de Guwani, inclinando a cabeça e o dorso, sua mulher colocou o galo sobre o forno e cortou seu pescoço com a faca. Ela se esforçava por manter imóvel o animal sacrificado, contra a cálida parede do forno.

Duas coisas ocorreram em sincronia. Enquanto o filete de sangue escorria, pulsando em direção à boca do forno, outro filete rubro, líquido, de ferro fundido, também começou a escoar de dentro para fora do forno. Estava feito. Os dois filetes vermelhos quase se uniram. O sangue pingava ao lado do forno e o ferro fundido caía numa espécie de cadinho. Depois, seria purificado de algumas escórias e impurezas.

Lembrei-me das conversas com Guwani naquele dia.

— Foi difícil obter esse ferro.

— No caso do cobre, ou do chumbo, é bem mais fácil.

— Imagino, Guwani.

— Sangue algum necessita ser vertido.

— E em casos mais difíceis?

— É preciso mais sangue, mais energia.

— Certo.

— Vamos comer esse galo?

— Sim. Eu entro com o arroz.

Horas mais tarde, compartilhando um almoço excepcional, Guwani me explicou que, num passado distante, as coisas teriam sido diferentes.

— Sangue humano já foi derramado para obter-se o melhor dos metais — disse, com um semblante estranho e um brilho adamantino nos olhos, enquanto compartilhávamos o galo ensopado com arroz. Assustador.

Ruínas metálicas

A claridade do amanhecer invadia nosso isolamento e sugava os perfumes da noite. No cercado de Guwani, várias pedras arredondadas circundavam sua forja, apoiavam suas ferramentas e serviam de base para objetos colocados no fogo, sempre aceso. Outras eram utilizadas para afiar instrumentos. Nunca observara a ocorrência de pedras na região, coberta por um infinito e espesso manto de areia. Curioso sobre sua origem, tomei uma dessas pedras nas mãos e indaguei.

— Onde nasceu esta pedra?

— Não sei. Só conheço o lugar onde a encontrei.

— E onde foi?

— Na aldeia de pedra.

As pedras vinham de um povoado desaparecido. Nesse local, ainda estavam as ruínas e os restos de um antigo vilarejo. Muito antigo. Segundo Guwani, aquela pedra fora torneada por gente que não existia mais. Seu desaparecimento estava ligado à ocorrência de uma peste, de uma doença ou algo parecido, pelo que pude entender.

Aquela pedra em minhas mãos nascera por lá. Na aldeia de pedra. Ali existiam pedras talhadas e torneadas. No passado, foram usadas para moer cereais e outros alimentos. Essas amassadeiras e outras pedras trabalhadas ainda estavam por lá, espalhadas por toda parte. Guwani evoca a existência de um amplo acervo arqueológico nesse local. Sua coleção de rochas vinha de lá. Ele as havia trazido em várias viagens. Guwani se dispôs a me acompanhar, um dia, para ver os restos, os ossos, os objetos e as ruínas desse impressionante vilarejo, morto de "varíola e diarreia". Textualmente, segundo Guwani.

— Estou disposto e interessado. Quando poderia ser?

— É preciso ir na lua certa, Mei Sanda.

— E o que as fases da lua têm a ver com isso?

— Não é a fase.

— Então o que é a lua certa?

— Basta que a lua esteja visível no céu durante o dia.

— E por quê?

— Sem lua durante o dia, não acharemos o vilarejo. E, se o acharmos, nós não veremos nada.

— É difícil de acreditar.

— Acredite. De dia e com a lua, muitas vezes não se acha nada.

— Acredito. As pedras desaparecem...

— Isso. *Babo dutchi*. Nada de pedras.

— Culpa da lua?

— A lua é imprevisível, Mei Sanda.

Estranha a afirmação de Guwani. Não era bem verdade. Eu raciocinava em silêncio: só duas fases da lua são visíveis durante o dia. No quarto crescente, nasce perto do meio-dia e se põe à meia-noite. Está visível no céu durante toda a tarde. No quarto minguante, a lua nasce perto da meia-noite e se põe por volta do meio-dia. E fica visível boa parte da manhã. Aliás, esse era o caso naquele momento. O filete da lua estava cortando uma lasca do céu, bem diante de nós.

Quando expliquei ou ponderei esses meus "enormes" conhecimentos lunares e astronômicos, já com a intenção de propor-lhe datas para nossa expedição arqueológica, Guwani mudou de ideia. Pouco lhe importava a lua. Ele não tinha tempo nem ânimo para viajar. Não tinha disponibilidade nem desejo de sair do seu cercado. Era perigoso afastar-se de casa. Nada justificava correr agora esse risco demoníaco. Nada de aventuras em busca da aldeia de pedra. Fiquei frustrado. Nunca conheceria aquele Machu Picchu do Saara.

Diante disso, me levantei. Estava frustrado. Na região de Magami era impossível achar um pedregulho e Guwani evocava um vilarejo de pedra. Agradeci a carne apimentada, a conversa e o calor da forja. Madrugava. Sentia que precisava dormir. Quando me preparava para retornar ao meu cercadinho, curiosamente Guwani agregou:

— Com seu veículo, seria possível ir e voltar em dois dias.

Vai entender.

Guwani começou a explicar que até gostaria de aproveitar a viagem para visitar, no caminho, nas proximidades, outro velho ferreiro, seu amigo. Homem de grande experiência. Eu ia gostar de conhecê-lo. Ali poderíamos dormir. Levaríamos Tuk'wa e Daodá conosco. Além de umas encomendas. E poderíamos partir em alguns dias. Lembrei-me da expedição socioeconômica organizada por Mei Dagi à minha custa e tive algum receio. Indaguei sobre os participantes. Guwani reiterou: ele e seus dois filhos. Ninguém mais. Sobre possíveis mercadorias? Apenas um saco de couro. Concordei.

Diante dessa mudança cósmica e temporal repentina, aguardei a oportunidade e a sinalização do lunático Guwani. Ansioso. Com receio. Fantasiando. E se ele mudasse de ideia, com as fases da lua? Não tardou. Com a lua nitidamente em quarto crescente, Guwani propôs a viagem para o dia seguinte.

— Pensei em levar Mei Dagi para nos ajudar em alguma coisa, Guwani.

— *Babo*. Negativo.

— Então, levarei algum material para eu mesmo coletar solos ou plantas.

— *Babo.*

Não poderia fazer isso. Se tentasse levar algo desse vilarejo-fantasma, ficaria preso por lá ou em algum outro lugar. Petrificado. Para sempre ou por umas horas. Enfim... Só faltou Malan Zabeiru para afirmar que nem fotos poderiam ser tiradas. Arrisquei perguntar sobre fotografias. Quase para provocar. A resposta foi idêntica à do Malan:

— *Babo photos!*

Eu ficava admirado com esse zelo de Guwani pelo patrimônio natural, histórico e arqueológico. Não tive coragem de perguntar com a autorização de quem e como ele havia retirado as pedras redondas locadas perto de sua forja e as outras, bem úteis para amolar e afiar seus instrumentos. Achei melhor ficar calado. *Babo* perguntas.

Saímos de madrugada. Bem cedinho. Antes do pó e do calor, como diziam. Guwani havia feito toda uma preparação secreta para deixar seu cercado. Pelo menos foi o que imaginei, sem nada ter visto. Não comunicamos a ninguém nossa viagem. *Top secret*. Ele e seus filhos não levavam nada. Apenas um facão, uma cabaça com água e uma misteriosa e pesada bolsa de couro. Parecia conter metais. Ou pedras. Além do bastão, eu levava uma pequena mochila, um cantil, alguns instrumentos e material para anotações e eventuais coletas. Isso se Guwani deixasse. E nenhum relâmpago me fulminasse.

Acomodados no carro, dei a partida. Era noite. Magami ainda dormia. As mulheres não haviam despertado os celeiros de milheto pedindo espigas para alimentar as bocas de seus pilões. Com os faróis acesos, seguimos na direção sudeste durante pelo menos uma dezena de quilômetros, conforme as orientações do ferreiro. Feliz da vida, sentado ao meu lado, ele gesticulava, falava com os filhos, apontava para as árvores e via muitas coisas que eu não via. Mas, com isso, eu já estava acostumado.

Depois, tomamos a direção sul, próximos da chamada floresta protegida de Bakabê. Protegida *ma non tropo*. Penetramos com o veículo por uma trilha usada por homens e animais, adequada para cascos e sandálias. A trilha era imprópria para quem usava pneus. O sol surgia no horizonte e, em face dele, a lua sorria. Avançávamos com dificuldade. Sempre em direção ao sul. Seus filhos riam dos solavancos. O veículo rugia. Fiz algumas paradas para observar a paisagem, ver o estado do veículo e coletar plantas. Havia muito tempo não víamos mais nenhum vilarejo ou campo cultivado. Algo me dizia que girafas invisíveis nos observavam. Mas nada.

Em meio aos gemidos do veículo, chegamos à base e depois subimos numa espécie de planalto avermelhado, marcado por solos lateríticos e afloramentos rochosos. Absolutamente desértico. Enfim umas pedrinhas. A vegetação arbustiva era muito esparsa. Eu e seus filhos estávamos maravilhados com o tom avermelhado das terras, recobertas por mantos suaves de areia, trazidos pelo vento e pelos soluços do distante Saara. Essas diversas lateritas eram o produto residual da meteorização de rochas preexistentes, agora invisíveis. Com alto teor de óxidos de ferro e hidróxido de alumínio, as lateritas se apresentavam com um aspecto ora terroso, ora poroso, ora sob a forma de rochas densas e endurecidas. Parei várias vezes para contemplá-las e apalpá-las. Depois de tanta areia, era um deleite ver pedras e rochas brutas.

Para Guwani era *déjà vu*. Ao me ver contemplar demoradamente um tipo de laterita, uma couraça laterítica, ele me disse:

— Aí tem ferro, Mei Sanda.

— Eu sei.

— Sabe? *Babo*. Você não sabia.

Retomando o veículo, seguíamos as indicações de Guwani até o caminho ficar impraticável para quatro rodas. Paramos. Estacionei num local plano. Por prudência, calcei as rodas com algumas pedras. Se a terra inclinasse à noite, estaria protegido. Além disso, há tanto tempo eu não via uma pedra! Só areia, areia e areia. O carro não gostou nada de ser deixado assim, no meio do mato. Trancado, travado e só, em terras tão estranhas. Ele rangia, calçado nas quatro rodas. Que remédio. Daí para a frente nosso caminho seria a pé.

Guwani me disse que, quando vinha a pé para essa região, ele parava nesse local para dormir. No dia seguinte, bem cedo, prosseguia. Repetiu várias vezes que não havia água nas proximidades. Estávamos "saindo" um pouco tarde. Ele apontou com seu facão em direção ao horizonte e convidou-nos a caminhar. Rápido. Prosseguiríamos a pé enquanto o filete de lua ainda boiasse e subisse com a luz no horizonte.

Caminhávamos rapidamente, cruzando pequenos vales. Sob os restos de algumas carapaças de laterita, existia algo como pequenas grutas. Para Guwani, elas eram habitadas por feras. Eu não via fera alguma. Nem sequer passarinhos. Além disso, tinha dificuldade de imaginar o que poderia abrigar-se num buraco tão pequeno, de 1 metro, no máximo.

— Muita coisa — dizia Guwani.

— O quê, por exemplo?

— Gatos. Grandes gatos.

— Gatos?

Diante dessa afirmação tão ferina, fiquei mais atento ao seu facão, ao meu bastão e a algum leopardo errante. Caminhávamos meio sem rumo. Ziguezagueávamos. Subíamos. Serpenteávamos. Descíamos. Escalávamos e escorregávamos. Já havíamos caminhado quase duas horas em ritmo acelerado. Meus pés pediam uma trégua, uma longa parada. A lua, com lábios delgados, sorria no horizonte.

Os passos faziam vibrar a laterita e traziam uma estranha sensação. Era como se houvesse outro andar abaixo de nossos pés. Era como se caminhássemos sobre o teto de outra paisagem. Imaginei uma cidade subterrânea, infestada de túneis, ocupada por ferreiros e suas minas de ouro. Com anões trabalhando nas forjas dessas minas do rei Salomão. Com o tempo, podia distinguir as vibrações produzidas pelos passos de cada um de nós. De vez em quando, Guwani triscava seu facão nas rochas, produzindo fagulhas. Enquanto avançávamos, a lua amarela e silenciosa destilava seu filete agonizante no céu.

Até hoje, essa foi uma das mais extenuantes caminhadas de minha vida. O passo era bem acelerado. Avançamos sem parar por duas ou três horas. Sem parar mesmo. Uma maratona. O bastão estava pesado. A mochila era um transtorno. O cantil, uma âncora. Caminhávamos em silêncio. Apenas a laterita emitia suaves gemidos, exultando sob a carícia de nossos pés.

Várias vezes imaginei cruzar com pessoas. Não havia ninguém. Numa descida, com aspecto de caminho pouco trilhado por pés, patas ou águas das chuvas, tive a impressão de que Guwani desviava de pessoas ou animais. Eu não via nada e não tive coragem de apalpar o ar com minhas mãos. O vento suspirava entre as pedras e produzia estranhos sons metálicos. Num dado momento, pensei ter ouvido o trinado de uma araponga. Era como um martelo batendo numa bigorna. Vai saber se algumas delas não tinham chegado por aqui, vindas do Brasil, seguindo a linha do Equador e depois os bons ventos do golfo da Guiné? Ou seria o velho amigo de Guwani trabalhando em sua bigorna ancestral ali por perto?

Talvez houvesse um vínculo especial entre ferreiros e arapongas. Como entre piratas e papagaios. No Brasil, isso nunca me ocorrera. Caminhamos e caminhamos. Fazia muito tempo, eu já atingira todos os meus limites físicos. De repente, em meio a um pequeno bosque de arbustos banais, Guwani avisou: havíamos chegado. Os filhos contemplavam o local sentindo evidentes calafrios. Tremiam arrepiados. O trio africano estava um pouco pálido. Eu não somente nada sentia, como nada via. Estava, sim, cansado. Exausto.

— Chegamos aonde? — perguntei.

— Ao vilarejo deserto.

— Vilarejo?

— Sim. Às ruínas de pedra!

Procurei um trapo de sombra e sentei-me. Desabei. Passei a olhar o local com muita atenção. Não distinguia nada de especial. Apenas algumas rochas e arbustos. Logo me levantei e comecei a andar, devagar. Sem querer, roçava na vegetação. Sentia que rodopiava. Ou eu, ou as plantas, ou o chão. Um sentimento de desconfiança me invadia. O chão parecia balançar suavemente. Suava frio. Estaria com tonturas? Talvez Guwani fosse me abandonar no local. Talvez eu fosse devorado por um leopardo. Ou quem sabe eles teriam um plano ainda mais cruel e inimaginável. Um sacrifício humano? E se Guwani me entregasse aos homens-bois? E se ele fosse um ferreiro-feiticeiro ou vice-versa? Como fui me meter com essa raça de ferreiros? Por que deixara o carro abandonado a quilômetros? Aliás, o que eu estava fazendo ali?

A vegetação seguia me arranhando. Era como se ela se esfregasse em mim e não eu nela. Era como se os ramos me impulsionassem para que eu girasse, buscando um contato voluptuoso comigo. Gavinhas e ramos tentavam agarrar meu bastão. Um chamado de Daodá me despertou. Ele mostrava, com ambas as mãos objetos feitos de pedra. Seu pai gritava para deixar tudo no lugar e não tocar em nada. Estávamos num museu invisível com um zeloso funcionário do Serviço do Patrimônio Natural, Histórico e Cultural.

RUÍNAS METÁLICAS

Quando me aproximei, vi essas pedras para amassar grãos. Arredondadas e bem polidas. Começamos a achar outras pedras, em forma de pratos, amassadeiras ou bacias. E no mesmo local, a poucos metros, enxerguei restos de muralhas, alguns fossos, rochas furadas, pedras polidas e objetos pelo chão. Comentei com Guwani:

— Antes tudo isso me passou despercebido.

— Você estava se mexendo muito, Mei Sanda.

— Eu? É?

— Sim. Quanto mais ficar parado, mais verá coisas surpreendentes.

— Por quanto tempo?

— Enquanto a lua estiver no céu. Enquanto seu coração bater.

— Parado.

— Não se mexa. Não toque em nada. Nem com seu bastão. E você verá, ouvirá e sentirá ainda mais.

Por volta do meio-dia, talvez, sempre no mesmo local, imóvel, eu já estava com medo. Bastava girar para um lado e percebia novas coisas. Talvez já estivessem ali e só agora eu as visse. Além de frutos cor-de-rosa e azuis em muitos arbustos, começaram a aparecer objetos de madeira, grandes fusos talhados em troncos, pontas de flecha, bases circulares de celeiros, paredes erguidas, machados com seus cabos, cacos de vasos enormes, polias e roldanas de madeira, bilhas, vasos, pilões e pedaços de ossos. Muitos ossos. Tinha a sensação de pessoas circulando em todas as direções. Comecei a sentir vontade de sair dali. Era impossível. Meus pés estavam cimentados no chão. Petrificado, eu sentia cheiro de fumaça e de assado no ar.

Guwani adivinhava meus pensamentos e sentimentos. Aproximou-se mais uma vez e me aconselhou a ficar parado. Se por acaso eu visse alguma porta, entrada, caminho ou passagem, deveria dar-lhe as costas. Eu não via nada disso. Apenas estranhas

112   A GEOGRAFIA DA PELE

ruínas e objetos avermelhados. Nada de umbrais cintilantes. O resto eram impressões. Os filhos de Guwani saltitavam como cabritos, sempre no mesmo lugar. Caso girassem, se transformariam em sacis. Falavam de cachorros azuis ou algo assim. O pai permanecia atento, de pé e quase imóvel. Vigiava. Não se deixava atrair por nada. Não se interessava por nada em particular. Apenas olhava. Além, alhures. Sempre atento. O facão na mão. Parecia tenso, o meu amigo Ogun.

Diante desses horizontes movediços, decidi me sentar. Enterrei a cabeça no meu bom chapéu de pano e fechei os olhos. Bebi a água morna do cantil e joguei um pouco no rosto. O líquido caiu no chão, sobre uma pequena planta. Aí então eu ouvi, com plena nitidez, um choro de criança, como de um bebê. Era um choro forte, próximo, e se repetia. Levantei-me assustado. Guwani estava atrás de mim e me tocou com a mão.

— Guwani, foi você quem imitou um choro de criança?

— Não, Mei Sanda.

— Deve ter sido algum animal, alguma ave.

— Não, Mei Sanda.

— Eu ouvi.

— Foi culpa sua, Mei Sanda.

— Como assim?

— Não é para tirar nem deixar nada.

— Eu não toquei em nada, apenas deixei cair um pouco de água no chão.

— Cuide melhor de sua sede. E de sua urina, de seu cuspe, de seu suor e de suas fezes.

Ele estava bravo. Inflamado. Seus olhos pareciam duas brasas. Eu nunca o vira tão alterado. Minha boca ficou seca. Todos os poros e esfíncteres imagináveis do corpo estavam trancados. Alguém parecia murmurar atrás de uma pilha de pedras. Fragmentos de conversas imaginárias desfilavam pelo vento. O vozerio aumentava. Parecia um mercado. Seus filhos, como matinta-pereiras, se divertiam num raio de 20 metros, e viam coisas que eu não via. Fiquei com receio de que fizessem alguma besteira. Coisas como trancinhas no rabo de alguma mula invisível, e saíssem galopando por ali.

Diante de meus olhos, nos pés das plantas, vi um colar colorido. Suas contas ou pérolas pareciam de vidro, vindas da distante Murano, lá perto de Veneza. Essas contas ou flores de vidro de Veneza foram usadas como moeda na África por muito tempo. Estendi minha mão na direção dessas contas coloridas. Uma voz parecia pedir água, água do cantil ou do meu crânio. Mais distante, semienterrado, parecia haver um crânio e mais ossos. Guwani dava pequenos passos com a mão esquerda estendida para a frente, como se fosse um cego. Parecia acariciar a cabeça de crianças invisíveis, como se quisesse acalmá-las. Ou seriam os cachorros azuis?

Quando comecei a sentir um nítido odor de fritura, rompi o silêncio. Chamei por Tuk'wa e Daodá. Eles vieram correndo e, literalmente, babando. Suas bocas estavam cheias de saliva e espuma cor-de-rosa. E eles, normalíssimos. Aguardavam minhas ordens. E babavam. Fiquei mudo. Perguntaram, então, se eu havia visto o cachorro azul. Suas vozes eram distorcidas, metálicas, quase irreconhecíveis. Não vira cachorro algum. Muito menos azul. Os latidos, sim, eu ouvira. Sem cores particulares. Daodá se aproximou, sereno, e falou:

— Devemos prosseguir, antes que a lua desapareça completamente.

— Então vamos, Guwani — pedi. — Não quero desaparecer com a lua.

— Calma, Mei Sanda. Prepararei nossa saída.

— Nossa saída? De onde? Para onde?

Guwani traçou um desenho no chão com seu facão. O cabo desse facão era diferente do usual. Sua extremidade parecia um

114 A GEOGRAFIA DA PELE

martelo, ou um machado de duas lâminas, feito de ferro maciço. Tinha dois triângulos, opostos pelo vértice e fundidos no cabo. Latidos alaranjados de cachorros azuis pareciam descer dos céus, enquanto a lua desaparecia entre nuvens achatadas no horizonte.

O desenho de Guwani no solo era simples. Parecia uma mistura de rabiscos do jogo de amarelinha com a estrela de davi. Pontos, cruzes e estrelinhas substituíam os números. Ele lançou uns pedaços de laterita sobre o desenho. Eu sorri. Se Guwani saísse saltando sobre uma perna, como um pererê... eu também ia querer brincar. Céu, inferno... Seus filhos me encaravam com seriedade. Para Daodá, o pai abria uma porta para sairmos ilesos, mas não podíamos carregar nada.

Guwani pisou em algumas das casas desenhadas no chão, numa ordem bem definida, e olhou para o céu. Bateu os pés em duas delas e olhou para o sol. Ziguezagueou com o facão sobre o desenho, fincou-o no chão, fora do traçado. Olhou em direção à lua no horizonte e depois para nós. Disse apenas:

— Vamos!

E fomos. Nós o seguíamos entre as ruínas de pedra, os objetos e a vegetação. Eu estava respirando. Tomei consciência. Estava respirando. O sol ainda estava a pino. Seco e branco como um giz, traçava um risco estridente e vermelho contra a lousa celeste. A impressão era de que o tempo não passara enquanto estivéramos entre as ruínas. Meus braços estavam mais do que arranhados. Lanhados. A luz me queimava. Poeira solar caía sobre nós como pequenas brasas. Marcava tudo com seu caráter. Meu corpo ardia. Ao longe, alguém nos chamava. Com algum receio de me transformar em estátua de sal, de ferro, de pedra ou de fogo, olhei para trás. Nada. A vegetação assumia o seu lugar entre as pedras. Tudo era de uma grande naturalidade e de uma beleza lusitana, verde-vermelha. Aos poucos os chamados, os lamentos e os aulidos cessaram.

Não seguimos em frente. Voltamos uns 2 quilômetros pelo caminho da vinda. Depois, avançamos na direção sudeste. A casa do amigo ferreiro de Guwani era naquela proa. A vegetação parecia mais densa. Guwani, num dado momento, me disse:

— Mei Sanda, nós estamos na Nigéria. Acabamos de atravessar a fronteira.

— Como você sabe que estamos em outro país?

— Você não notou a vegetação?

— *Babo*. Não notei.

— Mas você não entende de vegetação?

— Sim, mas não notei nada.

— Pois é, você tem lá suas limitações. Mesmo.

Guwani suspirou, em desabafo. Voltou uns 100 metros e me mostrou as árvores e os arbustos com a mão. Como um professor. Observando melhor, vi um alinhamento na vegetação, bem nítido. Era como se houvesse uma cerca vegetal, em linha reta, entre os dois países. Nós a cruzáramos na perpendicular. Como alguém poderia ter feito aquilo? E com que interesse? Eram quilômetros de vegetação preservada, com os limites cortados bem rente, de forma brusca.

Logo sonhei com um inovador serviço geográfico pan-africano que utilizara marcos vegetais, combinados aos geodésicos. Ou quem sabe aquilo era o fruto do trabalho de uma comissão de demarcação de fronteiras franco-britânica, da época colonial, que saíra por aí plantando árvores e podando bosques nos limites internacionais?

— Quem fez isso, Guwani?

— Os homens, Mei Sanda.

— Evidente.

— É um muro vegetal, Mei Sanda.

— De muitos quilômetros, seguindo a fronteira.

— Muitos, muitos quilômetros.

— E tão retinho. Quem fez isso? Foi o governo?

— Não. Os contrabandistas.

— Como assim?

— Existem marcos e os contrabandistas cuidam da vegetação.

— E por quê?

— Para eles é fundamental saber em que lado estão.

— Certo.

— Um lado é sempre o errado.

— Imagino. É como nas guerras entre países.

— Fazem isso com os instrumentos produzidos por ferreiros.

— Por este seu amigo ferreiro?

— Não! Por todos os ferreiros.

Sentia um ar de ironia e de cumplicidade de Guwani com os contrabandistas. Um orgulho de participar da existência daquela muralha verde retilínea, bem visível até hoje, mesmo em imagens de satélite. E tem gente que fala da muralha da China, única obra humana visível do espaço. Não olhou para as fronteiras no Sahel. O contrabando entre a Nigéria e o Níger era enorme naquela época. Carregamentos e carregamentos de bens de consumo, em geral produzidos na China, chegavam ao Níger trazidos por contrabandistas. Desde latinhas de massa de tomate até tecidos, utensílios domésticos e uma infinidade de coisas.

Guwani me explicou que todos os contrabandistas eram caçadores. Antigos caçadores. Entre eles não havia ferreiros, nem pastores, nem tecelões, nem agricultores. A conversa me interessava. Ajudava a enfrentar a caminhada. Eu tentava ficar ao seu lado para ouvi-lo melhor. Guwani me empurrava para trás. Falava e andava com rapidez. Nessa posição, eu deixava cair algumas palavras do ferreiro. Outras escorregavam, perdiam-se pelo caminho ou eram levadas pelo vento. Às vezes, suas palavras ficavam enroscadas na vegetação. Eram plantas especializadas em comer palavras, num ambiente tão desértico e silencioso.

Algumas palavras, menorzinhas, eu conseguia recuperar com a ajuda de seus filhos. Outras eram absorvidas pelas plantas, antes que pudesse tocá-las ou decifrá-las. Ou eram levadas para os céus no bico e nas garras de aves de rapina transparentes. Guwani prosseguia saltitante e ziguezagueando. Seus comentários me faziam esquecer a paisagem, o cansaço, os quilômetros, as alucinações e a fome. Imaginava a casa de seu velho amigo ferreiro, cercada por paliçadas, recobertas de fuligem siderúrgica. Surgiria a qualquer momento, ao lado de um caritê, como a sua. Os caritês até apareciam. A casa não. A menos que fosse transparente. Como as aves e os caçadores. Caçávamos essa casa invisível.

Os caçadores hauçás, ao contrário dos agricultores e pastores, eram capazes de se esconder muito bem para surpreender suas presas. Eles conheciam poções e encantamentos para se tornarem invisíveis, dizia Guwani.

— Assim, conseguiam se aproximar dos animais e caçá-los sem serem vistos.

— Então era fácil mesmo.

— *Babo*. Os animais ainda sentiam seu odor. Não era fácil.

Talvez nós tenhamos cruzado com vários desses caçadores invisíveis pelo caminho. Carregando armas produzidas por seu amigo ferreiro ou quem sabe pelo próprio Guwani. De qualquer forma, o seu odor me passara despercebido. E eu nada ouvira com meus pés, nem com meus rins.

Com a colonização francesa, a caça e as armas foram desestimuladas. Todo apoio era para a agricultura. Produzir algodão e amendoim para a metrópole. Os vilarejos se fixaram. Cresceram os campos e as pastagens. A população aumentou com a vacinação e a melhoria dos cuidados médicos. Os animais selvagens foram desaparecendo. Perderam seus hábitats. Os caçadores perderam sua função. Mas não desanimaram nem entraram em depressão. Como bons profissionais, reinventaram-se.

Essa reciclagem profissional dos caçadores hauçás os levou ao contrabando. Invisíveis, eram capazes de atravessar as fronteiras bem diante dos guardas aduaneiros sem serem vistos, e faziam muito mais ainda, nestas terras perdidas. Passavam desapercebidos. Eles e suas mercadorias. Todos os contrabandistas eram antigos caçadores, ou vice-versa. Transmitiam seus dotes de invisibilidade de pai para filho. E para suas mercadorias.

Expliquei a Guwani que nas zonas rurais do Brasil também acontecia de alguém tornar-se invisível. Mas isso era visto como uma doença, uma maldição, algo indesejável. Quando ocorria, para se livrar da invisibilidade, as pessoas eram obrigadas a cumprir uma série de preceitos e promessas. Os casos de invisibilidade traziam transtornos para a vida familiar e comunitária, sobretudo na região semiárida do Brasil. Eu sabia dos problemas e das consequências negativas da invisibilidade no sertão nordestino. E Guwani já sabia, via Mei Dagi, que na minha terra não éramos capazes de lidar com muita coisa. Essa incompetência em face da invisibilidade, a ponto de ser tratada como uma doença pelo meu povo, era mais uma fraqueza para a sua lista. E talvez para a de Mei Dagi, caso ele o encontrasse e se lembrasse de contar essa confissão para meu guia intermitente.

Guwani apenas repetiu: entre os caçadores hauçás, a invisibilidade era algo adquirido. Não acometia as pessoas como uma diarreia. Isso exigia que o caçador deixasse sua choupana certas noites, de olhos vendados. Sem enxergar, ele seguia pelos matos. Devia colher, na ordem certa, determinado número de plantas, e retornar à choupana. Sempre sem ver nada. Se tudo desse certo, ele preparava, com esses vegetais e outras coisas desconhecidas, o encantamento secreto da invisibilidade. Para ele e suas mercadorias. Só faltava algum caçador brincalhão ter aspergido a casa do ferreiro amigo de Guwani com essa poção. Ou quem sabe o meu veículo. Aí, sim, estaríamos duplamente perdidos.

O ferro celeste

Três baobás surgiram como sentinelas após uma colina. Ao seu lado havia uma casa feita de adobe, que parecia saída de um conto de fadas africano. A casa não era de chocolate. A cor bem que parecia. Tinha duas portas na frente e nenhuma janela frontal. Frisos em relevo, no próprio adobe, decoravam as paredes. Eles acompanhavam a silhueta das duas portas, os limites da fachada e do teto, e davam a ilusão da existência de uma cornija.

Parecia vir em nossa direção. Observei pequenos orifícios triangulares e no formato de paralelogramos, como lucarnas. Ornamentavam a parte mais elevada e central da fachada, de forma espelhada. Em cada canto da casa, o edifício se prolongava em direção aos céus, através de pequenos arremates pontiagudos, como estranhas antenas de barro.

Guwani começou a dar uns gritinhos estridentes. Logo foi correspondido. Um senhor idoso, atarracado e sem pescoço apareceu sorridente na entrada ou porta esquerda da casa. Era surpreendente encontrar uma casa igual àquela, ali, bem no meio do nada. Não era um vilarejo. Não havia nenhuma outra habitação. Ao chegar, fomos saudados por dois cachorros alegres e saltitantes. Não eram azuis e sim magérrimos. Eu estava com sede e com fome. Desejava beber e comer alguma coisa. Nada. Tivemos direito a um longo ritual de saudações, típico dos hauçás, com troca de perguntas e questionamentos sobre tudo que havia ocorrido nos últimos meses, anos e séculos. Quando os cumprimentos terminaram, a impressão era de que Guwani e o velho ferreiro haviam conversado sobre todos os hauçás e ferreiros do planeta. Já sabiam de tudo. Só faltava se despedirem e nós retomarmos o caminho de volta. Mas não.

Anoitecia. Depois de nos lavarmos, eu, Tuk'wa e Daodá aguardamos sentados ao pé de um dos baobás onde Guwani indicara que deveríamos ficar. Em silêncio. Pernas estendidas. Contemplando nossos pés. Guwani desaparecera com sua misteriosa bolsa de couro casa adentro acompanhado pelo seu amigo ferreiro. Entrou pela porta do lado direito. Antes de partir ele me dissera que a porta de entrada era a da direita e a de saída, a da esquerda. Perguntei o porquê dessa regra e Guwani apenas me explicou que não se entrava na casa de um ferreiro como aquele ali como um frango entra num galinheiro.

Logo, uma mulher, quase sem dentes, gorda demais para os padrões hauçás e com um filho amarrado às costas por um pano, nos trouxe um preparado tradicional de sorgo, o *tuô*: uma espécie de massa pilada e cozida, pegajosa e pesada.

O alimento estava numa enorme cabaça, toda decorada com entalhes e recoberta por um tampo redondo feito de palha trançada. Acompanhava o prato principal um pote metálico porcelanizado, colocado sobre o tampo da cabaça. Estava repleto de uma espécie de molho, feito de quiabo, átomos de um pedaço de carne salgada e apimentada de caprino e uma planta bem aromática da região, o *yodo*.

A mulher parecia uma equilibrista. Trouxe todo o necessário numa única viagem, além de uma lamparina. Isso tudo, trazia entre as mãos enquanto mantinha presas ao seu corpo, com os antebraços, três esteiras de palha enroladas para dormirmos. Tudo desabado, servido e entregue, desceu de sua cabeça uma pesada bilha cerâmica, cheia de água fresca, tampada por um copo de alumínio. Finalmente, retirou dos cabelos três colheres de madeira para comermos. A extremidade do cabo dessas colheres era em formato de pente. Essa parte ficava espetada no seu cabelo pixaim. A parte côncava não tocava em seus cabelos e ficava para fora como estranhos chifres, antenas ou orelhas de girafas nas laterais. Vai saber o que ainda levaria sob seus seios generosos e em outras dobras de carne.

Agradecemos e começamos a comer à luz da lamparina. Ao estender os braços para apanhar um pouco de comida, via riscos e cortes em minha pele. Mostrei as marcas, as novas *jārfas*, aos filhos de Guwani. Eles sorriram e mostraram os braços ilesos e intactos. Não havia nenhum registro de cantáridas. Nem de vegetação. Nem de sua baba verde. Nem de espinhos. A regularidade geométrica de alguns caracteres em meus braços era surpreendente. Lembravam as marcas feitas no gado, a ferro ardente, em miniatura.

— Deve ter sido a vegetação, Daodá.

— Ou as pedras do caminho, Mei Sanda.

— Estas pelo menos vão desaparecer — eu disse, contemplando aquele universo de traços, retas, triângulos e polígonos.

— Vão não — sentenciou Daodá com serenidade.

— No futuro, quem sabe?

— Quem sabe o futuro?

Quando veio buscar os restos do jantar, a mulher do ferreiro nos indicou uma espécie de varanda, na lateral da casa, para passar a noite. Após a refeição, quando eu já pensava em dormir, Daodá desandou a falar. Disse que era a primeira vez que ele vinha até ali. Que seu pai havia contado muitas coisas sobre esse homem. Que eram parentes. Que ele era um ferreiro de sorte, respeitado, mesmo se não fosse lá um grande "profissional". Que isso e que aquilo. Ele falava e eu me imaginava deitado numa rede, balançando e dormindo. Eu lamentava essa falta de integração cultural entre a África e o Brasil, de que tanto nos ressentimos nessas ocasiões. Por que não haveria ali umas redes de pano ou fibra, bem cearenses, esticadas entre os baobás? Nem de tecido precisavam ser. De palha já servia, como as discretas e eficazes redes do Piauí, do Maranhão e da Amazônia. De palha de tucum. Não. Nada. *Babo photos* e *babo* redes.

Daodá acabou de esvaziar seu saco de histórias. Despedimo-nos para enfrentar o sono. Estava começando a dormir quando Guwani apareceu carregando um lampião de querosene e me chamou. Levantei-me. Entrei nessa casa pela primeira vez, seguindo-o, pela porta do lado direito. Estava intrigado em saber como nosso anfitrião conseguia querosene ou algum equivalente para seu lampião naquelas lonjuras. Talvez, com a riqueza petrolífera da Nigéria, o ferreiro tivesse achado um poço por ali.

Cumprimentei o velho ferreiro. Ele esperava numa espécie de sala, a cabeça enfiada nos ombros. Sentamos em pequenos banquinhos individuais de madeira. Parecia um cenário preparado. A fraca luz do lampião criava sombras e inventava imagens. Um pouco excessivas para meu gosto. Lembrava aquelas que gostavam de dançar à luz da forja de Guwani. Ele me apresentou ao ferreiro. Eu abdiquei de captar do seu hauçá o que ele dizia sobre mim. Eu já sabia mesmo, pensei. Foi um erro. Mais um. Depois, dirigindo-se a mim, ele disse:

— Não é só a terra quem gera metais. Os céus também. Certo, Mei Sanda?

— Certo. Certo?

Engoli em seco. Eu me sentia um aluno diante de dois mestres. Ele prosseguiu em suas explicações cósmicas. O céu era mais profundo do que a terra. Sim. O céu era escuro e frio, como os abismos da terra. Sim. Guwani não falava da terra e sim da Terra. O velho ferreiro também intervinha para agregar detalhes e precisões. A conversa era mesmo uma aula. Eu não sabia onde iria parar. Para nosso anfitrião, todas as estrelas eram forjas. Cada uma produzia um tipo de metal. Eram mundos distantes e muito quentes. Nunca apagavam. Suas pequenas forjas também eram minúsculas estrelas. Guwani inclinava a cabeça de forma afirmativa. Tinham algo para me revelar. Ou para esconder.

O velho ferreiro contava, com amplos gestos, histórias de metais, estrelas, sóis e cometas, sinais no presente e no passado, dos homens naquelas terras. Sua voz escapava como uma espécie de baba áspera e seca, entre seus poucos dentes. A luz do lampião escondia suas palavras em branco e preto. Eu, sonolento, não conseguia entender muita coisa. Sempre se dirigindo a mim, levantou-se e caminhou para um quarto ao lado. Deixou um rastro de voz rouca pelo chão. Incompreensível. Demorou um pouco. No silêncio e na escuridão, estava quase dormindo quando Guwani me cutucou com os pés. O ferreiro retornou repisando as palavras caídas no chão e com uma caixa de madeira tão escura quanto sua pele, quanto o local onde estávamos e quanto a noite lá fora. Como era grande o meu não saber.

Ele colocou a caixa com cuidado sobre uma pedra, próxima da parede. Abriu sua tampa e convidou-me a me aproximar. Guwani moveu os lábios em aprovação e apontou os beiços para a parede sem janelas. Levantei-me. No interior da caixa havia algodão ou, mais precisamente, paina de baobá. Quando tentei me aproximar ainda mais, para ver melhor, o ferreiro me deteve, segurando meu braço. Sua mão era gelada como o aço. Talvez eu ficasse marcado, como ficam os pés e as mãos dos montanhistas pelo gelo dos cumes. Era o que me faltava: uma *jārfa*, uma marca de mão nos braços, como aquelas deixadas pelos homens do Paleolítico nas paredes das grutas e cavernas. Parei e contemplei. No centro da paina repousava um objeto esférico de cor bem escura. Era um meteorito.

124 A GEOGRAFIA DA PELE

Pedi para que aproximassem o lampião, para eu ver melhor. Não. *Babo*. Negativo. O meteoro poderia incendiar-se. Seu destino era noturno. Sua casa era a escuridão. Ele devia ficar longe da luz e do fogo. O ferreiro prosseguiu sua arenga:

— Quando o ferro do céu está maduro, ele cai. E traz um manto de fogo da fornalha celeste. Faz um risco verde e laranja no céu para livrar-se desse fogo.

— Entendi.

— Você já viu cair ferro adulto (maduro) dos céus?

— De longe. Várias vezes. Nunca soube onde foram parar. Nem se eram jovens, velhos ou adultos.

— Este ferro do céu veio nos procurar. Ele caiu no caminho do meu avô.

— Deve ter sido uma coisa impressionante.

— Meu avô o recolheu. Demorou a aprender como cuidar dele.

— Imagino.

— Muitas coisas estranhas aconteceram.

— Nem imagino.

A voz do anfitrião ficou afiada e reluzente como uma espada. Suas frases cortavam o crepúsculo artificial da sala como coriscos e meteoros. Sempre fui fascinado por meteoritos. Não era fácil entender tudo o que o velho ferreiro dizia. Tudo me seduzia. Assombrado ou fulgurado, apoiado sobre o bastão, contemplava siderado aquela pedra negra. Eles afirmavam ser um meteorito, um metal. Eu tinha certeza de que era mesmo.

Guwani explicava um pouco dessa história. O avô ou antepassado mítico só começou a entender o meteorito quando o afastou da sua forja e o manteve no escuro, longe da luz dos olhares alheios. Uma noite, o avô teve a inspiração de colocá-lo sob sua cabeça, protegido por um monte de paina. Ao dormir, com o meteorito como "travesseiro", o avô do ferreiro começou a ouvir suas histórias cósmicas. Através dos sonhos, penso eu. Ele aprendeu muita coisa desse meteorito, sobre sua gestação, sua longa viagem até a Terra, os mundos gelados e incendiados percorridos e as razões de ter caído bem ali. Ao despertar, estava com uma cicatriz marcada em forma de círculo na nuca. Disse.

Nosso anfitrião descobria, destilava, inventava e transmitia, aos poucos, esses conhecimentos secretos e dinásticos dos ferreiros. Dizia. Transmitia. A visita era uma ocasião para isso. Tuk'wa e Daodá um dia seriam informados, introduzidos nesses mistérios. Ou já estavam sendo. Recendo essas histórias em seus sonhos. Não tive a coragem de perguntar no que consistiam exatamente. Eu não entenderia nada mesmo. Se algo entendi, foi sobre as consequências da visita desse mensageiro celeste.

Fora o meteorito que indicara ao seu avô que se mudasse para aquele local. Fora ele que indicara onde fazer a casa. Havia também algo relacionado aos baobás, mas me escapou. O vilarejo vizinho, hoje em ruínas, hostilizara seu avô. Acusações, mortes, desgraças, destruições... Lembrei-me de Sodoma e Gomorra. O contexto era favorável. Teria caído fogo dos céus sobre esse vilarejo cruel? Esse povo ironizava e agredia esse avô, um pobre (e ainda jovem) ferreiro, cheio de imaginação. Qual o problema se falava com pedaços de ferro vindos do espaço sideral e caídos em seu caminho ou na sua cabeça? Seu avô era uma espécie de Isaac Newton tropical.

Ou quem sabe o vilarejo não teria sido arrasado por outro meteoro, o pai desse pequenino que contemplávamos, após uma maldição do avô? E se este meteoro fosse tudo o que restara após o impacto? E se os habitantes desse vilarejo rebelde tivessem sido extintos como os dinossauros? Não. *Babo*. Fora mesmo uma epidemia a causa de sua ruína. Varíola e diarreia, dissera Guwani. Varíola e diarreia. Desagradável.

126 A GEOGRAFIA DA PELE

Depois de todo aquele palavreado e pensamentos delirantes, fiquei em silêncio contemplando o meteorito. Não fosse a paina, não o distinguiria, tamanho o crepúsculo envolvente e sua sede de luz. Qualquer nesga de claridade era absorvida pela caixa, pelo meteoro, por essa amostra de solo lunar, pela pele do ferreiro e pelas paredes. Perguntei a Guwani se eu poderia segurá-lo, estendendo minhas mãos para a frente enquanto mantinha o bastão contra o corpo, preso pelo antebraço. Guwani disse apenas não. *Babo.*

Paradoxalmente, o ferreiro pegou um punhado de paina e colocou em minhas mãos. Eu as mantive abertas. Depois, pegou o meteorito e depositou-o entre meus dedos. Eu me sentia como as mulheres ao buscar brasas na casa de Guwani. Não sabia o que dizer. Aquele caco interplanetário era pesado. Pesado mesmo. Uma surpresa. Parecia quentinho. Não havia dúvida: era mesmo um meteorito, forjado no espaço sideral.

A atitude do ferreiro causou surpresa. Guwani estava atônito. Com os olhos arregalados, passava a mão na própria cabeça. E na minha cabeça passavam vários pensamentos. Muitas vozes falavam ao mesmo tempo:

— Aproveite este momento e esqueça tudo.

— Pelo peso deve ser de ferro-níquel.

— Como ele é redondo.

— Por quanto tempo poderei segurá-lo?

— Dá a impressão de que está quente.

— Será que ele tem outro igual a este?

Para o velho ferreiro, aquele metal não existia neste mundo. Eu, em minha ignorância audaciosa, retruquei que sim. Existia. Era composto de níquel. Repeti a palavra: níquel. Eles franziram a testa até as orelhas. O nome era o de um gênio do mal. E fora dado pelos mineiros alemães a esse elemento produzido por um espírito das minas, com o intuito de enganá-los. A expressão *Ni-*

ckel, em alemão dialetal, significa "gênio astucioso, enganador". No século XVIII, os mineiros, acreditando terem descoberto cobre, diante do níquel, se sentiram logrados pela pretensa ação de um duende das minas. A dupla de ferreiros hauçás não entendeu essa breve história. Para Guwani, os meteoros podiam enterrar-se após a queda e apontar para outros metais subterrâneos que os atraíram. Disse isso, ou algo assim.

Passados alguns minutos, o ferreiro, alheio à conversa, retomou-o e recolocou-o em sua caixa preta. Não disse uma palavra. Contemplei-o pela última vez. Era como um buraco negro dentro de outro. Ele o cobriu cuidadosamente com a paina. A tampa foi fechada. Um pouco de paina escapava pelos lados como raios de luz. O ferreiro voltou para o quarto escuro. Ali deveriam existir passagens secretas até um subsolo do inferno ou de alguma mina onde mantinha seu meteoro aquecido ou resfriado, nas trevas. Cercado por gênios. Ou quem sabe a múmia de seu avô sonhador? Não voltou mais.

Guwani ainda passava a mão pela cabeça. Ficamos imóveis. Guwani sacudiu a cabeça como para livrar-se de alguma coisa, levantou-se e tomou o lampião. Sua mão esquerda segurou a minha direita e ele me disse:

— Mei Sanda, você tem muita sorte.

Acompanhou-me para fora, pela outra porta de entrada. A da esquerda. Conjecturei: entrou por uma porta, saiu pela outra, quem quiser que conte outra. O céu estrelado e sem lua do Sahel nos aguardava. Seus filhos dormiam e ressonavam. Guwani sorriu, despediu-se com um pequeno gesto, como quem indicasse a esteira onde eu dormiria. E voltou a entrar na casa, pela porta direita. Cansado, deitei na esteira, ao lado do bastão. Apoiei minha cabeça na mochila e, coberto por uma pequena manta, dormi num berço de estrelas, recoberto de mosquitos e riscos de meteoritos.

Loucos e rebanhos

Ao amanhecer, acordei picado por milhões de mosquitos, com as pernas doloridas, rígidas. A casa despertava. Um rádio de pilha transmitia uma programação flutuante em entrecortadas ondas médias ou curtas. Toda feita de chiados, ruídos, cacos musicais e pedaços de vozes. Era estranho ouvir aquele rádio, ali, propagando suas sonoridades como um pássaro de outro planeta. Eu estava preocupado e sintonizado com o esforço necessário para regressar. A andança de retorno até o veículo seria bem longa. Minhas pernas sinalizavam o impacto da maratona da véspera. Estava disposto a pagar 100 mil dólares por um burrinho, um cavalo ou uma carroça.

As chances de um transporte eram remotas, mas não nulas. Entre os vilarejos hauçás da região existia uma espécie de serviço de táxi assegurado por algumas carroças, puxadas por burros e cavalos. Caindo aos pedaços, levavam até uma dúzia de pessoas. Em geral, meia dúzia. Qualquer um andando a pé ia mais rápido. Contudo, o mais estropiado dos cavalos ou o mais resignado dos asnos não se cansava de marchar na areia e fazia quilômetros levando cargas e pessoas.

As mulheres sentadas nas carroças abriam seus guarda-sóis coloridos e deslizavam pela paisagem, como se fossem grandes flores girando ou girassóis plantados em meio a sacos de cereais, bilhas e sacolas. As carroças se deslocavam sempre ao ritmo de quadrúpedes pacatos e sorridentes. Seus cascos produziam um som suave e abafado na areia. Parecia um filme em câmara lenta, projetado sobre um cenário em ritmo normal, em que homens agitados corriam para lá e para cá. Ali, naquele fim de mundo, onde choviam meteoros e pragas siderais, não havia a menor chance de conseguir um transporte de tração animal. Além disso, seria uma viagem internacional de carroça. Com todas as complicações aduaneiras e alfandegárias, principalmente para os cavalos sem vistos ou passaportes. Estávamos num outro país. Passar da Nigéria para o Níger implicava a ablação de um *i* e de um *a*. Não era pouco.

Uma tarde, em Magami, vi uma dessas carroças-táxi passar em alta velocidade. Ela surgiu de repente. Do nada. O condutor chicoteava o animal. O cavalo tentava galopar. Espumava. As mulheres e crianças se agarravam para não cair. Objetos caíam pelo chão. A pouca distância vinha um homem furioso. Gritava e brandia um galho com intenção aparente de atingi-los. Atravessaram a praça central, diante de dezenas de pessoas. A carroça ameaçava virar, chocar-se com alguém. Ninguém fez nada. Ninguém disse nada. Ninguém se moveu. Apenas observaram.

A carroça seguiu em disparada. O homem atrás, sempre gritando em tom ameaçador. Aos poucos, ela ganhou distância. O homem baixou os braços e parou. Ele xingou muito e, ao final, calado e cabisbaixo, sentou-se sob uma árvore. Estava exausto. Alguém se aproximou. Trouxe-lhe uma cabaça com água. E depois outra pessoa lhe deu uns tapinhas nas costas. O homem parecia angustiado. Chorou e depois sorriu. Afinal conversaram. Animadamente. Outra pessoa se aproximou com um prato de comida. A conversa prosseguiu.

— *Mahaukaci* — disse-me Mei Dagi naquela ocasião.

Mei Dagi, sempre disponível para problemas aleatórios, me explicou: aquele homem era uma pessoa especial. Ninguém podia ameaçar cavalos, mulheres e crianças. Nessa ordem. No seu caso, sim. Todos toleravam suas reações, até se acalmar. Devia ter acontecido alguma coisa. Algo ou alguém o irritou. Mas os *mahaukacis* sempre tinham razão. Por isso, ele era *mahaukaci*. Um excepcional. E merecia toda a atenção, de todos.

— Deles se deve aceitar quase tudo e tratá-los com seriedade e doçura.

— Entendo.

— Eles têm outra cabeça, diferente.

— Entendo.

— Por isso alguém lhe levou água e conversou com ele. Por isso, logo outra pessoa se aproximou com uma cabaça de alimentos. Por isso, em alguns minutos, ele já sorria — completou Mei Dagi, todo terapeuta, pedagogo e inclusivo. — Os *mahaukacis* são necessários. Todo vilarejo deve possuir alguns, dizia o meu guia, auxiliar em antipsiquiatria, Mei Dagi.

— Entendo.

— Será que você entende, Mei Sanda?

— Acho que sim.

— Será? Eles revelam o segredo dos gêmeos.

— Como assim?

— Não falei que você não entendia?

— Que gêmeos?

— Não interessa. Além disso — completou Mei Dagi —, se você der a esse *mahaukaci* um rebanho, do qual se tenha tirado algum animal teimoso para não atrapalhar, estará diante do melhor pastor de Magami. Pessoas muito diferentes cuidam de rebanhos. Basta acertar bem a combinação dos animais adequada para cada pastor.

Ao recordar esse episódio, notei a ausência de rebanhos nas vizinhanças do ferreiro. Nenhuma vaca, nenhum boi, cabra ou carneiro. Apenas algumas atarefadas galinhas-d'angola. Só fal-

132 A GEOGRAFIA DA PELE

tava o ferreiro-meteorito criar porcos. Seria um delito. Um sacrilégio islâmico. Não era o caso. Contemplando os silenciosos baobás, lembrei-me de novo que estava num país estrangeiro, sem documentos nem visto de entrada — muito exigido no caso da Nigéria, até para franceses. E se aparecesse uma brigada da polícia de fronteiras nigeriana, com suas bermudas cáqui, suas meias três-quartos e seus chapéus verdes de colonizadores ingleses, para interrogar com severidade esses estranhos contrabandistas de mercadorias visíveis?

Em caso de controle, alegaria estar perdido, pensei. E se minhas razões fossem entendidas como mentiras pela polícia de fronteiras? Eu contrabandeara veículos, meteoros, pedras, plantas, objetos do patrimônio histórico, no mínimo. Talvez até obras de arte venezianas, pedras vítreas de Murano. Se agregasse o relato da experiência nas ruínas da cidade perdida, para tentar explicar nosso descaminho, talvez me tomassem por um *mahaukaci* ou um salteador de sítios e objetos arqueológicos. Como não havia carroças, nem táxis, nem cavalos para fugir, nem redes para dormir, sentia-me desconfortável, como um *mahaukaci* sem rebanhos, nem meteoros. Os dois filhos de Guwani, indiferentes a tudo, ainda dormiam deitados na areia. As cabeças repousavam sobre suas sandálias, transformadas em travesseiros. Seus olhos e lábios estavam cobertos de moscas e de humanidade.

Levantei-me e comecei a andar. Esticava e aquecia as pernas adormecidas e doloridas. Observei a casa de chocolate e seus arredores. A chegada do crepúsculo não permitira tais devaneios. Nos fundos, encontrei a forja do ferreiro. Ao lado, uns montes de lenha e carvão. Havia também uma espécie de altarzinho de pedra ou algo parecido, recoberto de marcas brancas escorridas. Era como se regularmente vertessem ali um balde de tinta branca ou creme. Ou seriam fezes, guano de pássaros, leite das imensas mamas de sua esposa ou linfa dos vizinhos? Escorados no estranho monumento estavam diversos pilões e restos de milheto e sorgo.

Junto aos celeiros, o solo estava revolvido em inúmeros e inexplicáveis montículos, como pequenos formigueiros ou cupinzeiros. Plantio de algum vegetal não era. Salvo se fosse plantio de metais, para produzirem prata e ouro daqui a alguns milhares de anos. Ou um campo de micrometeoros. Próximo da forja, Guwani conversava animado com seu amigo. Ignoraram minha presença. Foi a única vez que vi Guwani sorrindo, sorrindo mesmo.

Vários caminhos, bem nítidos, partiam da casa do ferreiro, e convergiam para lá. Ela era como o centro de uma estrela, de um sol, cujos raios irradiavam em todas as direções. Comecei a imaginar para onde levaria cada um daqueles caminhos: Lagos, Tumbuctu, Cotonu, Cairo, Roma, Marrakech, Cartago, Paris... Melhor perguntar.

Dirigi-me à esposa do ferreiro. Estava sentada, para não dizer prostrada, na beira da varanda lateral. Indagada por este viajante perdido, começou a indicar com os lábios a direção dos caminhos. Um rio de suor matutino já escorria por seu pescoço e descia caudaloso entre seus seios enormes. Sentei-me ao seu lado para ouvi-la melhor:

— Este caminho vai para Guidan Dutchi e Nahantchi; aquele ao lado dos baobás segue para Kandamao, Madauran e Kayago; o caminho em frente leva a Maza Wajê e Yammá...

Ela apontava cada caminho, girando, se contorcendo, sempre sentada. Com as mãos, começou a sinalizar pistas invisíveis do outro lado da casa. Podia imaginar. Diante da profusão de nomes, notei que a direção para Guidan Dutchi voltara a ser indicada num outro caminho, em sentido oposto. O mesmo ocorria com Duhun Bara.

Agradeci. Levantei-me. Com um pedaço de papel, andei ao redor da casa. Marquei todos os caminhos. Tomei como referên-

134 A GEOGRAFIA DA PELE

cia os pontos cardeais e algumas árvores. Durante a caminhada, os filhos de Guwani, já despertos, vieram me acompanhar com curiosidade. Terminado o esquema, voltei para conversar com a mulher do ferreiro.

Ela repetiu suas indicações geográficas. Verifiquei e anotei com pequenas flechas o lugar ou vilarejo para onde se dirigia cada trilha. Para vários vilarejos havia mesmo dois caminhos, em direções diferentes, opostas. Talvez eu tivesse me enganado. Ou ela. Aliás, ela achava graça da minha movimentação e da minha incapacidade de entender coisas tão simples. Tuk'wa e Daodá acompanhavam mais uma maluquice do Mei Sanda. Para conferir o mapa, perguntei à ilustre senhora, assemelhada a um Buda negro:

— Então são quantos os caminhos?

— *Tâtin* — respondeu ela.

— Quantos?

— *Tâtin*.

Eis um numeral hauçá desconhecido: *tâtin*. Tentei entender, relembrar. Sobre esse número tâtin, eu não tinha a menor ideia. A mulher repetia: tâtin, tâtin e aparentava irritação com minha ignorância. Os filhos de Guwani também pareciam não entender seu hauçá. E, se não entendiam o hauçá da grande matriarca, então o assunto era sério. Para me ajudar, nos meus limites linguísticos e matemáticos de branco, ela me mostrou as duas mãos e depois agregou mais três dedos. Eu repeti seu gesto e confirmei: treze. Então ela me disse:

— *Yes, tâtin*.

O seu *yes* produziu um estalo em minha cabeça. Ela "falava" inglês. Com sotaque. Estávamos na Nigéria. Ela dizia *thirteen*, tâtin, treze. Tudo para me ajudar. Sobre a multiplicidade de caminhos, deu uma explicação singela:

— Tem caminho para chegar e voltar.

— Como assim?

— Como tem porta para entrar e sair nesta casa de ferreiro.

— Ninguém vem e volta pelo mesmo caminho?

— Até certa distância daqui, não. Melhor não.

— Depois os caminhos se encontram?

— Sim.

— Não se deve andar nos dois sentidos nos caminhos próximos da casa?

— Não. Mas as crianças podem.

— Cada um tem um sentido?

— Sim. São seis direções. E tem mais uma: a do poço.

— O caminho do poço é único?

— Sim.

— E nesse se pode caminhar nas duas direções?

— Sim.

— E por quê?

— Porque é o caminho do poço.

— Claro. Como não pensei nisso antes!

Os caminhos não seguiam inicialmente a direção de seu destino. Lembravam um fragmento da poesia de René Char: *"Les routes qui ne promettent pas le pays de leur destination sont les routes aimées"* ("As estradas que não prometem o lugar de seu destino são as estradas amadas"). O local de destino ficava talvez entre os dois caminhos de ida e de vinda. Mais à frente, eles se encontravam, e então se seguia uma única via, via única para uma direção não indicada, nem prometida pelos caminhos anteriores. Quanto à ideia de dar uma voltinha nos arredores, achei melhor aguardar. Por prudência. Poderia até levar uma multa, ser punido ou ficar andando num caminho sem começo nem fim, ou que só voltava. Por toda a eternidade e ainda por cima na Nigéria! Melhor não facilitar.

— E como faço para saber quais caminhos vão e voltam?

136 A GEOGRAFIA DA PELE

— Você não sabe?

— Não.

— Melhor aprender.

— Eu quero aprender.

— Se você andar no sentido errado, pode carregar, sem perceber, coisas que não são suas ou perder-se de suas coisas e até de você mesmo.

— Só coisas desagradáveis. Sobretudo perder-se de si mesmo.

— Quando vier para cá e o caminho bifurcar, tome sempre o ramo direito. Isso se vier do nascente. E o esquerdo, se vier do poente. Ao sair, é o contrário.

— Mas isso pode me desviar do meu objetivo.

— Que objetivo?

Ia perguntar sobre a hipótese de vir do norte ou do sul. Decidi me calar. Mais essa. Eu examinava a bússola e o esboço de mapa. Tentava indicar com flechas a direção a seguir nessas pistas solares da acidentada estepe saheliana. Imaginava placas de trânsito para pedestres e animais, com mão e contramão, sentido único e conversões proibidas nas trilhas do Sahel. A razão desses sentidos e direções não era topográfica. Era outra. Não arrisquei perguntar qual seria. O melhor era confiar no sentido de orientação de Guwani, tendo em seu facão a melhor agulha de bússola da região.

— E todos esses caminhos são necessários, senhora?

— Claro. Uma casa precisa de muitos caminhos.

— Certo.

— Assim como uma mulher precisa de muitos esposos.

Diante dessa declaração, no mínimo de poliandria, decidi parar por ali e retornar à meta principal daquele dia: retornar são e salvo ao veículo. Agradeci com um risinho amarelo ou azulado enquanto ela escancarava os lábios, as mãos, os membros e todas as dobras de seu relevo amorfo. A mulher do ferreiro devia me considerar um *mahaukaci*.

O que Guwani teria dito a essa família sobre mim, sobre minhas reações e minha história de espíritos capazes de fabricar o metal dos meteoritos lá nas minas de minhas terras de origem? Se ficasse mais tempo por ali, talvez me atribuíssem um rebanho invisível, bem adequado à minha personalidade *mahaukaci*. Uma coisa era certa: no regresso não trilharíamos, pelo menos nas cercanias da casa do ferreiro, o mesmo caminho da vinda.

E assim foi. Guwani apareceu com seu grande saco de couro e seu facão. As despedidas foram rápidas. Nenhuma menção a Alá, nem ao seu Profeta. O Islã não era o forte daquela casa. Evidente. O ferreiro apenas apontou alguma coisa, como uma distante referência, na direção a seguir. Perto do meio-dia, depois de mais uma caminhada forte, com o sol nas costas e a lua na cabeça, avistei o veículo.

Íntegro e sereno, não fora atingido por raios, rinocerontes ou meteoros. Nem fora tragado por uma fenda geológica ou alguma cidade subterrânea. Não fora confiscado pela polícia de fronteiras. Nenhum contrabandista havia levado ou deixado nada. Salvo se estivessem todos dentro da carroceria, sentados, bem quietinhos e invisíveis, em meio a milhares de mercadorias transparentes. Acomodados, mais leves do que viéramos, dei a partida, após aquecer o motor na chave. Coisa de carros a diesel. O ronco do motor pareceu música. Guwani acomodou cuidadosamente seu saco de couro, repleto de mistérios, entre seus pés.

O caminho estava trilhado na paisagem e na memória. Bastou seguir o rastro de nossa chegada. Se na vinda o motor rugia, agora ronronava. Logo Guwani sugeriu outra rota, passando por diversos vilarejos e áreas mais habitadas. Seria mais longo, mais complicado e teríamos mais empecilhos: campos, cercas, animais, paliçadas, celeiros, casas, pessoas... O risco de furar um pneu seria maior. Guwani desejava e queria ser visto. Disse. Por alguns. Em alguns lugares. Onde? Eu não sabia, mas segui suas indicações.

138   A GEOGRAFIA DA PELE

Nesse novo caminho de retorno, logo cruzamos com alguns pastores peuls se deslocando com seus rebanhos, aparentemente em direção à floresta de Bakabê. Eram rebanhos destinados a crescer. Iam de vilarejo em vilarejo coletando animais para levá-los a áreas de pastagem temporária, mais ao norte. O sinal era claro, as chuvas estavam mesmo chegando. E, com elas, o tempo de plantar. Logo, todos começariam o plantio de milheto, sorgo, amendoim, feijão e gergelim, em suas pequenas e sinuosas parcelas. Os campos cultivados não tinham cercas. Seus limites tortuosos eram definidos por ínfimos detalhes: a beira de um caminho, um arbusto, os restos de um formigueiro, uma linha de plantinhas não carpidas, uma vereda, o limite da sombra de uma árvore ou do alinhamento de várias delas.

Nessa época do ano, todos começavam a se preocupar com os rebanhos vagando livres e soltos. Com os seus e os dos vizinhos. Os herbívoros domésticos se transformavam, todos os anos, numa ameaça ao novo verde emergente nas terras cultivadas. Cabras e bodes saltitantes, vacas e bois indecisos, ovelhas e carneiros errantes, burros e cavalos altivos, além de alguns provectos dromedários, precisavam ser controlados para não invadir e destruir as futuras plantações. Alguns seriam confinados em cercados. Outra parte dos rebanhos seria guardada por pastores na região ou, ainda, entregue aos peuls para a transumância.

Pequenos cercados, feitos com galhos de plantas espinhosas, tentavam conter os famintos animais domésticos dentro de pastos coletivos na proximidade dos vilarejos. Nas terras vizinhas, a semeadura ocorreria em breve. Passamos por vários deles no retorno a Magami. Sem porteiras, o jeito era remover os galhos repletos de acúleos, atravessar e voltar a fechar essa agressiva paliçada. Isso com a ajuda do bastão. Com as mãos nuas teria sido bem mais difícil.

O risco era furar os pneus nos espinhos. Na travessia de alguns vilarejos, éramos acolhidos por cachorros e atacados por mutucas. Crianças corriam assustadas para dentro das choupanas e homens indiferentes nem sequer moviam a cabeça para nos ver passar. Eu reduzia a marcha e atravessava bem lentamente os vilarejos.

— Você conhece este vilarejo, Guwani?

— Sim. Aqui ocorrem muitos eclipses de Lua.

— Eclipse lunar?

— Sim, quando ela fica escura, cor cinza-róseo.

— Mas isso dá para ver em toda a região.

— Aqui, nesta aldeia, se vê mais e melhor.

Decidi não debater a visibilidade e a ocorrência dos eclipses lunares e concentrar-me no estudo da questão crucial dos rebanhos. A melhor solução para os agricultores, segundo Guwani, ainda era confiar os rebanhos a pastores das aldeias ou aos nômades. Esse era um tema importante para a minha pesquisa. Tinha diante de mim o desafio de entender a gestão local e regional dos rebanhos. Onde ficavam as pastagens? Como eram aproveitadas? Quais as estratégias dos pastores? O que ocorria com o rebanho em termos de saúde, ganho ou perda de peso, reprodução etc.? Tudo isso era desconhecido. Para chegar a essas informações, a melhor estratégia era obter fatos e depois ouvir os pecuaristas e pastores.

— Se for isso que você deseja, o melhor é você virar boi — disse Guwani.

— Virar boi?

— É.

— Como assim?

— Conviver com os rebanhos. Passar o dia com eles. Como eles.

— Virar boi...

A pastora sem braços

Conviver com os rebanhos. Como um boi. Gostei da ideia. Era estratégica. Discutimos o assunto. Eu, o ferreiro Guwani e seus dois filhos. Eles davam muitas sugestões, ideias e palpites para a minha pesquisa. Convencido de sua ciência, eu decidi transformar-me num boi, num homem-boi, e seguir a pé os pastores e os rebanhos, durante dias, do amanhecer ao entardecer. Mais do que conhecer, eu viveria os sistemas de gestão dos rebanhos, das pastagens e do espaço rural na região de Magami.

— Faça isso e saberá tudo, Mei Sanda.

— Farei.

— Siga os chifres dos bois e não suas caudas.

— Por quê?

— São mais altos e fáceis de ver.

— Evidente.

— Não se esqueça de levar sua água e sua comida.

— Não esquecerei.

— Nem de seu *sanda*.

Não esqueceria o meu bastão. Nem meus cadernos. Ia observar e anotar tudo, seguindo a cauda das vacas, os chifres dos bois e os cascos lépidos das ovelhas. Isso se por acaso os ruminantes, os pastores e seus cachorros aceitassem minha companhia.

— Fale com eles — recomendou Tuk'wa.

— Com os pastores?

— Sim. E com seus animais.

— Não sei se estou preparado.

Durante o regresso a Magami, pedi indicações a Tuk'wa e Daodá sobre os pastores do vilarejo e da região vizinha. Enumeraram quase uma dúzia. Nessa época do ano, eles cuidavam dos rebanhos. Evocaram os deslocamentos diários dos rebanhos, observados do alto do caritê, sua torre de controle da vida alheia. Indicavam como os pastores faziam, aonde costumavam levar seus rebanhos, suas maneiras de cuidar dos animais e, sobretudo, as características de seus cachorros e clientes. Uma grande confusão. Com essas desinformações, decidi começar imediatamente minhas pesquisas de campo com os rebanhos. E com os pastores.

Logo ao amanhecer, eu identificava aleatoriamente um pastor de saída com seu rebanho. Pedia autorização e o seguia a certa distância. Meus instrumentos eram um binóculo, um relógio cronômetro, uma prancheta e muita paciência. Os pastores olhavam para trás e sorriam. Para eles, eu devia ser mesmo um tipo de *mahaukaci* branco. Inofensivo e inútil. Ocupado com coisas sem lógica, desprovidas do menor significado. E assim foi. Suscitando comentários alheios e travando amizade com os ruminantes e seu mundo profissional. Sempre em silêncio. Longos períodos de ciência e silêncio. Meditando.

Caminhei dias e dias, seguindo os animais nos pastos, anotando tudo o que faziam. Quantos minutos comendo e o quê. Quantos minutos se deslocando e para onde. Estimava as distâncias percorridas entre pastos e mapeava esses trajetos. Contabilizava o tempo parado ou disponível aos animais para ruminar. Sempre picado pelas mutucas. Atento às serpentes. Familiarizando-me com os cachorros pastores.

Bodes e cabras, carneiros e ovelhas estavam orgulhosos por esse interesse inédito da ciência pelo seu cotidiano. Bois e vacas também. Talvez um pouco menos. Era a primeira vez que isso ocorria: eram objeto de estudos e pesquisas científicas. Realizadas por um estrangeiro. Que fora até lá só para isso. Disputavam minha atenção, também voltada para os pastores. Eu me interessava por tudo na vida dos animais: onde dormiam, onde bebiam, onde defecavam, quais eram seus parasitas, enfermidades etc.

As mutucas e carrapatos nos perturbavam o tempo todo. Era o seu trabalho. As moscas, idem. Os mosquitos, apenas no final da tarde. Os odores eram fortes e característicos. A maioria dos pastores era jovem, quase crianças, sem força para lavrar e cuidar da terra. Além deles havia dois *mahaukacis*. Estes, de verdade. Todos eram mobilizados para cuidar, pastorear e controlar os pequenos ruminantes.

O número e o tipo de animais de cada rebanho eram definidos de forma compatível com a idade, a capacidade e o jeito de ser de cada um dos pastores, meninos ou meninas, normais ou *mahaukacis*. Era uma tarefa temporária. Remunerada. Os grandes animais, menos numerosos, eram preferencialmente confiados aos nômades, como os peuls. Depois de acompanhar quase todos os pastores em seu trabalho diário, eu já tinha uma certeza: entre os melhores pastores hauçás de Magami, estava a jovem Yakei. Devia ter uns 13 anos. Todos a conheciam.

Seu rebanho era uma tropa considerável. Magnetizado por sua figura e pela forma eficiente como cuidava dos animais, eu a seguia com frequência, sempre a distância. E aprendia muito. Seus rebanhos a seguiam de perto, atraídos por seus gritinhos variados, sorrisos maravilhosos, diversos assobios e passos ligeiros. Parecia hipnose. Dependendo do dia, algumas crianças também a acompanhavam. Às vezes, ela completava suas ordens chutando as cercas e até os animais, dando orientações a seus eventuais auxiliares infantis e lançando pequenos gravetos ou arremessando areia com os pés. Com os pés.

144 A GEOGRAFIA DA PELE

Yakei nascera, praticamente, sem os dois braços. Não podia colher lenha, nem tirar água do poço, tecer, coser, pilar o milheto ou fazer comida. Sua arte principal era cuidar das crianças, a quem contava histórias fantásticas. Além desse dom, conduzia os rebanhos que lhe eram confiados, com grande maestria, durante toda a estação chuvosa. Os agricultores disputavam seus serviços e lhe confiavam muitos alfeires de ovelhinhas desmamadas. Coisa linda de se ver. Ela caminhava com uma espécie de lenço laranja enrolado no pescoço. E levava um alforje onde colocava objetos e os retirava com grande habilidade. Seu trabalho era, no mínimo, diferenciado. Também contava com a ajuda de um par de cachorros, magros e inúteis, com quem falava uma estranha linguagem, tagarelando e gesticulando com os pés.

Os cachorros da parteira

Famintos, macérrimos e esfomeados, os cachorros do Sahel levavam uma vida difícil nessas franjas do deserto. Se por ali era coisa rara os humanos comerem carne, quanto mais os cachorros. Seu faro parecia nulo. Sua visão era acutíssima. Elegantes, vazados, esses lebreiros eram capazes de disparar em alta velocidade atrás de uma presa que só eles viam. Ou que, talvez, farejavam. Eram como águias rasteiras. Adoravam latir na frente dos carros que se aproximavam dos vilarejos, como todos os cães. Era parte de sua profissão. O mundo islâmico não é, por assim dizer, fascinado pelos cachorros. Aliás, chamar alguém de cão era uma das piores ofensas naquelas terras.

A grande especialidade dos cachorros de Magami era comer sabão. Ou sabonetes. Pouco importava fragrância, cor, textura, formato ou marca. Eram *gourmets* em matéria de sebo, soda cáustica e sabão. Bastava o mais leve descuido com um sabonete, deixando-o ao alcance dos caninos, e adeus. Dei uma ampla contribuição aos canídeos do Sahel graças à mania brasileira de tomar muitos banhos (de cuia) e ao meu descuido com os sabonetes. O cercado de Guwani começou a ficar cercado de cachorros. Devo ter contribuído para melhorar o hálito e as fezes de muitas aduas e matilhas do Sahel. Além dos lucros dos fabricantes de sabão.

Com ou sem sabonetes, os cães de Yakei eram como seus dois braços. Durante um ou dois meses, no início da estação chuvosa, as crianças pastoras, os jovens hauçás e os *mahaukacis* faziam milagres com os rebanhos locais. Passavam os dias andando, levando os pequenos ruminantes de lá para cá e de cá para lá. Os animais quase não tinham tempo para ruminar a palha do final da estação seca, ingerida ao longo dos circuitos diários. Os pastores agregavam a essa dieta desidratada galhos verdes, podados do alto das acácias. Isso aumentava a digestibilidade das palhas por esses ruminantes que pouco ruminavam. Essas podas vegetais seguiam lógicas impenetráveis, um pouco como as podas de árvores pelas prefeituras das cidades.

Num mesmo campo, cada árvore a ser podada pertencia a famílias e pessoas diferentes. Uma mesma árvore podia até ter mais de um dono ou usuário. Cada um podava seus galhos e suas árvores de um jeito, considerando as fases da lua e outras circunstâncias. As árvores estropiadas adquiriam formas estranhas e aceitavam tudo, de machadadas a golpes de facão, do pisoteio dos rebanhos à urina dos cães. Sem muitas queixas. Suas cascas, folhas e frutos eram arrancados para as mais diversas utilizações. Violentamente. Panos e trapos coloridos eram amarrados em seus galhos e troncos, como amuletos, sobretudo na ida e na volta das feiras e mercados.

Com o tempo, aproximei-me mais da jovem Yakei, a pastora sem braços. As conversas sobre seus rebanhos, seus cachorros, sua família e sua vida naquela aldeia ganharam extensão. Ela perdera os pais. Não me disse como. Mas ficou claro que fora de forma trágica. Vivia com os tios ou algo assim. Comecei a acompanhá-la em seu trabalho com os rebanhos. Um dia, ela trouxe um tecido laranja e pediu-me que o amarrasse, no alto de uma árvore, na entrada do vilarejo. Indicou-me, de forma bem precisa, onde. Dias depois, após indagar se eu tinha um facão, me pediu que cortasse uns ramos de acácia para seus animais. E por aí prosseguiu nossa parceria. Seguindo rebanhos, subindo em árvores, atentos aos cachorros, amarrando fitinhas e compartilhando histórias.

Num entardecer, ela me pediu que amarrasse mais um pequeno tecido laranja nas alturas de certa árvore ao sul de Magami. Parecia uma maluquice. Nas redondezas do vilarejo, quase sempre se podia ver um paninho laranja agitado pelo vento, mais ou menos desbotado, atado nas ramagens de alguma árvore. Aceitei o pedido de demarcação territorial de bom grado. Diante da vertiginosa altura arbórea, busquei a Land Rover. Estacionei embaixo, subi no seu teto e de lá nos galhos, com a ajuda de uma escadinha. Amarrei o tecido laranja o mais alto possível. Fazia o mesmo quando se tratava de podar acácias e alimentar de verde aquele rebanho castanho, preto e marrom.

A pastora sem braços achava isso um pouco estranho. Tive a impressão de que Yakei reprovava, discretamente, o meu comportamento com seus cachorros e alguns de seus amigos desatentos. Os cachorros passaram a olhar para mim e dar uns sorrisos indiscretos. Indaguei com delicadeza sobre esse assunto. As ovelhas se aproximaram para ouvir. Ela me respondeu com uma pergunta:

— Você tem mãos e braços e não sabe subir em árvores?

— *Babo*. Não sou muito bom nisso, não.

— Que outras coisas você não sabe fazer?

— Uma porção de coisas.

— O que você não sabe fazer, por exemplo?

— Conversar com cachorros.

— Isso é fácil. Todos falam com seus cachorros.

— Eu não.

— Você pode aprender.

— Você me ensinaria?

— Talvez. Só depois da colheita. Traga seus cachorros para eu conhecê-los.

— Eu não tenho cachorros.

148   A GEOGRAFIA DA PELE

— E quer aprender a falar com quem?

A colheita dos cereais ainda estava distante. Para Yakei, antes da germinação das sementes, o melhor era retirar os herbívoros de perto das terras cultivadas. Só os cachorros deviam ficar. Quanto mais cedo os grandes herbívoros saíssem, melhor. O mais seguro era confiá-los aos peuls, grandes mestres dos rebanhos. Sobraria mais pastagem para os rebanhos de pequenos ruminantes, sua especialidade e seu sonho ovino e caprino.

— Todos me dizem isso, Yakei. A solução é entregar os bois e outros animais aos peuls.

— Eles levam esses grandes rebanhos bem, bem longe... — dizia, aliviada.

Ela falava. Eu contemplava a fragilidade e a beleza de um de seus tecidos laranja. Ele tremulava nos galhos prateados de uma acácia enquanto nuvens cinzentas se formavam no horizonte. Indagada sobre se era seguro entregar os animais para alguém, ela me garantia: os hauçás fazem isso todos os anos, desde a criação do mundo. Seus cachorros latiam, confirmando.

— Os animais se juntam num único rebanho — continuou. — E ficam felizes de viajar. Os peuls podem levá-los com sua *dudal* a outros pastos, em outros territórios.

O termo peul *dudal*, empregado por Yakei, servia tanto para designar um grupo social humano peul (família) como o grupo social animal peul (rebanho) a ele vinculado. Yakei tinha razão. Fazia algumas semanas só se falava disso em Magami. Em breve, Yakei, seus familiares e vizinhos também entregariam parte de seus animais aos peuls, para retirá-los dali. Por um tempo. Os cachorros ficariam. Frustrados e descansados. Sem ter muito o que fazer, mais ainda.

— Aqui, a repetição é fonte de sabedoria — dizia.

Ela me explicava, como a um garoto, que o grande Deus programou o cosmos para se repetir: a duração dos dias, as fases da lua, o movimento das estrelas, as estações. Tudo se repetia. Todo ano, no início de junho, chegava a estação das chuvas. Os ares ganhavam novos odores. Era tempo das migrações. Tudo se repetia. Sempre foi assim na terra dos hauçás. Eu ficava encantado com a sabedoria e a doçura de Yakei, além da esperteza de seus cães. Suas palavras estalavam entre seus dentes brancos e delicados, como pequenos buquês de flores perfumadas.

Uma das grandes missões dos andarilhos peuls era levar bois e animais de outros proprietários e vilarejos do Sahel, esqueléticos e com as costelas à mostra, para o despovoado norte. Um lugar hipotético como o rastro dos cometas e dos meteoros. O grande norte. Lá, o deserto do Saara pesa e impera, com seu hálito seco, suas vestes de areia e as manchas verdes dos pastos temporários em seu litoral. E depois, com o final das chuvas, retornariam. Com um rebanho sadio e multiplicado. Com poucos carrapatos. Tudo se repetia. Todo ano.

Os contratos para garantir a transumância dos rebanhos eram negociados e renovados entre os pastores peuls nômades e os sedentários agricultores hauçás no final de cada estação seca. As informações de Yakei me confirmavam a necessidade de incluir em minhas pesquisas os peuls ou os fulas, fulânis ou fulbês como também são chamados. Não só por curiosidade. Faziam parte do modo e do sistema de gestão social das terras e dos animais dos hauçás. Quando eu perguntava de onde vinham os peuls ou onde residiam, Yakei dava amplos sorrisos e apontava em várias direções.

Onde encontrar esses poucos homens invisíveis e nômades nas terras hauçás? Cada dia a resposta era uma. Yakei me indicava por onde eles andaram, por onde tinham passado, para onde estariam se deslocando. Nunca onde estavam. Como estudar um povo nômade, sem território, nem pátria? Lembrei-me das donas de meu laticínio particular. Bastaria segui-las, depois do mercado. Descobrir seu acampamento. Seria hilário e talvez arrisca-do. Suspeitei da origem misteriosa de seus produtos. Yakei me tranquilizava.

— Não se preocupe. Mei Sanda é um e os peuls são poucos.

— Como então nos encontraremos?

— Vocês vão se encontrar.

— Sim.

— E é bom saber que os peuls conversam com seus bois.

— Como nós conversamos?

— Sim. Como eu converso com meus cachorros.

— Duvido.

— Você não conversa com as árvores?

— *Babo*. Quando faria isso?

— Mei Sanda! Antes de amarrar meus panos ou cortar um ga-lho, você não diz nada para a árvore?

— *Babo*. Nunca falei com elas.

— Então fez essas coisas sem avisá-las?

— Temo que sim.

Sentia-me um bárbaro, um não civilizado. Essa seria mais uma pecha no currículo deste infiel *rumi*. Só faltava ela contar para Mei Dagi. Aí, todo o Níger saberia. Perguntei a Yakei se ela podia me dar de presente um daqueles paninhos laranja, para amarrar no retrovisor externo do carro. Seria como uma árvore móvel. E com o carro... Bem, com ele confesso que falava, e mui-to, como todo ocidental. Além de dar tapinhas no volante, chutes nos pneus, fazer carícias na carroceria e amarrar umas fitinhas e paninhos.

— Que pano você quer, Mei Sanda?

— Aquele que você faz surgir, não sei bem de onde, para amarrar árvores.

— Amarrar não. Marcar. Exaltar.

— Tudo bem. Marcar.

Fui atendido. Dias depois, uma linda língua alaranjada tremulava na ponta da antena do veículo. Ficou melhor do que no retrovisor. Yakei aprovou a ideia. Quando retomei a conversa sobre os pastores peuls, ela insistiu em me dizer: se para viver as mulheres peuls comercializavam manteiga, coalhada e um queijo seco e fino como um pão sírio, os homens também prestavam serviços à comunidade hauçá com o trabalho de seus bois.

— Eles trabalham a terra dos agricultores, tiram água dos poços, transportam cargas, mercadorias e estercam os pastos.

— E ganham a vida com isso?

— Sobretudo ao cuidar dos rebanhos. Recebem cereais, animais e dinheiro.

— Eles vivem por seus animais.

— A vida dos peuls são seus bois. Nunca se separam de seus animais. Vivem com eles do nascimento até a morte.

— Entendo.

— Eles são poucos. Seus bois são suas mãos e seus braços.

Comovido com a história de mãos e braços nas palavras de Yakei, percebi que matar um boi seria para eles um homicídio, um fratricídio. Salvar um bovino, uma obrigação fraterna. O natural para os peuls eram os bovinos morrerem de velhice, enfermidades, ataques de animais selvagens ou acidentes. De morte matada, nunca. Faziam parte da *dudal*, da grande família. Vendê-los também não era adequado. Seria uma espécie de escravidão familiar. Mais do que irmãos, os peuls se consideravam consubstanciais com os bois. Eram da mesma raça, sob formas diferentes. Suas relações com os bovinos eram culturais e espirituais, não de ordem econômica.

Se os peuls criavam alguns camelos, cavalos, asnos, cabras e ovelhas, para eles eram bichos, quadrúpedes, bestas. Com eles não dava nem para conversar, quanto mais filosofar, se divertir,

152 A GEOGRAFIA DA PELE

viver aventuras. Nada comparável aos bovinos, amigos e conselheiros em todas as horas. Fontes de leite e de vida.

Segundo Yakei, para a maioria dos peuls o leite era uma água eterna e existiam nove palavras mágicas para designá-lo: três curavam, três adoeciam e três faziam crescer. Indaguei sobre essas palavras. Ela não as conhecia.

— Yakei, você tem certeza de que são nove palavras?

— São. Mas não sei quais são.

— Então são.

Sonhei com essas palavras, tempos depois, mais de uma vez, tenho certeza. Nunca consegui me recordar. Nem anotar. Lembravam latidos de cães sem faro. Ou mugidos de bois falantes. Pensei abordar o assunto com as vendedoras de leite, mas temi por minha vida.

— Não há coisa mais sagrada para um peul do que jurar "pelo leite e pela manteiga".

— Entendo... — eu dizia, enquanto tomava notas, sem entender.

— Mei Sanda, por que você fica escrevendo?

— Para meus estudos. Ainda serei um grande conhecedor da agricultura e da criação de animais pelos hauçás.

— Por isso quer falar com os cachorros?

— *Babo*. E você, o que gostaria de ser quando for adulta?

— Eu quero ser parteira.

— *Al hamdulilá*. Deus queira.

— É. Parteira. *Sage-femme*. Hoje faço isso com animais. Tenho muita prática. Até as vacas me procuram.

— As vacas te procuram na hora de parir?

— É. Sobretudo à noite. Ainda vou estudar. Um dia serei parteira de gente.

— *Al hamdulilá* — disse eu mais uma vez, comovido, contemplando a menina, essa futura parteira sem braços.

Yakei concluiu nossa conversa me indicando um setor onde certamente a encontraria diversos peuls com seus rebanhos. Ela estivera por lá uma vez. Eu chegaria facilmente com o veículo. Depois, despediu-se e, seguida fielmente por seus dois cães, saiu ralhando com uns meninos travessos.

Rumores vegetais

Antes de eu me interessar ainda mais pelos peuls, eles se interessaram por mim. Primeiro, as adoráveis fornecedoras de produtos lácteos do mercado. Depois, foi a vez de um pastor peul. Ele cuidava de um grande rebanho de bovinos nos limites do Níger com a Nigéria. De certa forma, eu o procurara, seguindo as indicações de Yakei. Eu coletava plantas nessas terras ermas e evitadas, repletas de árvores e contrabandistas invisíveis. Durante uma manhã inteira ele me observou apoiado numa única perna, feito um saci ou uma garça, com os braços pendurados sobre seu bastão, atravessado aos ombros. Eu também o observava. Ouvia seus gritos com o rebanho e suas canções. Ele cantarolava.

No meio da tarde, avançamos lentamente, um na direção do outro. Ele se aproximou com grande curiosidade. Eu também. Saudamo-nos. Tocamos com os bastões, num sinal de amizade. Após os salamaleques usuais, nos apresentamos. Seu nome era Diô. Um nome peul muito comum, algo como Zé em português. O meu era *Eduar-diô*. Achamos nossos nomes parecidos. Eram.

— Você é pastor em suas terras de origem? — perguntou Diô.

— Mais ou menos.

— E quem cuida agora de seus rebanhos?

— Ninguém. Na realidade, eu não tenho rebanhos.

— Como assim?

— Sou um especialista em plantas.

— E por que estuda nossas plantas e não as suas?

— Bem... Estou aprendendo.

— E para que você tem um bastão se não tem rebanhos?

— Para me defender, para me apoiar e me guiar.

Diô gostou da resposta. Concordou. Junto com o arco e a flecha, o bastão fazia parte das armas de um homem. Disse. Conversamos sobre nossas "profissões" e nossos bastões. Para ele, meu bastão era um pouco curto. Eu expliquei por que o cortara na altura do queixo. Essa era a medida certa para manipulá-lo e movimentá-lo junto ao corpo. Para ele, o bastão deveria ser cortado pelo menos na altura dos olhos ou da pessoa. Exploramos esse campo vastíssimo da ciência humana: o comprimento dos bastões e cajados.

Ele quis entender como, de quem e quando eu ganhara o bastão. Expliquei que o comprara no mercado de Maradi e que, provavelmente, já havia servido para algum guarda de residências. Expliquei isso com certo orgulho de quem fizera uma descoberta ou um excelente negócio. Ele ficou decepcionado. O seu bastão peul tinha uma história épica. Sua posse era fruto de merecimentos, provas e iniciações. Seus amigos o ajudaram a obter esse bastão ao longo de um processo iniciático que um dia eu conheceria. O bastão era como o diploma do pastor. Estaria com ele até o fim dos seus dias. E, se porventura viesse a quebrar, não poderia ser jogado fora. Disse.

Fantasiei imaginando um velho pastor peul, cuidando do gado e carregando nas costas um enorme feixe com os pedaços de seus bastões quebrados ao longo da vida, e dos quais nunca poderia separar-se. Nem fazer uma fogueirinha. Diô encerrou esse devaneio ao afirmar que um bastão quebrado podia ser queimado por um ferreiro. Perguntei se essa era a história dos bastões dele. Mais ou menos, disse Diô. As coisas foram assim no passado. Hoje em dia são um pouco diferentes.

Segundo Diô, para os africanos existiam quatro bastões: o do pastor, o de comando, o da sabedoria e o da velhice. Fiquei interessado no bastão da sabedoria. Ela me faltava tanto. Nunca encontrei esse tal bastão. Aparentemente, ele também não. Diô falou apenas do bastão dos pastores, do dele. Contou-me uma história imaginária ou real do seu bastão.

Dos galhos de um tipo de ébano do Sahel, chamado pelos peuls de *nelbi* e de *kaya* pelos hauçás, fora retirada a madeira para o seu bastão de pastor. É uma árvore frutífera, com muitas virtudes medicinais. Para os peuls, o *nelbi* era uma árvore sagrada, ligada aos atributos e às atividades masculinas. Pelos costumes antigos e tradicionais, o bastão era recebido pelo pastor depois de um ritual iniciático e pedagógico complexo, em que, ajudado pelos amigos, enfrentava a dor e uma série de testes de conhecimento sobre pastagens, plantas medicinais para animais e técnicas de criação de um rebanho. Não conseguia entender se falava uma história mais ou menos idealizada ou se era mesmo a sua história. Ou ambas.

— Foi assim com você?

— Mais ou menos.

— Até hoje é assim?

— Hoje é diferente.

— Acabaram-se as tradições, os costumes?

— *Babo*, mas as coisas não são mais como no tempo dos avós.

Achei uma ponta de crítica ou ironia na sua resposta. Se para mim o bastão era uma arma, para ele também. Mostrou-me marcas no corpo. Eram golpes. Eu não tinha marcas, nem cicatrizes produzidas por bastões. Só me faltava isso, além das cantáridas, do óleo fervente dos morcegos e das garras da vegetação carnívora. Ele duvidava da minha arte de combate. Eu não tinha uma só marca de golpe de bastão no corpo. Dei a entender, com sequências de gestos e movimentos, lentamente executados, que treinava golpes e conhecia um pouco da arte de luta com bastões. Falei até do codinome hauçá: Mei Sanda.

Seus olhos se fecharam. Ele apreciara meus deslocamentos e fez gestos parecidos. Comparamos os movimentos ofensivos e defensivos. Lentamente. Ele utilizava bastante o recurso das estocadas. Isso eu não praticava. Eu também aplicava golpes em movimentos ascendentes. Isso ele não praticava. Fizemos exemplos de golpes e paradas com os bastões. Rimos das posturas defensivas que cada um assumia com seu bastão. Achei o seu posicionamento defensivo ridículo e ineficaz. Ele devia pensar exatamente o mesmo do meu.

Animado com a conversa, Diô me explicou como seus animais o ajudavam em caso de luta. Ele sempre considerava a presença e o movimento dos animais de seu rebanho ao desfechar seus golpes em um combate. Seria isso mesmo? Achei aquilo estranho. Olhei para seus bois. Pareciam interessados na conversa. Pareciam confirmar, enquanto ruminavam solenemente. Ele comentou sobre o uso do arco e flecha, matéria na qual eu era (e sou) nulo. Nesse tema, a conversa não prosperou. Discutimos um pouco sobre as qualidades da madeira de um bom bastão ou das complexas relações entre galhos, ramos, troncos e bastões.

Um bastão não devia ser feito com madeira muito dura. Nisso concordávamos. Corria o risco de partir-se numa troca violenta de golpes. Exato. Não poderia ser uma madeira muito flexível. Precisávamos de um bastão e não de uma vara de pescar. Exato. Falei das melhores árvores de meu país para fazer um bastão. Ele pouco entendeu. Ele também discorreu sobre as árvores da região, apontou para várias, mesmo se distantes. As árvores usadas para eixo de polias ou sarilho de poços eram as melhores, afirmava. Eu não sabia o nome de quase nenhuma dessas árvores e arbustos. Ele as conhecia todas. Eu estava diante de um grande conhecedor de plantas.

Começava a escurecer. Seus bois estavam inquietos. Era hora de regressar aos nossos acampamentos. Anoiteceu. Despedimo-nos. Quem sabe nos encontraríamos de novo? Para falar sobre as plantas da região e sobre seu gado. Estava combinado. Assim entendi. Seus bois também concordaram. Assim entendi. E foram iluminando o caminho com seus olhos. Eu parti na direção oposta com os faróis acesos.

Cheguei ao cercado e logo procurei Guwani para contar as novidades desse encontro. Ele ouviu tudo em silêncio. No final de meu relato, apenas disse que eu ia aprender muito sobre plantas com os peuls, com Diô. Após um pequeno silêncio reflexivo, afirmou que já queimara muitos bastões dos peuls. E concluiu meio sorumbático:

— Existe uma aliança muito antiga entre a raça dos ferreiros e a dos pastores.

No dia seguinte Yakei ouviu meu relato com atenção e logo me aconselhou:

— Volte logo a encontrar com ele, Mei Sanda.

— É o que pretendo, Yakei.

— Ele te ensinará a fala das plantas.

— O quê, por exemplo?

— Pergunte a ele sobre as árvores da palavra.

— Árvores da palavra?

— Sim.

Dias depois, voltei à mesma região e procurei por Diô. Pelo caminho, sempre buscava o sinal de algum acampamento peul. Nada. Havia uma lagoa aonde Diô levava seus animais para beber. Lá, eu o encontrei. Para alimentar nosso diálogo vegetal, recorri a um herbário pessoal. Eu havia colado com fita adesiva um ramo com folhas, flores e até sementes, de cada uma das principais plantas da região, nas páginas de dois fichários. Um para monocotiledôneas, outro para as dicotiledôneas. Era uma espécie de herbário portátil, ambulante. Esses procedimentos heterodoxos estremeciam meus colegas botânicos franceses. Mostrei várias páginas ao pastor peul. Diô conhecia todas essas plantas e muitas mais.

O peul achava interessantes aqueles cadernos recheados de pedaços de plantas secas. Acariciava algumas plantas, cheirava outras e mantinha distância de algumas delas. Ao comentar sobre cada planta do herbário, sempre explicava seus locais de ocorrência e suas utilidades para os diversos ruminantes, para a fauna selvagem e, principalmente, para os bovinos. Eu anotava o possível. Não era fácil. Ele respondia qualquer pergunta com farta eloquência. Muita coisa eu não conseguia entender por limites linguísticos e culturais.

Ele me perguntou sobre diversas plantas, ausentes no herbário. Eu não tinha a menor ideia do que falava. Eram nomes de plantas completamente desconhecidos para mim. Ele era capaz de dizer os nomes em hauçá, na língua peul ou fulbê e também na fala dos pássaros e bovinos, se entendi bem. Diô conhecia os espíritos que as habitavam. Que gênios atraíam ou repeliam. Talvez eu tivesse feito um templo e não um herbário, aprisionando com fita adesiva e cola os mais diversos gênios e espíritos do Sahel, comentei. Diô sorria da brincadeira. Mas não muito.

Ele estava intrigado com esse sistema de classificação de plantas. Era muito diferente do seu. Eu tinha o mesmo sentimento. Com o tempo ele conseguiu me explicar muito bem os critérios de sua classificação. Em primeiro lugar, as plantas se dividiam em ervas, arbustos e árvores. Esses três grupos continham plantas com e sem espinhos. Em cada caso considerava se as plantas perdiam as folhas na estação seca ou não e assim por diante. No final da classificação, Diô sempre chegava a um grupo de plantas proveitosas para o rebanho, com características e propriedades análogas. Meu sistema, lineano, não chegava a nada de útil para os rebanhos. E era difícil para ele entender a serventia de minha classificação vegetal.

Meus fichários estavam divididos em monocotiledôneas e dicotiledôneas. Mas como explicar que as monocotiledôneas eram compostas por plantas de ordens como as *Acorales*, as *Alismatales*, as *Asparagales*, as *Dioscoreales*, as *Liliales*, as *Arecales*, as *Commelinales*, as *Poales*, as *Zingiberales*...? E as dezenas de ordens nas dicotiledôneas? Ainda mais complicado e inútil. E, depois, havia as divisões das divisões, em famílias, gêneros, espécies e variedades. Impossível, inútil explicar.

Ao prosseguir com a coleta de amostras de plantas pela região, sempre buscava encontrar o curioso pastor Diô. Ele me considerava um especialista de plantas, vindo de outro planeta e cheio de segredos. Ao me interrogar, ficava decepcionado com minha ciência. Para Diô, eu ocultava meus saberes. Quanto menos respondia, mais ele me valorizava. Toda minha ignorância era creditada ao meu tesouro de segredos misteriosos.

Ele insistia em saber as razões das cores das plantas. Esse segredo eu deveria lhe revelar. A causa das cores diferentes das folhas deveria ser conhecida por mim, assim como a das flores. Isso eu devia saber e ele necessitava saber.

— Mei Sanda, por que elas têm essa forma e esse verde? — indagava Diô, apontando para as brilhantes folhas de um *magaria*.

O simpático e generoso *magaria* era um primo do juazeiro, tão comum no Nordeste do Brasil e consagrado numa das músicas de Luiz Gonzaga, em que, aliás, a árvore chora de solidariedade ao sertanejo: "Juazeiro, juazeiro, me arresponda por favor... onde anda o meu amor? (...) só eu sei por que tu choras, solidário a minha dor."

O juazeiro e o *magaria* são primos da jujuba, do jujubeiro, também conhecido como açofeifa, anáfega, macieira-da-índia ou tâmara-da-china. Foi introduzido no Brasil pelos portugueses. O *magaria* também não era nativo da região. Veio de longe. Lá da Índia, da Ásia, do Leste. Subespontâneo, ele se espalhara pela África Ocidental.

— Não sei o porquê desse tipo de verde, Diô.

— E o que você sabe sobre o *magaria*?

— Sei que essa planta não é originária da África. Veio de outro continente, apesar de tantos arbustos espalhados por aqui.

— Mentira. O *magaria* está aqui desde a criação do mundo.

— Tudo bem. Se você diz, então sempre esteve aqui.

— Quero saber o porquê dessas folhas arredondadas e dessa cor.

— Não sei o porquê.

— Como não sabe? Você não estuda as plantas?

— Estudo. Mas não sei o porquê de suas cores.

— Você não quer me contar esse segredo.

— Não há segredo. Eu apenas não sei.

— Você talvez não, mas o que os pastores de sua terra sabem mesmo sobre a vida dessa planta?

E se eu dissesse que na minha terra, segundo os vaqueiros, o juazeiro tem fama de chorar com quem chora e de responder perguntas dos sofredores sobre o paradeiro de suas mulheres amadas? Ele não acreditaria e diria que estava inventando coisas. E Diô teria razão. Talvez fosse cedo demais para se interrogar sobre mistérios tão profundos das relações entre homens, plantas e animais. Depois de testar um pouco a minha inexistente ciência sobre cores e formas das folhas dos vegetais, um pouco decepcionado, Diô decidiu apenas tratar de assuntos mais fáceis, como os sons vegetais.

— Mei Sanda, por que os arbustos de *dachi* são tão barulhentos?

— Barulhentos? Os *dachis*?

— É. São ruidosos. Sempre reclamando e emitindo sons particulares.

— Sempre os achei perfumados.

— E são.

— Pois é. A maioria dos incensos é feita com plantas da família do *dachi*.

— Família? E você acha que planta tem família?

— Sim. Para nós, de certa forma, tem.

— O certo é que o perfume dos *dachis* tem um som agradável.

Eu nunca reparara nas reclamações dos *dachis*. Nem na sonoridade de seus perfumes. Expliquei, mais uma vez, a Diô: minha ciência não dava para tanto. Ele propôs aprofundar a conversa sobre as vozes vegetais. Sobre o que ele sabia. Nesse tempo, eu ainda não havia percebido a existência de plantas silenciosas e barulhentas. Ignorando meu desconhecimento científico sobre a sonoridade das plantas, ele afirmava: a melhor hora para escutá-las era sempre durante o amanhecer. Na parte da tarde, ficavam um tanto taciturnas. Caladas.

Aí estava uma explicação possível para minha ignorância em matéria de sonoridades vegetais. Como viajava na parte da manhã, fazia ruídos assustadores com o veículo. Coletava as plantas a partir do meio-dia, e aí já não as ouvia. Com essa metodologia científica e esses horários, eu nunca ouviria nada das plantas. Eu precisava ser mais silencioso, me ajustar à hora das plantas e acertar o meu relógio de curiosidades com o delas. Adequar minha circulação sanguínea ao fluxo das seivas e das vozes vegetais. Pensava.

De fato, sempre me impressionei com o silêncio das grandes árvores. No mundo inteiro são assim. Parecem mosteiros vegetais. Apenas o vento farfalhando. Quanto mais a árvore é frondosa, mais guarda o silêncio. No Brasil, é uma maravilha tirar uma soneca numa rede, sem ser incomodado, sob a bênção dos galhos dessas árvores caladas, à sombra e perto da água fresca. Além de ninguém dormir em redes, a coisa não era bem assim lá pelo sul do Saara. Por ali, os vegetais tinham voz e vociferavam. Como os humanos. Sua azáfama chegava ao ponto de incomodar um experimentado pastor peul. Mas toda essa balbúrdia era coisa de arbustos. As grandes árvores eram silenciosas.

Lembrei-me das recomendações de Yakei e perguntei a Diô com ar de quem sabe e não sabe:

— Quais são as verdadeiras árvores da palavra?

A árvore da palavra

As africanas árvores da palavra não falavam, segundo Diô. Apenas escutavam. Foram feitas para ouvir. Todo vilarejo do Sahel que se preze sempre possui sua árvore da palavra ou dos conselhos. Sob essa árvore, as pessoas sentam para discutir, tomar decisões, contar histórias, buscar conselhos, falar mal dos outros, tramar, enganar, vadiar e praticar outras e tantas humanidades. No episódio do ataque das cantáridas, foi sob uma dessas árvores, em Magami, que os agricultores me apresentaram suas enérgicas considerações. Logo aprendi: entre as árvores da palavra mais comuns estavam as *kuryias*.

— Conhece as *kuryias*, Mei Sanda?

— É claro que sim, Diô.

Eu as conhecia muito bem. Só não sabia que eram árvores da palavra. Semelhantes às nossas paineiras, da mesma família, seu fuste é bem reto, nada barrigudo, como uma coluna. Pairam com seus ramos e folhagens no centro dos vilarejos. São verdes e amplos guarda-sóis celestes. Serenas, são capazes de digerir em silêncio horas de discussões, alfétenas, esparrames e conversas inúteis de humanos e animais.

Depois de me relatar outras virtudes das *kuryias*, Diô me explicou que todo vilarejo tinha dois polos, vamos dizer assim, dois focos ou dois pontos de amarração: o poço e a árvore da palavra. Outra árvore da palavra bastante comum pelos campos

166 A GEOGRAFIA DA PELE

afora era uma acácia de porte médio conhecida como *gao*. Talvez seja a árvore mais famosa de todo o Sahel. O *gao* pode tornar-se gigantesco quando assume a função de árvore da palavra. Ele cresce com sua missão de audição, alimentado pelos diálogos, disputas, confissões, acrimônias, monólogos e apólogos. Sob essas árvores, tudo se fala.

Essa acácia tem uma estranha particularidade: é do contra. Perde todas as folhas quando chove. E fica verde em pleno período seco. O *gao* vive em conflito com a ecologia, com as regras da fisiologia e com sua comunidade do mundo vegetal. No período chuvoso, seus galhos cinza-prateados, desprovidos de folhas, se destacam no meio do verde da vegetação. Mas basta começar a chover para perder suas folhas. Ela não concorre com os cultivos. Deixa passar a luz solar no período de crescimento das lavouras. Adormecida, não mobiliza nem água, nem nutrientes do solo. Quando vem a seca e a paisagem se veste de uma mortalha cinza, o contrariado *gao* se recobre de um verde-esperança, misterioso e desafiador. Durante a estiagem, em meio à paisagem cinza e ocre, essas árvores parecem poços de fotossínteses, de um verde de doer em meio a tanta secura. Como faz isso? Até hoje a ciência não sabe explicar direito. E não tive coragem de perguntar isso a Diô, muito menos aos *gaos*.

Diô e Yakei, como os povos do Sahel, tinham um grande apreço por essas acácias. Elas eram a salvação da lavoura e dos rebanhos. Os pastores cortavam as extremidades de seus galhos para alimentar os animais em períodos adversos. Com essa oferta de folhas verdes e de sombra em plena seca, os rebanhos viviam embaixo dessas árvores. E deixavam mais esterco nesses locais. Fertilizavam os campos. Isso era bom para os donos das terras e para a própria árvore. Essa fisiologia invertida levou agricultores e pecuaristas a um raro momento de armistício, a um acordo entre beligerantes, a uma concordância entre esses Abéis e Cains

A ÁRVORE DA PALAVRA   **167**

sobre o uso das terras e de seus recursos. Ambos a defendem e favorecem o desenvolvimento dos *gaos*. Fruto desse trabalho de homens e rebanhos, muitas regiões do Sahel são um grande parque arborizado onde predominam essas acácias do partido da oposição.

Desde o século XVIII, botânicos e pesquisadores se interessaram por esse fenômeno vegetal. Até hoje não conseguiram explicar o porquê desse comportamento contraditório. Nem o segredo desse verde em plena seca. São muitas hipóteses sem teses. Mas os cientistas descobriram outras coisas valiosas. Essa acácia floresce e frutifica no final da estação seca. É um momento crítico para os rebanhos. Os animais comem palha seca, difícil de digerir. Nessa época, as vagens da acácia, ricas em energia e proteínas, caem e aumentam a digestibilidade das palhas no rúmen dos herbívoros, além de agregar nutrientes fundamentais na alimentação dos rebanhos. É uma "vitamina", como dizem os vaqueiros do sertão nordestino.

Segundo alguns estudos, dificilmente as sementes do *gao* germinariam nas condições naturais dos solos do Sahel. Ao passar pelo sistema digestivo dos ruminantes, no entanto, recebem um tratamento químico. Isso facilita a germinação e quebra a sua dormência. Lançadas no meio do esterco, após passar por todos os estômagos dos ruminantes, encontram ali o ambiente ideal para germinar, nascer e crescer. Sua grande área de distribuição acompanha o território dos rebanhos. Sem o gado, sua repartição natural seria limitada, ao sul do Sahel. Dizem ou *hipote-dizem*.

As grandes aves também adoram construir ninhos em seus galhos bem expostos e de fácil acesso durante a estação chuvosa. Os agricultores realizam libações e oferendas junto às raízes desse vegetal sagrado e venerado. Apesar de todas as suas virtudes e serviços prestados, o *gao* tem mais uma qualidade: é discreto e vive calado. Como um político de oposição na clandestinidade. Não conta vantagens. É ideal como árvore de palavra. Ouve em silêncio. Não se intromete nas conversas. Não contradiz ninguém, apesar de seu gosto fisiológico pela oposição. Nem faz fofocas.

Junto ao tronco das árvores da palavra ocorrem as grandes discussões, decisões, assembleias e anúncios em muitas aldeias. Elas são uma espécie de câmara municipal, de senado dos pobres. Algumas dessas árvores possuem até um hemicírculo ou uma espécie de anfiteatro feito de uma série de estrados de madeira, permanentes, limpos e arejados, para as pessoas sentarem, deitarem, conversarem e discutirem. Em seus galhos, o tecelão africano tece ninhos enormes. São como cachos de palha, cheios de entradas e saídas. São aves tagarelas e mexeriqueiras. Gostam de ouvir segredos dos seres humanos e espalhá-los pela África afora.

De tanto ver e ouvir, as árvores de palavra têm, com o passar dos anos, uma memória prodigiosa. Para Diô, as árvores bem velhas murmuravam, algumas contavam casos e até histórias durante a noite, um pouco antes do amanhecer. Foi o que entendi. Não sei se entendi bem. Outras gostavam de cantar.

— Cantar?

— Cantarolar... baixinho.

Sorríamos. Elas eram o contrário dos humanos. Ao envelhecer, a maioria das árvores de palavra não perde a memória, nem a vontade de cantar.

Depois das *kuryias* e dos *gaos,* Diô evocou uma terceira árvore da palavra, menos famosa, mais destinada a pequenas reuniões, porém bem democrática e avantajada: o baobá. No ramo da memória, os baobás, ou *kukas,* como são chamados em hauçá, eram grandes especialistas. Seus troncos enormes chegam a 7 metros de diâmetro e são repletos de fendas, passagens e reentrâncias. Os troncos dos baobás abrigam coisas impensáveis. O que as primeiras têm em altura, os baobás têm na largura. São verdadeiros castelos vegetais, habitados por toda sorte de criaturas reais e imaginárias. Para muitos africanos, o mundo tem um símbolo e é uma árvore: o baobá.

O baobá é da mesma família das *kuryias* e das frondosas paineiras do Brasil, do caprichoso algodão e das humildes malvas. Suas folhas são utilizadas para fazer molhos e remédios. Sua casca fornece fibras muito resistentes. Suas flores alimentam morcegos e seus frutos fornecem uma paina de mil e uma utilidades. Até para acalentar meteoros, essa paina pode servir, como constatara em minha excursão junto ao ferreiro amigo de Guwani na Nigéria. Sua fruta é conhecida como pão-de-macaco.

Até de cemitério o baobá serve. Segundo Diô, algumas etnias sedentárias africanas, ao sul do Saara, costumavam dar um destino especial aos cadáveres de seus historiadores, cantadores e contadores de causos, os *griots*, uma espécie de menestréis negros.

— Eles "enxertam" esses mentirosos nos baobás. Coisa de sedentários — disse o itinerante pastor Diô com desprezo.

Os *griots* são reputados mestres na arte do falar. Homens da palavra, foram uma espécie de casta, cuja missão era manter viva a memória dos ancestrais e de seus feitos, num contexto em que não havia escrita. Dizem. No passado, foram como sacos de palavras, o repositório onde se conservavam segredos multisseculares. Cada família ou linhagem importante tinha o seu *griot*. Dizem meus colegas antropólogos. Eu mesmo nunca conheci nenhuma que o tivesse, mas deve existir.

Esses cantadores, nada repentistas, ensinavam aos reis a história de seus antepassados. Quem sabe a vida dos antigos os inspirasse como exemplo? Nem sempre funcionava. Nem sempre eram bons exemplos. Com o fim dos reinos e a emergência de frágeis repúblicas e numerosas ditaduras, os *griots* perderam essa função. Eles eram também, um pouco, como os menestréis na Idade Média, cantadores e tocadores de balafom e outros instrumentos de corda. Contavam e recontavam os feitos de grandes personagens históricos do jeito que seus descendentes gostavam de ouvir. Inventavam, mentiam, recriavam histórias, segundo suas conveniências particulares. Deslocavam-se de vilarejo em vilarejo, sempre bem recebidos. Eram verdadeiros artistas.

Nos tempos modernos, os *griots* são uma espécie em extinção, mistificada e mitificada pela diáspora negra. Alguns, cegos e surdos, ainda insistem em cantar e tocar por aí, em velhos discos de vinil ou em páginas de livros sobre raízes africanas. Cantam também nos mitos construídos pelos brancos com remorsos sobre a sabedoria africana. Quando morriam, não podiam ser enterrados. Ficavam guardados nos baobás. De castigo. Ou como homenagem. Quem sabe?

Numa perspectiva romântica, a voz desses seres da palavra não podia ser enterrada. Destinados a ecoar pelo vento nas savanas e estepes, ao morrer os *griots* eram colocados nos ocos existentes nos troncos de baobás. Depois, a fenda ou o nicho escavado para o *griot* era vedado com uma espessa camada de barro e areia. A alma do *griot*, enxerto humano no vegetal, seguia falando no vento e no coração de homens sonhadores enquanto o baobá vivesse.

— Essa gente é perigosa. Fala demais. Mente demais. Se forem enterrados, secam as terras, as fontes e os rios! São como a placenta de certas mulheres. Nunca deve tocar no chão!

Isso e algo mais, vaticinou o colega Diô. Melhor nem lembrar.

Mudos, silenciosos, recobertos por uma pele de rinoceronte, dilacerados nas laterais pela retirada de fibras e coroados por ninhos de cegonhas, assim eram os baobás de Magami. Pela palavra, essa árvore dava a vida. Para outros era uma verdadeira praga. Uma fábrica de ruídos inaudíveis.

— Eu gosto dos baobás, Diô. São extremamente úteis e não criam problemas.

— Mei Sanda, apenas em aparência os baobás são silenciosos, mudos. Eles criam problemas quando aprisionados nos vilarejos. Às vezes, fazem barulho. Muito barulho.

— Como assim?

— Um dia você descobre.

Para o pastor Diô, os baobás haviam sido criados para viver no meio da estepe e da savana e não aprisionados nos vilarejos, sendo ou não árvores da palavra. Ele tinha razão. Era um prenúncio. Diô profetizara. Logo depois, um baobá me revelou toda a complexidade dos seus rumores e o peso de sua existência.

Um símbolo do mundo

Quando regressei a Magami, como um colegial, fui repassar minhas aulas sobre a vegetação africana com a lépida Yakei, a pastora sem braços. Tema do dia: as árvores de palavra. Falamos das *kuryias* e dos *gaos*, tão exaltados quanto as fitinhas laranja de Yakei, amarradas em seus mais altos galhos. Logo o assunto foi parar nos baobás. Contemplávamos com atenção um velho baobá existente perto da escola do vilarejo de Magami. Seu tronco era enorme e cheio de passagens e fendas. Era como um condomínio vegetal e animal. Seus ramos e galhos eram raquíticos. Parecia uma árvore invertida, expondo as raízes para o alto e escondendo seus galhos nas profundezas da terra. A deformidade dessa espécie, segundo me contou Yakei, resultava de um castigo celeste:

— No tempo da criação do mundo — dizia a futura parteira, com ares de professora, para mim e alguns garotos —, o baobá criticava e achava defeitos em todas as plantas criadas por Alá. Cansado dessas críticas, Alá o virou definitivamente de cabeça para baixo.

— Eu nunca vi um de seus paninhos laranja amarrados num baobá.

— Tem sim, Mei Sanda.

— Eu nunca vi. Nem você nunca me pediu que o fizesse, Yakei.

— Eles estão marcados nas raízes que, no fundo, são seus galhos.

— Você amarra os paninhos embaixo da terra?

— Sim e não. Eles ficam bem rentes·

— Rentes do chão?

— Não. Do ar. Ninguém vê.

Bela posição para um símbolo africano do mundo. Ficar de ponta-cabeça, com uns paninhos invisíveis e imaginários de Yakei amarrados em suas raízes ou em seus galhos subterrâneos. O baobá ouvia em silêncio nossas considerações, insultos, elogios e gargalhadas. Parecia a mão do destino. Não se passaram nem dois ou três dias e um baobá me revelou, ruidosamente, boa parte de seus segredos inimagináveis. Do jeito que o pastor peul Diô havia previsto.

Era um fim de tarde. Eu participava de uma reunião com os agricultores, homens e mulheres, na escola do vilarejo, sobre repartição de terras para o futuro plantio. Estávamos sentados numa sala de aula. De repente, ouviu-se um estrondo, surdo, enorme. Parecia o som abafado da explosão de uma bomba. Todos tiraram as sandálias e levantaram-se. Não entendi por que tiravam sandálias e chinelos. Começaram a deixar a sala de aula rapidamente, com seus calçados na mão, em estranha atitude. Já sabiam do ocorrido. Eu ainda não. Gritavam:

— *Kuka, kuka...* Baobá, baobá...

Saí. A primeira pessoa que vi foi Malan Zabeiru. Imediatamente, ele me questionou:

— Onde está seu bastão, Mei Sanda?

— Deixei lá dentro, Malan...

— Vá buscar.

Quis brincar. Pensei que ia dizer *"babo photos"*. Não. Ele organizava uma guerra. Dava ordens, gesticulava e invocava os céus. Recuperei meu bastão. Saí para essa guerra com toda a dis-

UM SÍMBOLO DO MUNDO

posição, sem saber direito para quê. Estava pronto a obedecer às ordens de Malan Zabeiru. Não tinha a menor ideia de quem era o inimigo. Via muita gente correndo com bastões, facões e sandálias nas mãos. Gritavam sempre a mesma coisa:

— *Kuka, kuka...* Baobá, baobá...

A uns 100 metros, o enorme baobá havia caído. Assim... Do nada... Misteriosamente. Sem vento, raios ou tempestade. Talvez o baobá não tivesse resistido às ataduras invisíveis de Yakei em suas raízes. Parecia uma implosão. O símbolo do mundo estava esborrachado no chão. Talvez tivesse sucumbido ao cansaço de representar o planeta ou não suportara tantas palavras e ingratidões humanas. Sinceramente, temi que nosso diálogo junto ao seu tronco tivesse sido a gota-d'água. Nunca ouvira uma árvore gritar e rugir tão alto. O pastor Diô tinha razão.

Aproximei-me, temeroso. E se o baobá ainda reservasse alguma surpresa? E reservava mesmo. Fiquei impressionado. Uma biodiversidade planetária abandonava esse navio vegetal. Amostras dos insetos e aracnídeos de todo o planeta saíam sem parar daquele tronco fraturado. Parecia um vulcão em erupção. Em vez de lava, derramava larvas, imagos e vibrantes formas de vida por suas crateras, fendas e fraturas.

Do tronco, dos galhos, das raízes e do solo surgiam cobras e centopeias, morcegos e lagartos, lesmas e lacraias, ratos, serpentes, escorpiões, aves do céu, do inferno e do paraíso, fungos e bactérias, grilos e gafanhotos, vírus e liquens, pequenos roedores, príons, enxames de abelhas, lagartas e lagartixas, revoadas de efeméridas e aleluias, nuvens de mosquitos, sapos e rãs, fileiras inumeráveis de térmitas... E todas as pragas do Egito.

Entendi o porquê das sandálias nas mãos. A população golpeava e matava o possível, auxiliada por galinhas, angolas, cachorros, gatos, pássaros e aves de rapina. Os bichos em fuga também se entredevoravam. Era um grande banquete. Um alvoroço tremendo. Gritos e assobios partiam de todas as direções. Pedidos de auxílio e de socorro também. Expressões de alegria e terror jorravam aleatoriamente. Animais peçonhentos se escondiam na proximidade das cercas e das casas. Buscavam abrigo nos celeiros, em outras árvores e sob as vestes das mulheres.

Em meio à confusão alguém gritava:

— Protejam os celeiros! Protejam os celeiros!

Não tive coragem de matar nada com meu bastão. Cogitei até em salvar alguns espécimes. Aves domésticas e selvagens se fartavam de comida. Nos céus, as rapineiras se juntavam aos morcegos e andorinhas e mantinham um turbilhão sobre nossas cabeças. As pessoas afastavam os galhos do baobá, chutavam coisas invisíveis e revestiam-se com suas folhas. Os cães despedaçavam ninhos e devoravam filhotes de cegonhas e tecelões. Foram horas de luta contra toda aquela bioadversidade. Reforços e combatentes chegavam de todas as partes.

Malan Zabeiru cobrava dos presentes a presença de outros parentes. Onde estava o primo, o avô, o pai? Malan Zabeiru convocava ao combate toda a diáspora hauçá. Ele invocava os céus e Alá sem parar. Em meio ao corpo a corpo, homens vieram com machados e passaram a golpear a parte central do tronco. Fiquei apreensivo. Algum *griot* assustado poderia sair cantando de lá de dentro, ou contando, de memória, a história de milhares de gerações, para tentar se salvar. Novas levas e hordas de viventes deixavam os interiores daquele tronco enorme, agora em parte desdobrado em lascas, pedaços e fatias. E atraíam mais animais de fora.

Escureceu. Lampiões de querosene e lanternas de pilha foram acesas, como velas em volta de um cadáver. Era como se todos os recursos luminosos de Magami tivessem sido trazidos para ali. Havia mais gente do que em dia de mercado. Yakei se aproximou e fez um gesto para que me abaixasse. Obedeci. Ela aproximou seus lábios dos meus ouvidos e me informou:

UM SÍMBOLO DO MUNDO

— A árvore ainda geme.

E gemia mesmo. Para minha surpresa, pude observar alguns trapos desbotados e sujos, amarrados, presos e envoltos em algumas raízes expostas do baobá. Seriam os trapinhos subterrâneos de Yakei? Ou os restos de um sepultamento? Não tive coragem de perguntar. Ela não saía de perto de mim. Dava ordem aos seus cães que festejavam cada nova presa, a despeito do que fosse. Ela mesma dava saltinhos para um lado ou para outro, pisando em baratas, escorpiões, lacraias, coleópteros, cerambicídeos e outros insetos, para alegria das sonolentas galinhas e certa tristeza das ágeis e vorazes angolas. Talvez o *kuka* fosse o lar original da cuca ou do saci... Não. Ali, todos os negrinhos tinham duas pernas. Mas muitos usavam gorros vermelhos e fumavam cachimbo. Agora, de mãos furadas, nunca vi.

Noite adentro, espíritos de elefantes e girafas abandonaram aquele casulo, seguidos por almas silenciosas e penadas de camelos e rinocerontes. Yakei os apontava com os lábios. Sentíamos um leve tremor da terra. Eram os passos de animais pré-históricos. Esqueletos transparentes de *griots* se misturavam com penas, murmúrios, placentas, cascas, sangue e fibras vegetais. Como num campo de batalha, cadáveres materiais e espirituais recobriam vários hectares. Ardores e odores dançavam nos ares. Havia um caos de risadas, comentários, perfumes estranhos, cantorias, gritos e descobertas curiosas pelas ruelas de Magami. Pena que Mei Dagi não estivesse por ali. Certamente teria armado uma barraquinha no local e feito grandes negócios.

Aos poucos, as pessoas foram se afastando. Levavam suas lanternas, seus medos, suas sandálias e seus lampiões. Yakei continuava ao meu lado. Curiosa e assustada. Dava seus pulinhos frenéticos. A escuridão aumentava. Era tarde. Noite alta. Malan Zabeiru retirou-se após lançar um olhar vitorioso sobre o campo de batalha e emitir uma longa jura em árabe. Cães vadios ainda cavoucavam o chão em busca de algum animal ou pedaço de sabão. Eu não arredava pé do local. Éramos poucos. Se fosse a minha terra natal, lá pelos sertões, teríamos praticado um exorcismo e recoberto tudo aquilo de cal. De muitas pás de cal. Não tardou e algo parecido ocorreu.

Dois homens trouxeram cinzas e brasas em duas grandes cabaças. Elas fumegavam e eles pareciam duas chaminés ambulantes. Viriam do cercado de Guwani? Não tinha certeza. Como se seguissem instruções, espalharam as brasas e aspergiram o conteúdo das cabaças sobre os restos de raízes e de matéria orgânica, onde antes se assentava o baobá. Apenas ali. Pronunciaram umas frases ininteligíveis. Pelo menos para mim. Tinham a cabeça, o dorso e o peito marcados por pinturas e pontilhados brancos. Portavam uma espécie de tanga, feita de couro.

Lembravam meus assustadores e assustados homens-bois. Indaguei Yakei, sem avançar muito o assunto:

— Quem são esses homens?

— São ferreiros-feiticeiros.

— Existem outros homens que se pintem desse jeito?

— Sim. Os feiticeiros-ferreiros.

— Não são os mesmos?

— Não. Estes são ferreiros-feiticeiros.

— Muito bem. Os outros são feiticeiros-ferreiros.

— Não vá confundi-los, Mei Sanda.

— Não pretendo sequer identificá-los.

Segundo Yakei, os ferreiros-feiticeiros vinham de outro vilarejo, dos lados de Guieza Karfa. Guwani, por suas razões metafísicas de sempre, não podia sair, nem realizar esse ritual. Ou quem sabe fosse um problema de especialidade profissional? Exorcizar baobás, caídos sem avisar, não era seu campo de ação. Nem de seus filhos. Eu não vira sombra ou luz das lanternas de Tuk'wa e Daodá, em meio a toda aquela confusão. Arrisquei uma última pergunta.

— E os feiticeiros-ferreiros? De onde vêm?

— Por que você quer saber?

— ?

— Não se meta com eles, Mei Sanda.

— Por quê?

— Eles estão em toda parte.

Yakei despediu-se e afastou-se. Era tempo. Fiquei calado. Beirava a madrugada. Eu contemplava o cadáver do baobá. Começou uma combustão lenta, em meio aos restos de raízes, que iria durar dias e dias. A fumaça subia como um incenso de estranho perfume. Alguns adultos e idosos passavam e lançavam punhados de areia. Diziam palavras estranhas, como juras ou esconjuros. Outros se aproximaram e fincaram flechas, lanças e instrumentos agrícolas no tronco caído e em volta de suas raízes. O baobá parecia um elefante ou um rinoceronte abatido por estranhos pigmeus. Todo alfinetado. Para mim, ele ainda respirava, suavemente. Mesmo atento, não percebi quando esse *kuka* deu seu último suspiro.

Todas as medidas e sortilégios foram tomados para evitar o surgimento de um buraco, caverna ou túnel invertido sob o baobá, com passagens capazes de levar ao passado. Aos mortos. Ou, pior ainda, ao futuro. O lançamento de cinzas, areias e brasas era uma ótima ideia para acabar com essas conexões temporais indesejadas. Diziam. Também lancei um punhado de areia. Seguido do sinal da cruz. Só faltou água benta. Nunca se sabe.

Voltei ao meu cercado, dialogando com as estrelas. Lembrei-me das considerações pessimistas do pastor Diô sobre baobás, tanto os enclausurados em vilarejos quanto os livres pelas savanas. Nunca evocáramos o seu fim. Nunca conversáramos sobre as diversas *causa mortis* dos baobás. Nem conversaríamos. Não sabíamos se eles podiam morrer de cansaço ou tristeza. Imaginávamo-nos eternos. Como nós.

Jogos de adeus

A morte do baobá foi uma fonte infinita de assuntos em todas as conversas e encontros, sobretudo sob o *gao*, a árvore de palavras de Magami. Todos paravam um pouco para pensar. No Sahel, a natureza e os homens têm muito tempo para pensar. Mais exatamente, cerca de oito a nove meses por ano, durante o período seco. Não há muito que fazer. Condenados a pensar e a refletir, os sahelianos desenvolveram raciocínios sofisticados e os aplicam em jogos, em estratégias de vida e, sobretudo, nas conversas.

Raras vezes eu me aproximara do parlamento da árvore de palavras. Agora estava mais interessado e habilitado para participar dessas discussões dos anciãos e líderes. Gente experiente. Foi Mei Dagi quem me incentivou.

— Mei Sanda, você pode participar.

— Não sei se devo. Será que posso?

— Claro que pode.

— Como sabe?

— Você tem barba.

— E isso me qualifica? Me autoriza?

— Claro. Você tem barba.

— O que a barba tem a ver com isso?

— Eu te acompanharei.

— O que recomenda?

— Cumprimente todos e fique calado. Ouvindo.

— Sem perguntas?

— *Babo.*

A companhia de Mei Dagi era bem-vinda. A dificuldade era acompanhar as conversas dos agricultores. Não havia lógica ou linearidade nas discussões. Mei Dagi me sugeriu começar numa pequena roda. Sob a árvore da palavra, quando me aproximei, havia quatro pessoas conversando, pausadamente. É hoje, pensei. Tomei coragem. Aproximei-me. Fiz todas as saudações de praxe e acompanhei em silêncio a conversa. Ouvia claramente cada um dos hauçás presentes dizer uma frase. Mas não conseguia achar nenhum sentido para aquela sequência de perguntas, respostas e afirmações aparentemente desconexas:

— Choverá logo?

— Ela teve razão em se casar com Shekaraw.

— Com esse preço?

— Um dia eu também farei a peregrinação a Meca.

— Eu não vendo o amendoim.

— Já são dois anos parecidos.

— Sim e não. Não?

— Ninguém manda nos céus.

— Era uma árvore muito velha e cansada.

— A cooperativa não tem outra possibilidade.

— Shekaraw cuidará bem dela e dos filhos.

— Os *gaos* ainda estão muito verdes. Não choverá.

— Não é a primeira vez. Bukari sempre vende meus bois em Mayahi.

— Há uns dez anos, eu não via um *kuka* morrer assim.

— É uma recomendação aos muçulmanos, não é obrigação.

— Você venderia?

— Eu não entendo, por quê?

— E eu não concordo.

— Foi um susto e uma surpresa, não foi?

— Não adianta insistir.

Custou tempo e imaginação para eu penetrar nas sutilezas dessas conversas. A primeira descoberta ou revelação foi um deslumbramento. Mei Dagi me comunicou, como se nada fosse, como quem dá uma dica, que sob a árvore de palavras vários assuntos eram tratados simultaneamente.

— Os assuntos são misturados, Mei Sanda.

— Tudo junto?

— Sim. E não um de cada vez.

— E não fica confuso, complicado?

— Fica.

— E então?

— Quanto mais confuso... melhor!

— Não acredito.

Quanto mais assuntos um grupo de pessoas conseguia administrar ao mesmo tempo, maior o seu prestígio. Quanto mais assuntos uma pessoa administrava ao mesmo tempo, maior o seu prazer. Era um jogo. Quanto mais pessoas na roda, mais temas. Pelo menos, o dobro de assuntos com relação ao número de pessoas. Num grupo de quatro, pelo menos oito assuntos eram tratados ao mesmo tempo. Em geral, muitos mais. Uma pessoa podia acompanhar de dois até oito ou mais assuntos, dependendo de sua capacidade nesse jogo de palavras. Eu comecei pela unidade.

Atento, primeiro eu identificava um assunto. E tentava segui-lo. Como um cão fareja e persegue uma presa, eu o rastreava. O preço do amendoim, por exemplo. O tema aparecia e desaparecia. Escondia-se nos silêncios. Ficava ausente da roda durante certo tempo. De repente, voltava com intensidade, correndo na minha frente. Às vezes, ficava na dúvida se determinada intervenção se referia ao caso do amendoim ou a outro assunto discutido.

Com a prática fui descobrindo: esse tipo de frase, aparentemente ambivalente, era voluntária. Não era uma pista falsa. Quanto mais a conversa era sofisticada, mais os homens se empregavam em dizer uma frase capaz de servir em dois ou até três temas ou assuntos. Uma afirmação adequada, dessa natureza, era saudada por todos com um uníssono:

— *Iioôuuáàá!*

Essa expressão era um sim, muito enfático. Sobretudo quando a frase se encaixava simultaneamente e de forma pertinente em muitas conversas. Uma intervenção capaz de fazer sentido em todos os assuntos era saudada e aclamada. Era coisa rara. As combinações e as ambiguidades eram muitas.

Quantas vezes eu pensava estar acompanhando um assunto e depois chegava à conclusão de que estivera perdido, seguindo outros temas bem diferentes. E pareciam tanto ser o mesmo. Depois dessas conversas ouvidas em silêncio sob a árvore de palavras, eu voltava para minha choupana. Cansado. Refletia sozinho sobre a semelhança do encaminhamento hauçá de assuntos tão diversos. Tirava conclusões sobre o agir humano, sobre os espelhismos das situações no Brasil, na África e na Europa. No fundo, minha grande conclusão era sobre a simplicidade da vida. Nós éramos os complicados.

A velocidade das conversas aumentava com o tempo do jogo. As emoções e os contrastes emocionais também. Discussões e até brigas aconteciam. Numa frase, o agricultor sorria; na seguinte, parecia querer matar alguém; quem o sucedia na conversa evocava sua dor e os levava às lágrimas. Essas mudanças e discordâncias de expressão também me ajudavam a tentar acompanhar dois assuntos ao mesmo tempo. Participar dessa rede terapêutica de conversas exigia lidar com o emocional. A pessoa vivia estados de espírito divergentes com equilíbrio. Saía da raiva para o divertido, voltava para um tema tenso, prosseguia sobre algo

JOGOS DE ADEUS

banal, para acabar num assunto passional. Haja raciocínios e estados de espírito.

No início levei semanas para colocar uma frase nesse jogo. Seguir e participar de dois assuntos era, para eles, o mínimo aceitável. Para mim, era o máximo. Eram condescendentes com minhas conhecidas limitações. Eu era branco, jovem, *rumi*, não tinha *boy*, não comia morcegos, nem emprestava dinheiro. No final, os temas eram encerrados. Quase nada ficava por discutir. Tudo era esclarecido ou pelo menos discutido e argumentado. E eles, satisfeitos, marcavam outras conversas. Às vezes, recordavam episódios memoráveis, recordes, de temas e participantes.

Certa vez, nesse colóquio multitarefa sob a árvore de palavras, graças aos préstimos de Mei Dagi, nós analisamos juntos as conclusões e as dúvidas de minhas pesquisas sobre os desequilíbrios ecológicos e agrícolas da região. Eu me preparara para o evento. Trouxera até Tuk'wa e Daodá para observarem. Eles também vieram preparados. Todos nós fazíamos perguntas e ouvíamos as mais diversas respostas e considerações. Eu anotava tudo o que podia. Dedicava uma folha de caderno para cada participante e anotava suas intervenções, sempre na mesma página. Pouco importava ao que se referiam. Respeitaram meu ritmo e meus limites com condescendência.

Mais tarde, no fundo e na calma do cercado do ferreiro, eu tentava associar as páginas com as respostas e as observações às minhas perguntas, segundo minha lógica e a memória registrada da reunião. Tuk'wa e Daodá haviam ouvido nossas turras e triscas em silêncio, como conselheiros de alto nível. Eles me auxiliavam a relembrar a discussão. Foi extremamente enriquecedor. Reconstruímos debates, sugestões, observações circunstanciadas e dúvidas. Ou será que inventamos e criamos segundo nossos interesses?

186 A GEOGRAFIA DA PELE

Nunca levantei tantas hipóteses. Talvez, diante das consoantes dos textos em hebraico, sem vogais, eu tenha levantado mais ainda. Talvez. Nunca os desequilíbrios ecológicos e agrícolas haviam sido triturados daquela forma. Ficou interessante. Os filhos de Guwani opinavam, encaixavam as frases nos temas certos ou errados e também discordavam e agregavam novas perguntas. E tudo com ares de assessores científicos. Fizemos conexões inéditas entre a ecologia, a agricultura e o território. O resultado final desse passatempo foi melhor para mim do que os obtidos em partidas de damas ou em outros jogos com os hauçás.

Os hauçás são grandes jogadores de damas e até de xadrez. Não é de admirar. Quantas vezes, nos lugares mais remotos, encontrei uma roda de homens em pé, tendo no centro dois outros sentados, diante de um grande tabuleiro, jogando damas. Os movimentos eram ágeis, indiferentes à tempestade de areia que se abatia sobre todos. Quanto mais rápido terminava o jogo, melhor. As jogadas pareciam simultâneas. O jogo de damas era muito comum nos dias de feira, no mercado e sob as árvores de palavras. Eles batiam e deslocavam pedras enormes, em grandes tablados de madeira. O som fazia parte do jogo. Não podia haver parada entre as jogadas. É como se fosse uma regra não escrita. No tabuleiro, o caminho das pedras produzia um desgaste. Cada casa parecia uma ilha elevada. Nas damas e nos outros jogos, eu não dava nem para começar.

Tentei minha chance, algumas vezes, num jogo africano chamado do crocodilo. Contas de pedra ou sementes graúdas eram distribuídas em números iguais, em casas cavadas na areia ou esculpidas nas costas de um crocodilo de madeira. O jogo trabalha com a noção de divisores, distribuição e combinatória. O resto dessas divisões determinava os ganhos, as perdas e a vitória. O jogador conjecturava e fazia contas de cabeça. Eu usava uma calculadora e, mesmo jogando contra crianças de 12 anos, sempre perdia feio. Contra Tuk'wa e Daodá então, era pior ainda. Mais uma limitação de Mei Sanda para a lista de Mei Dagi. Apesar de meu fraco desempenho nos jogos africanos, foi nesse campo que deixei uma das minhas poucas contribuições à África.

Uma situação concreta me levou à introdução de um novo jogo na África, antes desconhecido. Uma pane no veículo nos deixara parados perto da cidade de Tauá. Eu e três colaboradores aguardávamos enquanto Mei Dagi foi buscar auxílio. Nós não tínhamos o que fazer. Não podíamos nos afastar do veículo, carregado de objetos e equipamentos. Estávamos sentados à sua sombra, entediados. Aí tive uma ideia fulgurante. Procurei por um pequeno graveto, parti-o em vários pedaços, dei três para cada um e expliquei as regras. Em poucos minutos estava introduzido na África o jogo de palitinhos, a porrinha.

De regresso ao carro, com um mecânico, Mei Dagi ficou maravilhado com o jogo. O mecânico também. Começaram a participar e foram algumas rodadas antes de ter início o conserto cacofônico do veículo. Mei Dagi estava surpreso com essa invenção e um pouco indignado de não conhecerem um jogo tão simples e interessante. Tentei explicar que cada povo tem seus lados fortes e fracos. Na ocasião, lembrei-me dos incas e astecas. Eles construíram pirâmides, aquedutos, sistemas sofisticados de irrigação em terraços, calcularam a órbita dos planetas, mas desconheciam a roda. Pois é. Não foram capazes de inventar a roda. Ninguém nas Américas até a chegada dos ibéricos. Arrastavam tudo pelo chão. Tadinhas das lhamas e dos escravos.

Uma das imagens de Magami que ficou retida em minhas retinas, pouco antes de deixar a região, é justamente a de um jogo de palitinhos. Revejo a roda de quatro agricultores acocorados, com os punhos estendidos e dizendo:

188   A GEOGRAFIA DA PELE

— *Huku*. Três.

— *Biyu*. Dois.

— *Daya*. Um.

— *Loná*.

Bem, o *loná* significava zero, lona, em português. Além do jogo, introduzi uma palavra da língua portuguesa na África Central. Uma. Com pronúncia oxítona. Francofonia *oblige*.

Por outro lado, os hauçás da região de Magami me iniciaram em jogos sociais, semearam um grande número de palavras em meu cérebro e levaram-me a formular novas hipóteses ecológicas e agronômicas em nossas discussões multitemáticas. Os resultados e conexões resultantes desses encontros eram suficientes para a defesa de uma dezena de doutorados em ecologia e agronomia. Após a síntese do jogo da discussão, feita com o auxílio de Tuk'wa e Daodá, as dúvidas eram mais numerosas do que antes dessa conversa. Bom sinal. Fiz um falso resumo de tudo e me preparei para engajar a fase final do reconhecimento botânico da região sul do Níger, com o verde e viajado colega, o pastor Diô. Logo deveria me programar para estudar o norte, as franjas do Saara. As conversas com Diô eram infinitamente mais lineares do que as rodas de palavras dos hauçás. Precisava começar a planejar minha mudança para o norte e a nova etapa da pesquisa. Consultava meus relacionamentos locais.

Yakei não gostava da ideia da minha partida. Tuk'wa e Daodá também não. Eu idem. Mei Dagi era favorável. Eu necessitaria de seus prolongados serviços. Havia a perspectiva de novos negócios. Novos mercados para seus artigos de pacotilha. Quando quis discutir esse planejamento com Mei Dagi, ele me informou que os agricultores haviam gostado de responder às perguntas da pesquisa, mas agora queriam me perguntar algumas coisas. Ele precisava marcar uma nova e grande reunião. Antes de qualquer deslocamento ou transumância.

— Espero que você possa enfim nos ajudar um pouco.

— Ajudar?

— É. Esclarecer as coisas.

— As coisas? Pode marcar a reunião.

— Pode se preparar.

— Por quê?

— Será uma grande reunião sob a árvore da palavra.

A travessia do Saara

Mei Dagi ajudou a organizar a reunião com o vilarejo de Magami. Eu revisei meus conhecimentos de campo. Os agricultores vieram curiosos e em grande número. A coisa começou amena. Evoquei nossas aventuras com ares de despedida, das cantáridas à queda do baobá. Eles riram e ouviram meus confusos raciocínios sobre sua agricultura e o meio ambiente, com interesse e clemência, com manifestações aparentes de estranha inveja e desprezo. Gentilmente, no início, não me perguntaram nada. Responderam minhas perguntas. Eram pedagógicos, irônicos e didáticos comigo. Voltei a insistir sobre a importância, para mim, de conhecer suas reais preocupações, suas prioridades, seus objetivos. E suas dúvidas.

Depois de muito insistir, um senhor tomou coragem e fez a primeira pergunta. Eu imaginava algo sobre sementes de milheto, novas variedades resistentes à seca, crédito agrícola ou arados à tração animal. Não entendi bem sua curta pergunta. Eles, sim. Até começaram a responder e virou uma discussão. Pedi a ajuda de Mei Dagi para controlar a situação. Como obtive silêncio, tentei responder. Antes precisava entender melhor a questão. Mei Dagi deu uma volta no seu pedaço de noz-de-cola por toda a boca e me repetiu a pergunta:

— Ele quer saber até quando durará a independência.

— Como?

192 A GEOGRAFIA DA PELE

— É. Quando acabará essa tal de independência?

— ?

— Mei Sanda, responda. A situação não anda nada boa. Não fique mudo.

O Níger fora uma colônia francesa de 1922 até 1960, quando obteve a independência. A colonização francesa foi conflituosa. Certa vez, numa estrada, parei o carro e me dirigi a um grupo de três idosos. Olharam-me com temor. Eu queria explicações sobre a localização de um vilarejo e alternativas para chegar lá. Não nos entendíamos. Num dado momento, fiz um gesto brusco com o bastão, para tentar indicar uma direção. Um dos velhinhos se prostrou aos meus pés, implorando que eu não batesse nele ou algo assim. Os outros faziam acenos de clemência. Para eles, a independência ainda não estava vigorando. Foi um dos maiores constrangimentos de minha vida. Pedi desculpas. Não adiantava. O velho beijava meus pés. Desisti da conversa. Entreguei para cada um algumas moedas. O brilho do *kudi* apagou o desentendimento, na boa tradição monetarista local. Afastei-me. Com ânsia de vômito. Mesmo.

Desde a independência, os militares haviam sido a força política dominante do país, no Sahel e na África negra, sucedendo-se no poder, interrompendo processos de redemocratização e entrando em conflitos e em acordos com as lideranças locais. O radicalismo islâmico armado ainda não havia emergido nos anos 1970. Ao agricultor, dei-lhe garantias: não havia como livrar-se da independência. Ela viera para durar. A independência era algo semelhante ao propagado desenvolvimento rural e a certas pragas da lavoura. Depois que se instalavam, não dava mais para escapar.

Independência e desenvolvimento (na época ainda não era sustentável, apenas integrado) iam persegui-los por décadas e décadas. Naquele tempo se esperava dos agricultores apenas a produção de alimentos para si e para as cidades. Ainda não tinham a missão de salvar o meio ambiente e muito menos o planeta ou a humanidade. Alguns lucrariam com isso, afirmei. Muitos sofreriam. O agricultor ficou desolado. O clima era de revolta. Que remédio. Não dava para desinventar a independência, assim como não se pode desinventar a energia atômica, os transgênicos e as novelas de televisão.

Tentei voltar para as questões agrícolas, de fomento e de saúde. O que eles mais desejavam. Que futuro? Quais eram seus sonhos? Haveria um consenso? Sim, parece que havia. Quais as suas prioridades ou qual "a" prioridade? Eles conversaram um pouco e perguntaram se poderia ajudá-los. Eu precisava saber em quê: instrumentos agrícolas, organização de uma cooperativa, armazenagem, crédito rural, fornecimento de sementes? A resposta foi clara e recebeu aprovação de todos:

— Mei Sanda, nós queremos ir para a França.

Fiquei apenas um pouco surpreso. A seca não era problema. A baixa produtividade agrícola não os sensibilizava. Os fenômenos de erosão eólica e a perda do potencial produtivo das terras não eram uma prioridade. O crescimento galopante da população era um detalhe. As pragas e doenças não os afetavam. A fome não fazia parte da lista de suas preocupações. Meu rol de questões e desafios talvez pudesse aplicar-se a outro lugar, a outros planetas. Ali, a demanda e o objetivo principal eram um só: ir para a França. Já.

— Você nos ajuda, Mei Sanda?

— Ajudo.

— É possível?

— Sim, é possível.

— Quando?

— Podemos partir hoje mesmo.

— Como, Mei Sanda?

194 A GEOGRAFIA DA PELE

— Eu explico. Sigam-me.

Há meses várias pessoas me faziam a mesma pergunta. Pediam ajuda para ir à França, queriam saber como chegar lá ou como fazer para que seus filhos chegassem a Paris ou Marselha. Eu já refletia sobre o caso havia algum tempo e tinha uma sugestão. Precisava da adesão de todos ou de boa parte. Por isso, diante do "Como?", sugeri o deslocamento dos interessados em ir à França até um dos ângulos da praça principal do vilarejo, no centro da qual estava o grande *gao*.

— Apenas os corajosos se coloquem no primeiro ângulo leste de quem vem do sul.

Caminharam apressadamente até lá. Eram umas trinta pessoas. Quase todos os presentes na reunião. Marquei a areia do local com o bastão e prossegui:

— Nossa viagem começará daqui.

— Certo.

— Iremos a pé ou montados em animais.

— A pé? Montados?

— Precisamos de comida e de muita coragem para atravessar o Saara.

— Muita comida, muita coragem e muita imaginação.

— Quem vem conosco?

— E muita sorte.

Havia, sim, muita discussão. Nem todos entendiam. Apresentaram-se os candidatos. Convidei os hesitantes para assistir e rezar. Eles concordaram. Aceitei a companhia de Yakei e Daodá. Ordenei a Tuk'wa que ficasse junto ao pai. Imaginamos, como num sonho, os animais necessários e os alimentos reunidos. Fizemos alguns planos, nos despedimos e partimos. A pé. Para onde?

— Primeiro Tanut — disse alguém.

— Quem conhece o caminho?

— Eu já fui lá várias vezes — disse um pastor.

A TRAVESSIA DO SAARA

195

— Muito bem. Então você será nosso guia até Tanut.

Em sinal de comando, eu lhe passei meu bastão. Todos concordaram e andamos uns 5 metros até Tanut. Era um guia excelente. Ele explicava o que nos aguardava a cada passo e descrevia a paisagem, girando para a direita e para a esquerda.

No primeiro passo cruzamos o Gulbi Nkaba, um grande rio seco, seguindo o pastor. Prosseguimos para o norte, e depois subimos o vale arenoso do Tarka até Tanut. Nosso guia respondia às perguntas do grupo e saudava conhecidos no caminho, invisíveis como os contrabandistas da Nigéria. Ao chegarmos a Tanut, 5 a 6 metros adiante, ele descreveu a cidade e suas fontes de água doce. Contemplamos suas paredes invisíveis e tomamos cuidado com os problemas de que nos advertira (roubos e furtos). Paramos nos arredores da cidade para descansar. Se o tivesse conhecido antes, teria dispensado Mei Dagi há muito tempo. Um guia capaz de nos fazer viajar centenas de quilômetros em poucos passos. Melhor que os melhores relatos dos melhores viajantes. Após o descanso em Tanut, era necessário prosseguir. O grupo dava sinais de capacidade de autogestão. Retomei o bastão, agradeci ao pastor e indaguei:

— E agora para onde vamos para chegar à França?

— Agadez — alguém respondeu.

— Quem pode nos guiar até lá?

— Eu, Mei Sanda.

Apareceu outro candidato. Era motorista de caminhão e trabalhara nas minas de urânio de Arlit, próximas de Agadez. Passei-lhe o bastão sem hesitar. Ele o recebeu com suas mãos avantajadas de tanto dirigir. Durante nossos dez ou quinze passos até Agadez, nos descreveu a estrada e o território com detalhes. Sentamos para ouvir e saborear seus relatos. As crianças ficaram assustadas com as dificuldades para se chegar a Aderbissinat. A

196   A GEOGRAFIA DA PELE

jovem Yakei as acalmava. Ela chegou a dar sugestões sobre os animais, sugerindo paradas e pousos.

Ficamos maravilhados quando o motorista nos descreveu a paisagem vista da falésia de Tiguidit, um pouco antes de Agadez. Passamos um bom tempo contemplando os desenhos de girafas e de outros animais gravados na pedra da falésia. *Racumin dagi*, camelo do sertão, essa é a designação das girafas em hauçá. Daodá estava maravilhado e não saía do lado. Yakei, toda saltitante, vibrava com os relatos e as visões dessas terras tão extraordinárias. As crianças desenhavam os animais na areia da praça.

Chegamos enfim à cidade mítica de Agadez, sãos e salvos. Fomos cativados pela beleza de sua mesquita. Sua torre de adobe era impressionante. Todas essas varas salientes, nas quais homens vestidos de branco e azul subiam e desciam para dar a manutenção exigida por suas paredes, desafiadas pelo vento, pelas areias e até pelas chuvas escassas do Saara. Rezamos em seu pátio, pois era hora da oração muçulmana. Enquanto rezávamos, Yakei e outras mulheres aguardavam lá fora e cuidavam do rebanho e das crianças. Malan Zabeiru fez uma breve pregação sobre o significado das torres ou minaretes das mesquitas. E nada de fotos. Logo prosseguimos.

Viajávamos havia mais de uma hora. Descansamos em Agadez e depois partimos para a Argélia, em direção a Tamanrasset, atravessando o deserto do Tassili do Hogar. O pior dos desertos. Sacrificamos vários animais. Alguns se perderam. Foi terrível. Tentávamos ficar ao lado da pista, da estrada que, segundo diziam, era toda asfaltada. Não havia mais o que comer. Ninguém cruzava nosso caminho. Nenhum veículo ou caravana de camelos. Era muita discussão. E também ironia por parte de alguns moradores de Magami que não haviam aderido à nossa expedição. Seguíamos uma estrada toda esburacada e recortada por dunas. A capacidade de autogestão diminuía. Alguns diziam:

— Não devíamos ter seguido um motorista que não tem caminhão e anda a pé.

As crianças e adolescentes morriam de rir, apesar dos gritos de Yakei e do latido de seus cães. O assunto era sério e a situação, difícil. O grupo estava perplexo. Parecia que não íamos a lugar algum. Malan Zabeiru impôs um silêncio obsequioso, ajudado por Mei Dagi. O deserto estava prestes a nos tragar.

De repente, do nada, surgiu um comboio de caminhões vazios. Eles pararam ao nosso lado. Reconheceram que éramos do Níger. Distinguiram logo o nosso guia, o ex-motorista. Foram seus colegas nas minas de urânio. Até greves fizeram juntos no passado. Quando souberam que íamos a Paris guiados por um brasileiro, acharam uma temeridade. O Saara era um inferno. Para ajudar, nos levariam de carona até Tamanrasset, com nossos animais e tudo. Do Níger para a Argélia, de caminhão. Uma bênção. Retomei meu bastão.

Cruzamos a fronteira da Argélia perto do *gao*, no centro da praça principal de Magami. No momento de checar os documentos, percebi que o grupo já estava com quase cinquenta pessoas. Quando vimos a montanha e a cidade, subimos a quase 1.500 metros, sorrindo. Alguns do grupo descreviam a cidade de Tamanrasset, suas fontes de água, seu aeroporto, sua vegetação e até seus elefantes. Elefantes? Em Tamanrasset? *Pourquoi pas?*

As crianças e os jovens estavam maravilhados. Pediam detalhes. Indagavam. O grupo de participantes não parava de crescer. O professor da escola pediu o bastão e deu-nos uma aula de história e geografia sobre a cidade de Tamanrasset. Esse jovem calado vivia se escondendo de mim e evitando o diálogo. Não gostava de brancos. Agora, falava em minha presença. Discursava com altiloquência. A população local de Tamanrasset nos ajudou e nos advertiu sobre os perigos dos poços no caminho para In Salah. O grupo deixou a cidade, animado. A França estava mais próxima. Agora, os povos encontrados eram brancos, mouros, eram árabes e tuaregues. Tudo era terra do Islã. Como dizia Malan Zabeiru: tudo era Dar-el-Islam.

Essa travessia do deserto foi uma maravilha, ao contrário do que pensávamos. Deixamos o trópico de Câncer para trás. Foram uns vinte minutos de caminhada, dando voltas no *gao* da praça central e ouvindo histórias hipotéticas e fabulosas sobre os vales e montanhas invisíveis desse deserto da Argélia, com suas fontes de água salgada, magnesianas, abundantes e traiçoeiras. Viajávamos à noite. Descansávamos de dia. Essa água mineral era como alimento para os muçulmanos e seus animais. Deus seja louvado.

E assim, como se nada fosse, depois do uédi Djaret, chegamos à esplêndida e luminosa cidade de In Salah, após atravessarmos um bosque de árvores petrificadas, encantador. Para mim, era um resto petrificado do paraíso em pleno deserto. Os ossos de Adão e Eva andavam por perto, transformados em seixos e cascalhos. Entardecia. Os árabes nunca tinham visto tantos negros juntos chegando à branca cidade de In Salah. Informamo-nos sobre como prosseguir para a França. Não era fácil. As dúvidas eram muitas. Ninguém tinha a menor ideia. Paramos para refletir e fizemos pequenos grupos no coração da praça. O professor me devolveu o bastão. Yakei sorria, cansada e feliz. As crianças repetiam o nome da cidade como um mantra, uma palavra mágica:

— In Salah! In Salah! In Salah!

Busquei um mapa da África Ocidental e o abri no chão, no meio da praça de Magami. Anoitecia. Todos consultaram e opinaram. Havia dois caminhos. O primeiro ia de El-Goleá e Ghardaia até Argel. O segundo, mais difícil, era rural, um tanto nômade e perigosíssimo. Atravessava a planície Tidekelti, as dunas e as areias do Grande Erg Ocidental, até Beni-Abbés, Bechar e Oujdá, no Marrocos. Foram discussões infindáveis. Fizemos vários traçados na areia. Alguns se afastaram para resolver problemas domésticos, guardar suas cabras e tomar outras providências impostas pelo cotidiano do Sahel. Outros retornavam. Lanternas apontavam seus fachos para o mapa, para a praça, e traçavam retas e espirais nas areias dos sonhos e dos céus.

As esposas e os filhos chamavam alguns para o jantar. Era tarde. Estávamos viajando havia quase três horas. Ninguém queria desistir. Tomamos duas decisões de consenso: seguiríamos pela Via Marroquina e o faríamos no dia seguinte, lá pelas duas da tarde. Íamos dormir em In Salah, em nossas casas, em nossos sonhos, em Magami. Eu repetia para todos tomarem o máximo cuidado para não se perder em meio a tantas casas caiadas e tantos sonhos brancos como a neve. Coloquei o bastão deitado na areia naquele ponto. Agradeci a todos. Dei por encerrada a viagem. Por enquanto. Antes de retornar ao cercado de Guwani, fiquei contemplando aquela dispersão de homens, mulheres e crianças. Todos eloquentes, comentando a viagem e as aventuras. Eram muitos risos. Todos ansiosos pela continuação.

No dia seguinte, cheguei no meio da tarde com o carro recoberto de crianças. Estacionei sob um *neem*, na lateral da praça, para dar continuidade à nossa viagem até Paris. Uma pequena multidão já aguardava. Quase cem pessoas. Mei Dagi se agitava no meio do povo, repassava instruções, sorria e fazia negócios. Uma parte do grupo concentrava-se em torno de Malan Zabeiru. Yakei correu em minha direção e logo advertiu: mais gente estava se incorporando ao grupo, principalmente alguns cachorros oportunistas.

Aproximei-me do grupo e falei em voz alta. Quase gritando. Obtive silêncio. Recapitulei as aventuras, os locais e as dificuldades enfrentadas até então. Destaquei o bom serviço prestado pelos guias, suas explicações e descrições dos locais e trajetos. Dei boas-vindas aos recém-chegados. A França ainda estava muito longe. A viagem devia continuar. Malan Zabeiru fez uma pequena prece. O grupo ouvia sorrindo, atento e excitado. E, então, Malan Zabeiru os incitou a prosseguir:

— Em frente! Para a França!

— *Iooouuááá, Malan Zabeiru!*

— *Iooouuááá, Mei Sanda!*

Para esse novo trecho de travessia do Saara, um grupo de tuaregues nos ajudou. Esses nômades guerreiros haviam sido recuperados durante a noite, em Magami. Estavam de passagem. A negócios. Gostaram da ideia. Dois deles acataram sua missão como militares. Dispensaram o bastão. Tinham suas espadas e adagas. Convidaram todos a sentar. Acocorados, começaram a falar de forma alternada. A voz dos tuaregues saía sinuosa por entre os lenços enrolados em suas cabeças. Deslizava entre seus cabelos, rodopiava nas orelhas e caía girando nos corações. Eles falavam de perigos reais e imaginários e nos davam milhares de ordens e conselhos. Em tom militar. Para ter certeza sobre o cumprimento de suas ordens, eles as escreviam na areia, em *tifinagh*, a escrita milenar dos tuaregues. Diante desses glifos, consonantais, parecidos com estranhas equações matemáticas, a obediência era cega. Falavam com tanto entusiasmo do deserto que não avançávamos quase nada.

Atravessamos essa quadra do deserto no passo. Controlados por quatro olhos, quase invisíveis nas dobras de tecido índigo que protegia suas cabeças. Os dois tuaregues tinham experiência no Saara. Falavam tanto do calor, da fornalha do deserto, das areias escaldantes, das miragens, dos rodopios, das vertigens e da sede que estávamos todos exaustos de tanta irrealidade. Yakei se apoiava contra mim. Seus cachorros ficavam deitados em nossa sombra. Depois de muita marcha e suor, a areia acabou, começaram os pedriscos, as pedras, os rochedos, as altas montanhas transparentes e um verde marciano. Um verde diferente, mais mineral do que vegetal.

A TRAVESSIA DO SAARA   201

Um novo mundo se descortinava diante de nós. O professor fazia descrições fantasiosas e fictícias sobre as rochas e a vegetação. Parecia, a crer em seus relatos, que havíamos chegado à Amazônia e não ao Marrocos. Os tuaregues nos abandonaram nesse ponto. Assustados com tanta clorofila e delírios geográficos do professor. Antes nos apresentaram a um grupo de berberes. Eu retomei o relato. Expliquei quem eram os berberes. Seguimos nosso caminho. Fomos acolhidos por esses agricultores marroquinos. E aí, com poucos agasalhos, passamos muito frio nas montanhas do Atlas. Todos estavam impressionados com a lã das ovelhas marroquinas. Como eram fofas e redondas. As crianças as tocavam e enfiavam suas mãos naquele mundo de lã. Yakei as acariciava com seu rosto. As temperaturas começaram a cair. Enfrentamos uma nevasca. Rimos muito com as sugestões de alguns para combatermos o frio: cavar buracos, queimar nossa comida, recuar...

Sempre em direção ao norte, chegamos a Oujdá, na planície de Angads, no Marrocos. Uma cidade enorme, moderna. Não pudemos entrar com nossos animais. Era proibido pela prefeitura. Exigências sanitárias. Nem nós, nem nossos animais, estávamos devidamente vacinados. Ficamos indignados. Contornamos a cidade e fizemos uma longa fila para atravessar os uédis Nachef e Isly, onde o nosso rebanho marchador foi lavado e bebeu água à vontade. As ovelhas marroquinas compunham um quadro estranho em meio às nossas cabras, bodes e carneiros deslanados, um pouco abatidos após caminhar uns 1.500 quilômetros. Se o pastor Diô estivesse por ali, poderia nos auxiliar na gestão desse viajado e imaginário rebanho internacional. Mas não.

Muita gente no vilarejo de Magami havia se incorporado à nossa viagem. O grupo já tinha mais de cem pessoas. Quem chegava e interrogava era informado por Mei Dagi (e por todos) sobre nossa epopeia e nosso destino: a França, Paris! Relatos eram retomados, enriquecidos por novos episódios. Em geral, a pessoa aderia ao grupo. Todos tagarelavam. Seguimos um pouco mais para o norte. E logo nos deparamos com o mar, imenso como um deserto líquido.

— A África acabou — disse o professor, rascunhando no chão um esboço de mapa para explicar onde estávamos, onde ficava a Europa e qual o lugar desse Mediterrâneo.

Como atravessar esse mar? Eu tinha um cajado, mas não era Moisés. Não sabia como tocar na água para que o mar se abrisse em duas muralhas e pudéssemos prosseguir em chão seco até a Europa. O impasse era enorme. Estávamos quase do outro lado da praça de Magami. Seria o fim de nossa viagem à França?

Por terra, mar e ar

O salgado mar ficava ao lado da casa de Shekaraw. Até suas esposas saíram a fim de contemplar o mar Mediterrâneo e ouvir a descrição de um senhor desconhecido. Esse homem já estivera no Togo e sabia como era o mar. Ele tomou o bastão, como se fosse um microfone, e fez uma descrição extraordinária do golfo da Guiné, aplicada ao Mediterrâneo. Com um falar manso, grave e potente, descreveu as ondas quebrando nas praias de areia. As palmeiras não davam tâmaras e sim cocos. E a brisa marítima era úmida e perfumada. Por várias vezes reproduziu o som das ondas do mar, com sua voz de barítono, deslocando-se entre os participantes.

Ficaram todos com salgadas lágrimas nos olhos diante da umidade das palavras do viajado barítono. Sua descrição oceânica, tropical e atlântica era um pouco distante da realidade no mar Mediterrâneo e, sobretudo, dessa espécie de golfo existente entre Melilla e Oran. Isso não tinha a menor importância. Talvez fosse um dos Atlânticos do saudoso cozinheiro Haladu. Daquele dia em diante, Shekaraw passou a ver o entorno de sua casa de outro jeito. E alguns provavam dessa água. Confirmavam o quanto era salgada, amarga ou terapêutica. As crianças insistiam em seu desejo de mergulhar, nadar e tomar banho nessa água, nesse mar. Os adultos começaram a ficar perplexos. Para onde seguir?

204 A GEOGRAFIA DA PELE

Em face da barreira marítima, não havia como prosseguir a pé para o norte, a menos que se mudasse de direção, para o leste ou para o oeste. Quem vivia a Leste do vilarejo propunha tomarmos essa direção. Quem vivia a oeste propunha esse novo rumo. Oriente ou Ocidente? A luz vem do Oriente. *Ad Oriente lux*. E o progresso vem do Ocidente. *Ad Ocidente progressus*. O grupo estava dividido e perplexo. As discussões ficaram acaloradas entre os pró-Ocidente e os pró-Oriente.

O problema era claro: precisávamos seguir para o norte, na direção da França. Mas como? Alguém sugeriu vender os animais e comprar um barco. Uma sábia decisão. Em parte. O dinheiro dos animais não daria para comprar um barco, ponderou um de nossos comerciantes, no que foi apoiado por Mei Dagi. Contudo, esse valor poderia garantir a aquisição das passagens para um transporte marítimo até a França, sugeriu uma mulher. Excelente ideia.

Encontramos uns árabes compradores de rebanhos. Gente ressabiada. As negociações foram difíceis. Esses mouros sabiam de nossas necessidades e urgências. Queriam pagar quase nada por nosso rebanho. Uma ofensa! E o rebanho ainda incorporara umas ovelhas felpudas do Atlas marroquino. Nessa hora, Malan Zabeiru e um de nossos especialistas em camelos entraram na discussão. Pediram o bastão e afastaram-se para cuidar do assunto com os comerciantes árabes. Mei Dagi foi junto para apoiá-los. Ficamos aguardando. Pacientemente. Mil anos de comércio transaariano estavam em confronto. Os argumentos e encantamentos hauçás deram resultado. Os dois lados ganharam como sói acontecer nas boas e verdadeiras negociações entre humanos. Eles conseguiram um bom valor pelo nosso rebanho. O suficiente para comprar as passagens de barco até Marselha, na França.

A solução encontrada pelo grupo era mais simples do que tentar comprar um barco e ainda pagar uma tripulação de prováveis infiéis. Poderíamos até ser vítimas de piratas e terminar vendidos como escravos em Veneza, ponderei. Antes de embarcarmos, Malan Zabeiru e Mei Dagi deixaram bem claro que o dinheiro só dera para comprar a passagem de ida. Não sabiam se voltaríamos da França, nem como, nem quando. Subimos numa espécie de *ferryboat*, cheio de carros, pessoas e mercadorias. Descrevi o tipo de barco, seus gemidos e rugidos, seus odores de diesel, suas luzes, suas sombras.

Nessa parte da viagem, assumi o relato da travessia marítima, baseado em minhas experiências anteriores entre Túnis e Marselha. A viagem foi curta e tumultuada. Ocorreram alguns distúrbios no barco. Custou para o grupo entender as restritas e obrigatórias funções dos banheiros. Até problemas de racismo enfrentamos. Mas chegamos. Enfim, os pés na França. A emoção era grande. A aduana francesa e o serviço de imigração, sobre o qual tremulava a bandeira tricolor, foram generosos. Uma exceção que fiz questão de ressaltar. Nossa epopeia era conhecida.

Em Marselha, os jornalistas nos esperavam. Queriam conhecer nossa história e o que enfrentáramos para conhecer a França. Ao sairmos, Malan Zabeiru capitaneou o grupo, falou primeiro para os franceses. *Urbi et orbi*, e foi taxativo:

— *Babo photos!* Nada de fotos!

Chovia. Falamos com a mídia. Eles tiraram algumas fotos, apesar do interdito de nosso Malan. A chuva fina e fria continuava. Fomos até a colina de Nossa Senhora da Guarda. Imóveis, em silêncio, como sobre a falésia de Tiguidit. Eu descrevia a cidade aos nossos pés, os seus mercados, a alegria do povo, o porto repleto de barcos e de cestos cheios de tomates, cebolas e laranjas cujas cores escorriam até o mar azul. Um raio de sol, como um holofote, traçou uma linha reta sobre o mar Mediterrâneo. Ela apontava para a África. Imaginamos nossa aldeia de Magami deixada para trás do mar, das montanhas e das areias do Saara.

Dei algumas explicações sobre aquela basílica. Um tipo de mesquita dos cristãos. Era parecida com as mesquitas de Cotonu e Porto Novo, no Benin, construídas em estilo barroco mineiro por escravos retornados para a África, vindos do Brasil. Cheias de rococós. O barítono conhecia essas mesquitas e comentou que tinham frisos, desenhos assimétricos, ornamentos exóticos e bizarros. Cada vez que o barítono falava, era como um ato de opereta. Malan Zabeiru olhava com descrédito aquelas histórias de mesquitas decoradas e coloridas, fazia gestos teatrais, incorporando-se perfeitamente ao enredo.

Deixamos a basílica e, em fila indiana, fomos até a autoestrada, a *autoroute*. E começamos a pedir carona. Destino: Paris. Sem êxito. Nada. Eram muitos carros. E nada. Caminhamos uns 20 quilômetros. Nada. Fomos controlados várias vezes pela polícia. E até hostilizados, num posto de gasolina. Ameaçaram chamar a Gendarmerie. Pode? Ao final do dia, sugeri que dormíssemos embaixo de um enorme viaduto. Estávamos com fome. O ruído dos caminhões dificultava o sono. O chão tremia. Ao longe ouvíamos o apito de trens em alta velocidade. Trens? O que é isso? Deixa para lá. Foi uma noite fria e repleta de temores. A imagem da França não era das melhores. Como seria nosso retorno? Regressaríamos para casa? A travessia da França se anunciava pior que a do Saara. Melhor dormir e recomeçar amanhã.

Assim foi. No dia seguinte, para alegria de todos, informei que, com a publicação de reportagens sobre nossa aventura, fomos procurados por autoridades municipais. O chefe de Magami foi escalado para nos representar. Eram seus homólogos, como se diz na administração pública. Temi que ele pedisse dinheiro emprestado aos franceses. Não, nada disso. O chefe anunciou que o governo francês nos levaria para Paris e que já enviara dois, não, três, não, cinco *taxi-brousses* (táxis coletivos), vans ou ônibus para nos conduzir. Todos concordaram: cinco ônibus eram suficientes.

Embarcamos. Havia comida a bordo. E podíamos parar e fazer as orações. Todos estranhavam olhar para o sul, sudeste para avistar Meca. Na bússola, eu sempre lhes mostrara a direção correta. Ao avançarmos para o norte, Meca girou e escorregou pelo lado direito da bússola. Agora, apontava para o outro lado da praça de Magami.

A chegada dos hauçás a Paris foi triunfante. Eu lhes descrevia a avenida Champs-Élysées, toda enfeitada para recebê-los. Decorada de um lado a outro com as bandeiras da França e do Níger. O Arco do Triunfo, a Torre Eiffel e a multidão os aplaudindo. Eles saltavam, abraçavam-se, davam gritos, batiam palmas e apontavam para o caritê do ferreiro, para as casas de Gourajé, Shekaraw e Dan Gochi. O professor explicava e apontava para os principais monumentos da capital. Malan Zabeiru pedia calma. Ele repetia seu mote contra as fotografias. Devíamos agir como bons muçulmanos. Cuidado para não perderem a alma.

Levantei Yakei nos braços para ela ver a multidão, os carros, os militares e as bandeiras. Os olhos de todos estavam iluminados. Aviões militares passavam sobre nós em saudação. Enfim Paris, *enfin la France*. A confraternização era geral. Subimos no meu carro. Yakei chamou seus dois cachorros e eles se postaram um de cada lado. E fiz os últimos 10 metros da praça com o motor ligado, recoberto de crianças, como de costume, e cercado pelos habitantes de Magami. Tocava a buzina, em meio às palmas e aos iu-iús das mulheres, espalhadas pelas calçadas arenosas da Champs-Élysées.

Entramos solenemente na sede do governo francês, L'Élysée. O quadrilátero da casa do chefe não comportava tanta gente. A festa organizada pelo vigésimo presidente da República Francesa, Valéry Giscard d'Estaing, foi esplêndida. Era o ano da graça de 1978. Rugimos um bom pedaço do valoroso hino do Níger e depois cantamos o começo da Marselhesa, até onde deu. Fomos acompanhados por uma banda marcial, enquanto as bandeiras dos dois países eram hasteadas.

Fiz uma descrição detalhada do banquete nos jardins da Champs-Élysées. Mei Dagi organizou os lugares na mesa. Não serviram carne de porco, nem bebidas alcoólicas. Quanta gentileza e respeito pelo Islã. Trocamos presentes. Malan Zabeiru entregou uma de suas pinturas ao presidente da França. E depois nos disse que ele prometera colocá-la no seu quarto presidencial. Quanta bondade. Yakei amarrou suas fitinhas em algumas árvores dos jardins do palácio da Champs-Élysées e entregou outras para serem colocadas no alto da Torre Eiffel. A noite foi encerrada com uma fabulosa queima de fogos de artifício.

No final de tudo, em reconhecimento por nossa bravura, a França alocou um jato especial para nos levar de volta. No dia seguinte, ele decolou, com todos os hauçás e o brasileiro, voando direto para Maradi, no Níger. Meia dúzia de horas. Lá de cima contemplamos a França, o mar, o deserto sem fim, o rio Níger, os campos do Sahel, o Gulbi Nkaba, e aterrissamos. A partir de Maradi, todos nós embarcamos em *taxi-brousse*, o transporte motorizado mais rápido para as áreas rurais. Voltamos rapidamente para casa, para Magami, comentando as novidades. Era hora, já anoitecera.

Terminamos a viagem a tempo de jantar e dormir em Magami, dispersando-nos lentamente. Foi uma tarde e uma noite de sonhos, discussões, opiniões e gargalhadas. No dia seguinte, minha pele, do pescoço ao punho, passando pelos cotovelos, ardia. Possivelmente entre Lyon e Paris, alguma(s) cantárida(s) decidira(m) escrever rápidas notas de viagem sobre minha epiderme. Na hora, no meio da multidão, não sentira nada. Só no dia seguinte. Bem que me avisaram: voltariam a escrever. Depois de refletir, decidi não recorrer a Malan Zabeiru. Ao comentar a viagem com Guwani, ele ruminou várias críticas e palavras de reprovação e deboche. Nada podia comparar-se à nossa epopeia

POR TERRA, MAR E AR

às ruínas invisíveis nos confins da Nigéria. Seus filhos hesitavam em definir qual viagem havia sido a melhor.

Nas semanas seguintes, abandonei as viagens internacionais, retomei a botânica e retornei à flora local. Ao contrário do que ocorrera com a expedição organizada por Guwani à casa de seu amigo ferreiro, as narrativas de nossa viagem à França se espalharam pelo vilarejo e região. Novas versões e novas aventuras surgiam nos relatos sobre a travessia do Atlas e sobre busca de fontes de água doce entre Foum El Keneg e Bebi Abbés. O conjunto dessa aventura incorporou sequestros, resgates, homens-bois, Legião Estrangeira, assassinatos, combates armados, oásis, rapto de virgens, prata, turquesas, viagens de trem pelos Alpes etc. Muitos me interrogaram para saber quando ocorreria outra. Cada dia mais hauçá, eu apenas dizia e repetia:

— Quem sabe o futuro?

Outros sugeriram que deveríamos ter tomado o caminho de El Goleá e Ghardaia na Argélia, após a chegada a In Salah. Quem sabe na próxima? Outros ainda perguntavam se era possível uma viagem parecida até o meu país, o *Bréésiiil*. Quem sabe, um dia? Diversas vezes emprestei o mapa para consultas aos jovens e líderes locais. Virou uma colcha de retalhos. Cada vez juntavam os pedaços de um jeito. Cada quadrícula possuía agora um norte particular, estranhamente articulada com outras folhas, nada vizinhas, deslocando meridianos e trocando paralelos: o sul com leste, o oeste com norte. Era uma nova forma criativa de integração norte-sul. Cartográfica.

As notícias seguiam viajando. Minhas encantadoras peuls, fornecedoras de leite, queriam saber sobre as mãos de quem ordenhara as vacas e cabras durante minha viagem à França. E por que não as convidara para essa viagem? Segundo elas, não teria faltado leite, pelo menos para mim. O pastor Diô, quando me reencontrou no campo, perguntou com ironia se eu estivera viajando muito. Confirmei e anunciei para breve outra viagem: meu afastamento definitivo da região. Como os rebanhos e as chuvas, migraria para o norte. Para completar minha pesquisa. Mas ia parar antes do Saara.

Nunca mais esqueci essa travessia do Saara. As marcas das cantáridas pareciam cartográficas. Desenhavam a rota seguida entre o Níger e a França, entre Magami e Paris, entre o pulso e o cotovelo. Essa foi uma das travessias mais arriscadas do deserto do Saara, jamais feita por um grupo humano. Tenho certeza absoluta. Meus amigos hauçás estavam cientes disso. Nunca mais acharam pequena a praça de areia do vilarejo de Magami, com seu velho *gao*. E, do lado da casa de Shekaraw, todos viam o mar, ouviam seu bramido e sentiam a maresia. Para sempre. Até as visitas.

Resolvido o problema da visita à França, recomposto dessa viagem extenuante contornando a praça e o mundo imaginário, pude enfim tratar de outras questões com os agricultores. Novas conversas sobre meus resultados de pesquisa aconteceram em grande estilo, também na praça, sob a árvore da palavra. Antes teria sido impossível, impensável. Agora, superada a questão da independência nacional e da visita à França, eu estava mais treinado. Havíamos trabalhado e viajado juntos. Eles me ajudaram. Tratamos de uns vinte ou quarenta assuntos ao mesmo tempo. No estilo hauçá, de quem tem muito tempo para pensar e para jogar. Fiz inúmeras anotações. Era palpite que não acabava mais.

Tuk'wa, Daodá, Mei Dagi e até Yakei observavam as conversas e depois me ajudaram nas sínteses finais. Faltava revisar a botânica e a vegetação com o pastor Diô e obter novas informações sobre a gestão dos rebanhos na região e, sobretudo, no norte, na beira do Saara. Torcia para que esse pastor peul me atendesse, sem exigências, e não me propusesse, antes de tudo, uma viagem até Meca, parecida com a que fizera à França com os agricultores hauçás.

As verdes virtudes

O pastor peul Diô não exigiu nada para confrontar e revisar seus conhecimentos botânicos com meus estranhos estudos. Apenas sugeriu um local de encontro mais permanente para essas reuniões. Seria no seu acampamento, que eu nunca visitara? Não. Seria em Magami, na casa do ferreiro? Também não. Diô apontou para uma árvore, um *nelbi*. Seria ali.

— Naquela sombra, à sombra do meu cajado — disse.

Seu bastão era feito da madeira daquela árvore. O lugar era fresco, apesar do nome científico do gênero dessa árvore, *Diospyros*, evocar o fogo divino. E disso se tratava. A família vegetal, desse fogo divino, quase não ocorre nas Américas. Nada de conclusões metafísicas. Os navegadores lusitanos tentaram remediar esse problema celeste. E foram atrás desse fogo divino. Hoje, os principais representantes do gênero em terras brasileiras são os caquis, trazidos pelos portugueses lá da China, de Macau. Mais que maduros, deve-se comê-los quase podres, como a metafísica.

Bastava eu aparecer por lá no final da tarde e Diô vinha acompanhar minha herborização das últimas plantas coletadas, sob o *nelbi*. Eu as ajeitava numa prensa, entre folhas de jornais velhos, numerando-as e fazendo anotações. Enquanto isso, Diô me oferecia suas sábias considerações botânicas, seus palpites e suas ideias. Tudo na calma. Nada comparável às tumultuadas reuniões com os agricultores de Magami. Às vezes, ele trazia uns galhinhos, umas flores e umas frutinhas. Em geral, eram pequenas anonas selvagens, *goandás*, saborosas parentes da pinha, da graviola e da fruta-do-conde. Eu teria trazido um vinho, mas o Islã não permitia. E não tinha uma só garrafinha.

Comecei a chegar mais cedo para esse *happy hour*, como para antecipar o encontro. E ganhar mais tempo para as discussões. Era como uma reunião de acadêmicos, trocando informações e compartilhando descobertas. Com ares de despedida. Eu concluía meus estudos na região. Ele agregava informações insólitas para as pesquisas sobre a vegetação e a gestão dos rebanhos. Compenetrado, Diô tentava me informar, me formar, me preparar, como um filho, como um discípulo, para entender o norte, as pastagens, os rebanhos, os sinais celestes. Eu recolhia todas as minúsculas sementes que ele lançava em minha direção.

Nessas conversas, descobri muitas coisas insignificantes. Uma erva rasteira, do gênero *Momordica*, da família da abobrinha, sem importância para mim, era, segundo Diô, um poderoso remédio contra as picadas de escorpiões: um *maganin kunamá*, remédio para escorpião. Como as picadas de escorpião, de *kunamá*, queimavam muito, a solução era buscar remédio junto aos ferreiros. Os mestres do fogo sabiam lidar com as brasas dos escorpiões. A primeira recomendação para amenizar a dor da picada era tirar os pés do chão, explicava Diô:

— Suba num galho, num banco, num carro, num animal... Corte o contato com a terra e a dor diminui. E mande alguém buscar o remédio.

O remédio dos ferreiros. Só nesses casos os ferreiros tratavam de algum problema de saúde da população. Meus contatos com Guwani, o ferreiro de Magami, confirmavam as palavras do pastor peul. Para Diô, os ferreiros faziam seu pó mágico, seu *maganin kunamá*, com raminhos daquela plantinha virtuosa. A alian-

AS VERDES VIRTUDES

ça entre ferreiros e peuls era ancestral e passava longe de suas relações com os agricultores e comerciantes hauçás. Tinha seus próprios caminhos. Quem diria... Aquele projeto de abobrinha tinha poderes terapêuticos. Contudo, a biopirataria ainda não se interessou pelo caso dessa *Momordica*. Parece.

A flora do Sahel e suas virtudes me penetravam através de todos os sentidos. Incluindo o palato. Nas prospecções botânicas, sempre provei o perfume e o gosto das folhas, das flores, dos frutos, das sementes, das resinas e das cascas das plantas, em especial das árvores. Diô concordava e discordava. Para ele, eu só devia provar o gosto de vegetais conhecidos. Quando partisse para estudar o norte da região, deveria ter cuidado com as novas plantas. Muitas eram venenosas. Eram traiçoeiras. Até os bois elas enganavam, quanto mais os humanos, dizia. Tinha razão.

Em meus primeiros cursos de botânica na França, dera uma provadinha no fruto de uma arácea selvagem, um parente europeu de nosso comigo-ninguém-pode ou da costela-de-adão. Imediatamente a língua ardeu com uma estranha sensação de agulhas picando a boca. Não cheguei a engolir. Saí cuspindo aquilo tudo. Sobrevivi. Quem sabe com estranhas marcas na língua ou no palato. Não cheguei a consultar um marabu para interpretá--las.

Talvez por isso eu ainda não entendera a lição. Num de meus "passeios botânicos" pelo Níger, provei os frutos amarelinhos de uma pequena árvore. Parecia uma esterculiácea, ou seja, da mesma família do cupuaçu, da noz-de-cola e do cacau. Imaginando algo achocolatado, tentei quebrar a semente para comer seu interior, sem êxito. Era muito dura. Não tinha nada para rompê-la. Limitei-me a coletar o material botânico. Mais tarde, trabalhei na identificação da planta e constatei o erro. A planta era de outra família, a das loganiáceas. Até aí, tudo bem. Mas depois cheguei, sem dúvida possível, ao seu nome científico: *Strichnos spinosa*.

214 A GEOGRAFIA DA PELE

As plantas do gênero *Strichnos* são a fonte para obtenção da estricnina, um poderoso veneno. Mesmo em pequena quantidade, a estricnina gera convulsões e causa a morte por envenenamento, ao paralisar o centro respiratório do cérebro. Como não degustara as amêndoas daquela "laranja de macaco", soube de tudo isso pelos livros. Talvez, se a tivesse degustado plenamente, nunca teria sabido nada sobre as fontes vegetais da estricnina. E teria encerrado meus trabalhos no Níger mais cedo. Quando migrasse para o norte, era melhor seguir os conselhos de Diô, provar menos o gosto das virtudes vegetais do Sahel:

— Mei Sanda! Antes de provar uma folha, veja se algum inseto deixou marcas, se algum bichinho andou comendo. O mesmo para os frutos. Algum passarinho comeu? Não faça como os elefantes.

— Elefantes?

— Só coma aquilo que os pequenos animais comem. E olhe lá.

— Como assim?

— Não coma de tudo, como fazem os elefantes.

— Elefantes? *Guiwá?*

Elefantes? Diô falava sem problemas do visível e do invisível, do animal e do vegetal, dos insetos e dos elefantes. Certa vez, eu estudara e coletara plantas num local aprazível, perto de onde nos conhecêramos. O nome do local era Lagoa dos Elefantes, *Tabkin Guiwá*. Por ali, não havia o menor traço ou memória de elefantes ou de seus marfins. *Babo guiwás*. Perguntei a Diô por onde andavam esses colossais herbívoros, transparentes como tantos outros animais, cujos nomes marcavam a toponímia da região.

— Diô, ainda existem elefantes por aqui?

— *Babo.*

— O que aconteceu com eles?

— Muita caça. Migraram para o norte.

— Muito bem. Vou encontrá-los.

— Por quê?

— Em breve, seguirei o rastro dos elefantes.

— Por quê?

— Porque também irei para o norte.

— Como os elefantes?

— Sim.

— Não vá desaparecer.

Meses mais tarde, no norte da região, perguntei a vários pastores se ainda havia elefantes por ali, já que esse nome, lá também, estava associado a vales, lagoas e depressões. A resposta era sempre a mesma:

— *Babo*.

— Mas este lugar tem nome de elefante.

— Sim.

— E o que ocorreu com os elefantes?

— Muita caça. Migraram para o sul.

Fiquei desconfiado. Com toda essa caça, entre o norte e o sul, os elefantes talvez tivessem migrado verticalmente, para os céus, para o além. Graças aos abanos de suas poderosas orelhas, ascenderam. Ou, quem sabe, viviam escondidos nos troncos dos baobás, saindo furtivamente durante a noite para pastar. Daí em diante, sempre examinava as dobras dos troncos dos baobás para ver se não percebia alguma tromba fingindo ser serpente ou alguma ponta de marfim imitando cornos ou espinhos. Estava na África. Tudo era possível. Até a extinção de espécies gigantescas.

— Diô, será que os elefantes não acabaram?

— Acabaram?

— Sim, como os leões.

— Só o vento não acaba, Mei Sanda. Siga os ventos e não os elefantes.

Os caminhos dos ventos e das aves

Um pouco como os degustadores de vinho, Diô sempre provava os sabores dos ventos. Ele tinha lá suas descrições de palato e olfato para os rastros eólicos. Como bom pastor peul, perscrutava os odores da umidade, os aromas do ar seco e os rastros dos voadores para ter indicações sobre a invernada e a formação das erráticas e efêmeras pastagens no norte. Para Diô, esse tema dos sabores dos ares e ventos parecia um capítulo indispensável em minha formação.

Ele insistia comigo, querendo apurar meu olfato nessa matéria. Eu... Bem, eu até tentava. Mas meu olfato era como o dos cachorros do Sahel. Quase inexistente. Ainda mais em matéria de ventos. Minha ciência anemológica era nula. Mais uma mancha no currículo. Só faltava Diô relatar esses fracassos de olfato e palato na degustação atmosférica para Mei Dagi, o guia beligerante. Todos logo saberiam. Felizmente, eles não se encontravam.

— Esse hálito quente e seco do Saara todo ano desaparece, Mei Sanda.

— Com a chegada das chuvas?

— Sim. Vai embora como a vida abandonando um moribundo.

— Como assim?

— Inspirando e expirando, profundamente.

— Os ventos só mudam de direção nessa época do ano?

— Ainda alguns sopros de pó e secura vindos do norte e outros ventos perfumados começarão a soprar de sudeste — afirmava Diô com convicção, apontando nessa direção com seu bastão.

— É uma grande mudança.

— Sim, mas o gosto e o cheiro do ar mudam bem antes. São as nuvens, de sal, farinha e açúcar, que trazem essas alterações. Você precisa aprender a reconhecer essas mudanças antes que ocorram.

Era verdade. Antes do solstício de verão boreal, na ponta dos dedos ou dos pés de vento, nuvens vindas do golfo da Guiné se arriscavam nas terras sedentas do Sahel. Pareciam empurradas ou arrastadas pelos primeiros voos das aves migratórias, vindas do sul. Discretas, nem sombras deixavam ou projetavam. E se encontravam com outras nuvens, mais cinzentas, vindas das serras do Futa Jalom, lá na Guiné. Dialogavam, tiravam conclusões de seus colóquios aéreos e avançavam em cortejo terras adentro. Mais tarde, graças ao sopro de novos ventos, iriam juntar-se a outras nuvens, ainda mais escuras, um pouco rancorosas, espessas, com cheiro de petróleo, formadas no estuário do rio Níger, lá na Nigéria.

A nefelomancia, a ciência de prever o futuro a partir das nuvens, e a anemomancia, arte de previsão baseada nos ventos, sempre foram reservadas aos agricultores e pastores. Os marinheiros também têm alguma prática nessas ciências. Até hoje. No Ocidente, essas práticas divinatórias transformaram-se, nos tempos modernos, em ciência pura e dura. São hoje um ramo da meteorologia. É claro que perderam seu charme tradicional. E, quanto aos acertos da previsão do tempo e do futuro, melhor nem falar.

No Sahel era assim. Para pastores e agricultores, a melhor previsão do futuro sempre esteve escrita nos borrões das nuvens e no hálito dos ventos. Todos sabiam disso. Até mulheres e crian-

OS CAMINHOS DOS VENTOS E DAS AVES

ças, como diria Mei Dagi. Para Yakei, as nuvens eram frágeis, melindrosas e medrosas, e os ventos, traiçoeiros:

— Não acredite nas nuvens. Não as siga.

— Mas preciso ir para o norte.

— Encare o vento de frente. Fique aqui conosco.

— Yakei, bem que eu gostaria, mas o trabalho exige.

— Não faça como o gado e os peuls. Você não é pastor. Nem cachorro tem.

Talvez Yakei tivesse razão. Por que estender a pesquisa até o norte? Exigências das ciências? Yakei não queria que os deixasse. Eu também não. E as nuvens eram mesmo frágeis e melindrosas. Quanto aos ventos, bem, são especialistas em provocar tempestades de areia, desnortear pessoas no Saara e soterrar seus corpos, sonhos e ilusões, sem deixar vestígios.

Todos os anos, ao ver de longe e do alto a imensidão sem árvores do Saara, as primeiras nuvens logo desmaiavam nos braços dos ventos e desapareciam. Outras, atordoadas, se derretiam em chuvas e garoas. Outras ainda se perdiam, em silêncio, em meio à suave penugem precipitada das asas de aves migratórias. Algumas nuvens, mais corajosas, avançavam o máximo em direção ao norte. Quando seu olhar não via mais nenhum rastro de homens e árvores, fundiam-se em água, em lágrimas.

— Mei Sanda, algumas nuvens vertem água salgada no Saara.

— Yakei, isso não é possível.

— É verdade.

— *Babo*. É a evaporação que salga a água das lagoas.

— *Babo*. Nesses lugares do deserto, acabada a chuva salgada, ficam infinitas conchinhas sobre o solo.

— Conchas? Como os búzios de Malan Zabeiru?

— Sim. Muitas pessoas e animais já viram isso.

— Conchas mortas?

— *Babo*. Imóveis.

— Imóveis? E por quê?

— Porque estão muito longe de casa, Mei Sanda. Como você.

— Espero que não me derreta em água salgada.

— Nem doce. É só não ir em direção ao Saara.

O que dizer diante de provas tão definitivas, infantis e encaracoladas? Quanto às nuvens de farinha, lembrei-me das mitológicas chuvas de maná, de pão, no deserto, para os hebreus... Realmente os céus podem precipitar muita coisa: sal, meteoros, pão, conchinhas, aviões, canivetes e até água. Uma coisa era certa e nisso todos os relatos dos pastores, com ou sem conchinhas, convergiam: as chuvas erráticas, doces, amargas ou salgadas, caíam todos os anos nos mais diversos e ignorados locais ao sul do Saara. Volúveis, não eram chuvas de lugar certo, nem de hora marcada. Dependiam dos humores dos ventos, do tipo e da coragem das nuvens. Escassas, essas chuvas não umedeciam os solos o suficiente para o cultivo de cereais.

Pareciam feitas de tinta mágica e não de água. Onde caíam, nenhuma marca era impressa nas areias. Bastava o calor do sol e, em poucos dias, uma infinidade de sementes germinava. Capazes de esperar, pacientes, por décadas e até milênios no solo, essas sementes, com muita pressa, davam origem a belíssimas, coloridas e nutritivas pastagens. E as manchas úmidas de tinta mágica, antes invisíveis na areia, assumiam a cor da clorofila. Imaginando esses cenários, comentava sozinho, falando alto ao lado de Yakei:

— Devem ser pastos magníficos, recobertos de erva verde e fresca.

— Devem ser — ruminava Yakei, absorta.

— Sem árvores ou arbustos.

— Isso mesmo.

— Apenas ervas.

— Lá eu não teria onde amarrar minhas fitas.

OS CAMINHOS DOS VENTOS E DAS AVES

— É verdade. Mas seus animais comeriam à vontade.

— Ficariam com diarreia.

— Você acha mesmo?

A sabedoria dos nômades, peuls e tuaregues estava em encontrar essas máculas de água e capim. Os pastores deveriam ser capazes de levar seus rebanhos a salvo até essas manchas verdes. Interpretar nuvens e ventos. A nefelomancia e a anemomancia ajudavam. Diziam eles. Essas pastagens eram volúveis como as carícias das chuvas e as sombras das nuvens. Pareciam escorregar entre dunas e planuras. No Saara, até a linha do horizonte apresentava uma espessura suficiente para elas se esconderem. E assim desapareciam. Como um traço verde apagado. Pastagens, nuvens e sombras cabiam atrás dessa linha concreta. Não estavam além, nem aquém, do horizonte. Estavam alhures. Atrás ou sob a linha.

Segundo Diô, os primeiros a degustarem desses pequenos oásis eram os insetos. Exércitos liliputianos invadiam esses territórios úmidos, seguidos por diversas aves migratórias e outros animais. Era como se todos emergissem das areias, onde estavam havia meses ou séculos, bem escondidos, aguardando os sinais dos céus. As novas linhas de nuvens vindas do sul visavam aos sinais e borrões verdes. Chove sempre onde já está molhado, dizem os agricultores de todo o mundo. Com razão. Era muita precisão durante a queda das gotas. Formavam-se poças, depois charcos, atoleiros e logo pequenas lagoas temporárias, nos seios verdes das dunas avermelhadas ao sul do Saara.

Para encontrar essas pastagens, os pastores peuls precisavam de estranhos mapas construídos e desenhados anualmente. Na cabeça de cada um. Para Diô, a cada ano, cada migração exigia um novo mapa, mesmo se fosse para o mesmo lugar da anterior. Para retirar os verdes pastos de seus esconderijos, atrás ou abaixo da linha do horizonte, alguns pastores peuls utilizavam

222   A GEOGRAFIA DA PELE

estratagemas, baseados nos conselhos dos animais. Os primeiros meridianos e paralelos desse mapa imaginário eram traçados nos céus, por bandos de íbis, gruas, marabus e cegonhas solitárias. Assim me pareceu.

Alguns pastores peuls sabiam observar a passagem dessas aves migratórias, sempre bem norteadas ou suleadas. Com muita precisão, esquadrinhavam suas rotas, na confluência da linha do horizonte. Que ângulo entre céus e terra marcaram as cegonhas? Qual sua direção final ao cortarem a linha mágica? Uma geometria feita de plumas e areia, com teoremas aéreos e crepusculares, povoava as mentes e as discussões desses peuls. Bastava a notícia de uma passagem decidida e inclinada a sudoeste de uma formação de gruas, e novos teoremas eram formulados. Assim me pareceu.

Frágil geometria. As paralelas na auréola do Saara, ao contrário da geometria euclidiana, sempre divergem no infinito. Em face do deserto, as retas e curvas assumiam novos traçados e comportamentos. Dançavam, ondulavam e espiralavam no calor. Uma linha reta, percorrida na bússola, no Saara, podia levar o caminhante, no final do percurso, ao seu exato ponto de partida. E um círculo, bem desenhado e compassadamente percorrido, podia deixar o aventureiro do outro lado das montanhas do Aïr, do Atlas marroquino ou do Tibesti. Já as linhas imaginárias traçadas por aves e nuvens de gafanhotos, impulsionados pelos ventos, sempre levavam a pastagens bem reais. Ou pelo menos confirmavam sua existência.

Naquele início de mais uma estação chuvosa, Diô apontava constantemente para os céus, interrompia suas falas e me indicava os movimentos das aves migratórias. Para os pastores peuls, a passagem de certas aves anunciava que tudo estava pronto para o movimento de migração, para a transumância dos homens e dos animais. Todos seguiriam uma espécie de Via Láctea, desde as agitadas e povoadas terras agrícolas do sul até as pastagens silenciosas e desérticas do Saara.

Esse caminho era árduo. Com o aumento da população de agricultores sedentários, cresceu a extensão dos cultivos e diminuiu a área das passagens para o gado e de suas pastagens. A vida dos nômades estava cada vez mais difícil e apertada. E a demanda por seus serviços, sempre maior. Os rebanhos aumentaram e o trabalho para guiá-los também. Eu desejava, cada vez mais, seguir para o norte e estudar alguns aspectos dessa migração. Por pistas pouco trilhadas. As informações de Diô e de outros pastores eram preciosas. Eu também construía um mapa. De papel.

Apesar dos meridianos celestes traçados pelos ventos e aves, os caminhos iniciais dessa transumância eram terrestres, múltiplos e bem visíveis. Não necessitavam de mapas e sim de muita paciência. No começo, os pastores e seus rebanhos seguiam para o norte através de pequenas vias e passagens de gado. Elas conectavam vilarejos, pontos de água e pastagens isoladas, evitavam invadir os campos cultivados. Seus limites, odores e traçados eram nítidos e reconhecidos. Só um povo sem território algum poderia percorrer, com imunidade diplomática, terras tão diferentes e de tantos donos.

Os peuls são a única etnia sem território de toda a África. Talvez de todo o planeta. Dizem. Outros povos nômades, como tuaregues, bosquímanos ou beduínos, vivem sempre em movimento, de acampamento em acampamento. Mas têm um território próprio, cujas fronteiras conhecem, exploram e defendem. Os pastores peuls e seus bois habitam em outras dimensões. Transitam com seus animais pelos mais diversos territórios alheios e por terras desérticas, sem dono, em suas infindáveis transumâncias. Desconhecem a noção de fronteira. Vivem fora deste espaço e talvez até deste planeta. Ao transitar pela quinta ou sexta dimensão, os peuls descobrem e exploram planos de realidade negados aos sábios e inteligentes. Veem o que ninguém vê. Andam por onde ninguém anda. É como se flutuassem sobre a terra. Por isso, sofrem uma profunda solidão étnica, ética e estética.

Junto com Diô, encontrei vários pastores peuls e seus rebanhos. Observamos e apalpamos muitas vacas. Aprendi com Diô a qualificar esse povo e seus itinerários com os rebanhos em função da latitude. Quanto mais ao sul, mais intrincados os caminhos para coletar, alimentar e cuidar dos rebanhos. Raras e estreitas, essas passagens e estradas dos animais, cercadas de espinhos, davam voltas e voltas. Lembravam um labirinto sem fim, feito por um Dédalo desconhecido, habitado por touros e minotauros, rebanhos e mistérios.

Em Magami, o caminho de passagem dos herbívoros era vertiginoso, como um circuito de carros de Fórmula 1. Girava em redemoinhos, dividia-se em pequenos ciclones e concentrava-se em ventanias. O caminho dos rebanhos contornava o novo campo de mandioca do marabu, resvalava na longa lateral da escola corânica, evitava os campos atribuídos aos jovens comprometidos em casamento na próxima safra, desviava do posto de táxi das carroças, beirava a estrada de laterita e prosseguia dando voltas e volteios. Eram assim os caminhos reservados aos animais no sul do Sahel: uma costura estreita em meio ao tecido dos campos cultivados.

Os rebanhos, ao se deslocarem como os ventos, contornavam, burlavam, esquivavam, insinuavam e arrematavam esse jogo de tabuleiro sem dados. E assim iam, traçando fusos e parafusos, de pasto em pasto, de bebedouro em bebedouro, de pouso em pouso, em meio à densa colcha de retalhos dos campos cultivados.

Aos pastores, eram muitos desvios e poucos atalhos para cumprir essa jornada, traçando, costurando, cosendo, cortando, unindo ou cerzindo esses fiapos de passagens e pastagens rumo ao norte, dirigindo os rebanhos. Sem falar dos conflitos, discussões e disputas para manter o direito de passagem entre os vilarejos e suas terras cultivadas. A agricultura hauçá se tornara onipresente. As terras agrícolas eram muito disputadas. O mesmo ocorria com as pastagens e os pontos de parada dos rebanhos, associados aos seus caminhos de deslocamento para o norte.

Os locais de pouso, com pasto e água, estavam desaparecendo. O restante oferecia cada vez menos alimentos aos animais, sempre mais numerosos. Os pastos se degradavam e encolhiam com tanto rebanho passando por ali. Arrepiavam-se, nos dizeres de Yakei. Na minha classificação latitudinal, os pastores peuls, quanto mais ao sul, mais valorosos. Sua tarefa era mais difícil. Eram menos ridículos, enfeitados ou festivos do que seus irmãos de etnia do norte. Quanto menos graus de latitude, maior a arte para conduzir e alimentar os rebanhos no Sahel.

Essas passagens estreitas para o gado, cercadas por galhos de plantas espinhosas e paliçadas, mais ou menos bem trançadas, conseguiam deter as cabras famintas e os ímpetos das ovelhas. Esses caminhos de gado vinham de todas as direções e, como pequenas veias, convergiam para verdadeiras artérias, áreas de reunião e passagem dos ruminantes e seus pastores. E então formavam grandes estradas, traçadas pelos cascos, sempre orientadas para o norte, riscadas na esteira dos ventos, perfeitamente visíveis até em imagens de satélite da época.

Entre serpentes e bovinos

Os caminhos arrebanhavam. Os rebanhos caminhavam. Homens e animais progrediam e viajavam, seguiam os odores de seus congêneres e uma infinidade de sinais cósmicos. Diô me explicava que, se as áreas das pastagens melhoravam com a latitude, o leite também. Tornava-se mais fresco, mais saboroso. Quanto mais para o norte, menos culturas e mais pastos, menos terra e mais areia, menos vilarejos e mais dunas, menos arbustos e mais deserto, menos ruídos e mais silêncio, mais sol e menos sombras. Em determinados locais essas estradas desapareciam, como um rio a desaguar num oceano seco. Perdiam-se entre pastagens, dunas e areia.

— Mei Sanda, você vai provar, ver, sentir e amar tudo isso.

— Deve ser uma grande emoção chegar a um lugar desses.

— Você deveria acompanhar um rebanho, acampando com os pastores.

— Isso não tenho como fazer, mas vou segui-los.

Essa era a conclusão recorrente nas conversas com Diô. Eu ansiava por provar o sabor desse leite e os odores desses pastos, com os ventos às costas e seguindo esses cascos de andar macio nas areias. Apesar das objeções de Yakei e da indiferença de Guwani e de Mei Dagi, este sempre perdido em seus negócios e sem espaço em meu trabalho.

Minha pesquisa sobre a agricultura em Magami estava terminada. Agora, ia me dedicar mais ao estudo da pecuária, da gestão dos rebanhos e das pastagens. Isso implicava deslocar minha base operacional para o norte, aproximando-me do deserto do Saara. Ciente da iminência dessa mudança, Diô seguia empenhado em me repassar tudo que julgava necessário para o sucesso de meus futuros estudos. Em nossos derradeiros encontros, eu falava cada vez menos e ouvia longas histórias e explicações imaginárias sobre peuls, tradições e transumâncias. Talvez não entendesse metade do que dizia. Mas, como ele sempre se repetia, algo ficava. Caminhávamos, visitávamos locais que ele julgava importantes para minha preparação para os desafios do deserto. Tudo me era oferecido na ótica cultural da etnia peul.

Reunir rebanhos, levá-los ao norte, ensinar-lhes muitas coisas, cuidar de suas crias e trazê-los de volta ao sul: essa era a missão de meus vizinhos peuls. Eles ensinavam os bois, da mesma forma que Diô me educava nas tradições pecuárias de seu grupo. A aliança entre os peuls e os bovinos se perdia no tempo. A carne de vaca não fazia parte da alimentação dessa etnia. Os peuls tradicionais acreditavam serem todos originários de um boi ou vaca hermafrodita, surgido das águas do Atlântico. Uma vaca sagrada. Ao longo dos ciclos da vida, os peuls nasciam e renasciam, ora como humanos, ora como bois. Ora como machos, ora como fêmeas. Até no dia em que a pessoa se tornava um bovino hermafrodita. Aí, se entendi bem, era o paraíso. O fim da linha. Haja escatologia.

O vínculo dos bois com as águas e o sal era enorme. E nada como o deserto do Saara para encontrar-se água e sal. Gema. Segundo a lenda peul, o primeiro rebanho bovino, originário desse boi sagrado hermafrodita, saiu caminhando das águas oceânicas, e precedeu a grande píton, a serpente mítica Tianaba, símbolo ambivalente de riqueza e pobreza, fortuna e provações.

ENTRE SERPENTES E BOVINOS

Segundo os relatos de Diô, a serpente seguiu o boi. E até hoje as serpentes, simbolizadas em suas caudas, seguem os bovinos docilmente. Na transição de um ano para outro, os bois dos peuls tradicionais devem passar pelas águas. Recebem uma espécie de batismo, são imersos, lavados, e seguem uma dieta especial, rica em sal-gema. Sem esse rito, o Ano-Novo não aconteceria plenamente para esses peuls.

Ao saírem das águas salgadas, os bovinos abriram o caminho para a serpente Tianaba, a verdadeira senhora de todos os rebanhos e da criação. Agora, ela sinalizava seus caminhos.

— E isso alguns de nós tentam rememorar anualmente, lá nas imensidões do norte — concluía Diô com olhos iluminados.

— E vocês fazem isso sempre?

— Sim, mais ou menos.

— Religiosamente?

— *Babo.*

— Quando?

— Quando é possível. Fazemos cada vez menos.

E todo ano, após explorar as pastagens do norte, educando seus irmãos bovinos, os peuls começavam sua lenta viagem de retorno, no final da estação chuvosa. Os rebanhos marchavam em disciplinadas fileiras e avançavam serpeando, como estranhas serpentes malhadas, recobertas de chifres, como se tivessem dorsos feitos de escamas. No começo de minha pesquisa, assistira ao retorno dos rebanhos de sua migração para o norte. Nessa volta para casa, a multidão de animais impressionava. Parecia mesmo uma enorme serpente, cuja cabeça chegava aos vilarejos enquanto a cauda ainda se agitava nas areias do Saara.

Aos poucos, essa grande corda, trançada de animais, se esgarçava em fios e fiapos, em filas cada vez menores, como pequenas serpentes, paridas nas divisões bífidas dos caminhos e nas passagens pelos vilarejos. Os animais se destacavam dos outros como contas de um colar arrebentado. Iam se ocultando entre acampamentos, enfiando-se pelos campos livres dos cereais e legumes, já recolhidos aos celeiros, e agora apenas recobertos de palhas e restolhos. Uma refeição da qual de alguma forma sentiam saudades.

Os animais regressavam sadios e com suas crias. Exibiam chifres imensos, como torres pontiagudas de marfim. Abandonavam, alegres, essa espécie de píton, essa Tianaba, como se fossem pequenas escamas. Eram entregues aos seus proprietários e pastores locais como soldados valorosos retornando de uma guerra. Além de bem de saúde, os animais estavam "vacinados" para a vida. Era raça experimentada, nos dizeres de Yakei.

— Depois de tantos cuidados, pouca coisa pode vitimar bovinos viajados e vividos como esses — afirmava Diô.

— Tem certeza?

— Só mesmo alguma trama dos gênios do mal — vaticinava.

Eu estava a poucos dias de deixar Magami, e os gênios do mal trançaram sua trama.

Um soluço profundo

Um tremor sonoro despertou o vilarejo de Magami. A terra soluçava. Um urro subterrâneo atravessava as silenciosas areias do Saara. A vibração vinha das profundezas do abismo. Na noite africana, o chirriar das corujas se misturou ao rangido dos passos e aos fragmentos de conversas. Os sonhos foram interrompidos por murmúrios imóveis dos adultos e pela agitação ruidosa das crianças. A noite mal começara e o povo hauçá de Magami despertava para um pesadelo. Com lanternas e bastões, envoltos em trapos de couro, os homens empoeirados se uniam diante da noite sem lua aparente, nem perfumes.

Saí da choupana assustado. Estaria o ferreiro extraindo ferro da terra a ponto de fazê-la gemer? Estariam as camadas da terra cobrando de Guwani algumas de suas violências? Guwani também saiu de sua casinha. Estirou-se, respirou fundo e foi acocorar-se ao lado do fogo, sempre aceso, diante da sua forja. Não me dirigiu seu olhar. Nem palavra. Os ruídos vinham de todos os lados. Ele talvez já soubesse de tudo.

Deixei-o ao lado de suas brasas, com seus segredos, suas certezas e na segurança do seu cercado. Por fora, percebi o pulverizado vilarejo de Magami confluindo em direção ao sul, através de um labirinto de celeiros e casinhas redondas, cercadas por suas paliçadas quadradas e latidos de cães invisíveis.

232   A GEOGRAFIA DA PELE

Aquele mundo humano feito de palha, caules de sorgo e milheto tremia, vibrava. Algumas crianças assustadas corriam em várias direções nos meandros da noite. De longe, parecia Yakei liderando um grupo de crianças e pequenos animais. Talvez não fosse. Era difícil ver, devido à escuridão. Um abalo gemia nas entranhas da terra. Em meio à agitação, os gênios e as divindades africanas teciam sua trama.

Na parte sul do vilarejo, em plena escuridão, muitos negros se aglomeravam e sussurravam em torno a uma pequena elevação de solo mais firme. Pareciam formigas reunidas em conclave na entrada do formigueiro. Se a terra vibrava, silenciavam. E o silêncio tinha algo de pungente, de cor púrpura. Quando a terra se calava, confabulavam. No topo da elevação distinguia-se um buraco, uma pequena cratera, uma entrada circular, enquadrada por troncos desgastados e entalhados em forma de dentes. Era a boca do único poço de Magami que gemia.

Essa dentadura de madeira fora talhada pelo atrito com as cordas dos baldes em ascensão, cheios de água. Em suas infinitas viagens para trazer, das profundezas da terra, a água de cada dia para homens e animais, as cordas e os braços femininos sempre venciam as madeiras e as matérias mais resistentes. Não havia um pingo de luz, nem o menor odor de vento. Na escuridão empoeirada, pontuada pelas lanternas de olhares arregalados, os hauçás tentavam desvendar o invisível. Quando me aproximava da beira do poço, com todo o cuidado, fui dissuadido. As crianças eram mantidas afastadas. Uma pequena parte da borda do poço desbarrancara, numa incisão profunda. Todos aguardavam, a uma prudente distância daquele colapso do chão.

O drama era um mistério evidente. Durante a noite, um animal sedento caíra no poço do vilarejo. Vertiginosamente. Empurrado pelos gênios das trevas. Sugado pela sede de ar dos abismos. Atraído pelos úmidos perfumes dos demônios ou pelos

UM SOLUÇO PROFUNDO

hormônios dos *djins* das profundezas. O provável bovino não morrera. E isso era o pior. Ele estava lá. Vivo. A 30 metros de profundidade. Agitando a água que tanto buscava. No fundo dessa armadilha, gemia sua dor, seu espanto, sua agressividade e seu desespero.

Outros bovinos nas redondezas começavam a responder e faziam eco aos seus bramidos. Pareciam dialogar. Não com a vítima e sim entre si. Advertiam os irmãos para o perigo. Especulavam sobre a imprudência desse animal ou sobre a fragilidade da pele de terra sobre a qual caminhavam. A vítima sentia-se ainda mais só. Malgrado os gritos, os mugidos, os latidos e os murmúrios exteriores, ele estava lá, invisível, na escuridão da escuridão. Solitário. Dava para sentir algo de sua respiração ofegante e do ruído das águas movimentadas e do sangue pulsando em suas veias. Suas taurinas lamentações faziam vibrar o perplexo vilarejo de Magami, como um terremoto.

Rijyia, o poço, é o único e verdadeiro ponto fixo na vida dos vilarejos africanos. A orla do deserto do Saara é um território sem rios ou regatos. Essa terra lisa e suave como a pele de um lagarto vive no limite. Perder um poço é perder a vida. Aldeias podem desaparecer quando seu poço desmorona, seca ou é envenenado. No mar das areias do Sahel, o poço é a âncora dessas jangadas e fustas feitas de celulose, palha, sonhos, celeiros, homens, preocupações, gravetos, hálitos e animais.

Toda água vem do poço. E em Magami um boi estava lá embaixo, ferido, remexendo-se, defecando, talvez sangrando. Logo estará morto. Vai apodrecer. Os velhos coçavam a cabeça. Como entregar sua carne para os abutres? Os feiticeiros poderiam ter evitado esse azar. Eles são capazes de grandes feitos antes dos acontecimentos. Agora, nada mais podem fazer. Diziam.

Ninguém no universo dos hauçás tinha energia ou tecnologia para remover essas centenas de quilos vivos, tesos e contraídos,

234 A GEOGRAFIA DA PELE

de um lugar tão profundo e estreito. Ainda mais quando sua borda desejava engolir e soterrar quem se aproximava ou penetrava por sua boca. Ninguém possuía recursos e encantamentos suficientes para enfrentar os deuses e os demônios dos minerais, das águas, dos bovinos e das profundezas. Haveria algum modo de trazer sua carcaça para a luz? Como entregá-la aos abutres?

Não era possível tomar nenhuma iniciativa sem especular sobre seus riscos materiais e espirituais. Quem teria coragem de envolver-se nessa história? O vilarejo de Magami, perplexo, discutia pontuado por pequenas lamparinas acesas como humildes estrelinhas esmaecidas. O boi, um meteoro de sombras, pedia ajuda. Era preciso retirá-lo de lá. Como? Só havia uma resposta: chamar os peuls.

Uma aliança de ferro e leite

Onde encontrar os peuls? Todos sabiam da existência de um acampamento nas redondezas. Ainda ontem, alguns peuls haviam passado a cavalo, fazendo círculos e gracinhas para umas belas jovens. Deviam estar por lá. Encontrá-los talvez não fosse tão difícil. A questão era quem o faria e quanto tempo isso levaria. Os líderes hauçás discutiram quem escolher e designar para essa missão: levar com sucesso um pedido de ajuda aos peuls, cujo preço a pagar e a localização ainda não podiam imaginar. Era fundamental saber negociar. Isso se aceitassem socorrê-los.

Os olhares se voltaram para a casa de Guwani, o ferreiro. Ele seria o negociador ideal. Os hauçás sabiam da aliança sagrada existente entre os peuls e ferreiros. Segundo as lendas, fora selada por seus míticos antepassados, dentro do primeiro cupinzeiro surgido na Terra. O mesmo me dissera certa vez Diô, ao falar das ligações entre o fogo, os meteoros, o ferro e os escorpiões. Guwani também me contara essa história.

Naqueles tempos sem tempo, o pastor ancestral dos peuls, Nunfairi, andava refugiado, vítima de perseguições. Ele foi transformado em ferreiro ao aprender com o misterioso Buitoring, da casta dos ferreiros, os segredos do ferro e do fogo. Buitoring o protegeu e escondeu-o num cupinzeiro primordial. Em troca, o trabalhador mítico do fogo, Buitoring, também aprendeu com

Nunfairi os segredos da pecuária. A vaca produz leite, o leite se transforma em manteiga, e ela enriquece e perfuma os alimentos, como dizem os peuls. Desde então, peuls e ferreiros mantêm um relacionamento diferenciado. Várias vezes Diô e Guwani fizeram menção a essa aliança, a esse estranho companheirismo da forja com o leite.

Os anciãos pediram para ir chamar Guwani. Acompanhei o grupo de mensageiros, mantendo uma distância respeitosa. Afinal, de alguma forma, iam à minha casa. Quando chegaram, Guwani já sabia do que se tratava, da urgência e da gravidade daquele caso. Mesmo assim, não atendeu o apelo, nem se apartou de seu cercado. Nem sequer os deixou entrar. Os incomodados viriam encontrá-lo em sua casa. Com dois grunhidos, expôs sua posição aos mensageiros dos anciãos. Rapidamente, um pouco assustados, retornaram com a negativa de Guwani.

Em poucos minutos, um grupo expressivo de homens retornou então ao ferreiro, em sua casa, raramente visitada por alguém. Eram, em sua maioria, os anciãos do vilarejo. Aproximaram-se passo a passo, educadamente. Saudaram e pediram licença. Autorizados a entrar, encontraram-no ao lado de sua pequena forja.

A delegação apresentou-se. Cumprimentaram o ferreiro. A conversa logo começou. Guwani escutava, jogando uma brasa acesa de uma mão para outra, como se fosse uma pedrinha vermelha. Como se fosse nada. Como se nada fosse. Concordava com a demanda dos vizinhos, sem dificuldade. O certo era recorrer aos peuls, mas ele via ou pressentia problemas. Estava preocupado. Coisas terríveis podiam estar acontecendo ou estavam por vir. Enquanto isso, a pedrinha traçava coriscos avermelhados contra seu peito de ébano, como um pequeno meteoro.

Guwani não deixaria sua casa naquela noite. Explicou suas razões cósmicas. Agregou histórias, desculpas e invenções de

UMA ALIANÇA DE FERRO E LEITE

ferreiros. Os vizinhos concordaram. Guwani aconselhou todos a se afastar do poço. Apesar do risco, o ferreiro convocou seus dois filhos e os indicou para essa missão. Tuk'wa e Daodá conheciam bem os peuls, vizinhos. O pai já os havia advertido sobre a missão, antes mesmo de a delegação hauçá chegar. Talvez até do acidente já soubessem, havia mais de dez anos.

Eles receberam, em silêncio, as instruções dos mais velhos sobre como negociar com os peuls. Com ar de que aquelas recomendações não seriam necessárias. Depois, ouviram os conselhos e advertências de seu pai sobre os perigos do caminho. Os peuls estavam a pelo menos duas horas de caminhada dali. Andando à luz do sol. Ofereci-me para levar os jovens até perto do local ou até onde fosse possível chegar com o veículo. Ganharíamos tempo. A comitiva dos vizinhos e Guwani aprovaram a ideia e recomendaram extremo cuidado. Outros poços poderiam estar desabando por aí.

Os dois jovens retornaram às suas cabanas. Segui-os por impulso. Excitados, colocaram seus patuás nos braços, invocaram a proteção contra os escorpiões, serpentes, inimigos e uma infinidade de gênios do mal. Calçados com suas alpercatas, tomaram um gole de água e estavam prontos para partir. Sem maiores delongas. Guwani franziu o rosto, num sinal de aprovação, enquanto fazia suas invocações. Parecia.

Ao ligar o motor, animado pela perspectiva da aventura, eu disse aos dois irmãos:

— Este rugido de motor abafará os ruídos subterrâneos dos gênios do mal.

— *Inshallá!* Oxalá! Queira Deus! — responderam em coro, com gravidade.

Enquanto a comitiva de hauçás retornava, de paliçada em paliçada, as notícias escorriam pelas frestas. Deixamos o vilarejo pelo sul. Em volta do poço, de pé e sentados na areia, os hauçás, angustiados e impotentes, seguiam conversando e aguardando. O boi devia estar mugindo, berrando, arruando e chorando. Todos compartilhavam seus lamentos. Homens e animais. O filete da lua parecia alto demais nos céus. Seriam longas horas de perplexidade. A noite ficava mais fria e silenciosa. O clima era tenso. E o vento marcava o tempo, lançando em silêncio um fio de areia dentro poço, como numa enorme e destampada ampulheta.

A marcha das sombras

Tuk'wa tinha um tufo de cabelo pixaim, bem insolente, no centro da cabeça raspada à navalha. A mesma navalha desenhara várias marcas étnicas e do clã nos rostos desses irmãos. Nas terras hauçás, a maioria dos rostos de homens e de muitas mulheres parecia uma estranha obra de arte étnica, facetada, feita de entalhes, incisões, chanfros e biséis. Para Tuk'wa, essa missão era maravilhosa, enquanto Daodá seguia pelo caminho um pouco contrariado. Para ele não era hora de deixar a casa. Afinal, o pai estava de resguardo.

Fazia apenas algumas horas ou dias, Guwani dera à luz um novo ser. Mais uma liga, mais um metal. Ele não poderia ter deixado a sua forja. De jeito nenhum. E eles também não deveriam tê-lo abandonado. Sair em plena noite, quando seu pai acabara de parir, sem a menor consideração... Isso não estava certo, comentavam.

Daodá indicava o caminho. Percorríamos uma pista até então bem conhecida nos meus trajetos. Segundo ele, após nossa visita à casa daquele ferreiro na Nigéria, Guwani os ensinava a conhecer e reconhecer os sete metais: o ferro, o cobre, o estanho, o chumbo, o mercúrio, a prata e o ouro. Ainda estavam aprendendo. De brincadeira, eu disse:

— Todos esses metais estão presentes neste veículo.

— Sorte sua — concluiu secamente Daodá.

240   A GEOGRAFIA DA PELE

Mais tarde, ele retomou o assunto com seriedade e me inter-rogou:

— Mei Sanda, você sabe como os sete metais são gerados no seio da terra?

— Não, não sei.

— Quais são os sete espíritos que os habitam?

— Não tenho a menor ideia.

— Deveria ter. Você não carrega todos na lataria deste carro?

Enquanto o veículo iluminava o caminho com seus dois olhos de luz, Daodá repetia elementos de muitas conversas com o pai, num francês impecável. Viva a educação nacional. Segundo os ferreiros, dizia, com exceção do ouro e às vezes da prata e do cobre, todos os outros metais estão sempre escondidos e embrionários na natureza, na forma de minérios, mistérios e rochas. É quase impossível encontrá-los em estado puro, metálico. Conhecer a natureza da terra é uma necessidade para sondá-la e, de certa forma, violentá-la. Os filhos de Guwani sabiam disso. Os geólogos também.

Enquanto os demais hauçás respeitavam e submetiam-se às leis da natureza, os ferreiros se comportavam mais como estupradores e abortadores do que como obstetras ou parteiros. Agiam nas sombras. Lembrei-me de Yakei, de seus panos alaranjados e de seus projetos de ser parteira. Talvez terminasse por receitar fórmulas abortivas... Quem sabe essas fórmulas não seriam a razão de uma parte das visitas das mulheres à esposa de Guwani?

Antigamente, me explicava Daodá como um grande sábio, os ferreiros só respeitavam as leis da metalurgia e da sua linhagem, como senhores do fogo. Agiam em função da sua comunidade, do seu grupo, segundo o momento e a necessidade. Coisas assim ele me dizia. E mais: não conseguiriam nada disso sem a ajuda dos ancestrais, de seus conhecimentos e de sua família.

— Agora, Mei Sanda, com tanto metal circulando por aí com tanto plástico e alumínio, as coisas estão mudando.

— E muito.

Fazia alguns minutos havíamos deixado a pista por uma trilha de areia. Parecíamos perdidos. Avançávamos com cuidado. Era hora de deixar a conversa e encontrar o caminho correto. Os irmãos ordenaram uma parada. Desceram com cautela e começaram a andar na frente do veículo. Coloquei a tração nas quatro rodas. Era paradoxal. Eu os seguia. Tentava iluminar seu hipotético caminho com meus faróis e, ao mesmo tempo, evitar os perigos vegetais.

O motor ronronava sua queixa em marcha lenta. De dia, eu sabia a importância de passar longe de árvores como o *aduwa*, a tamareira dos escravos, ou de certas acácias, como o *bagaruwa*, cujos espinhos furavam até pneus de caminhões. À noite era difícil. Eles aceleravam o passo. Eu desviava o quanto podia de arbustos e árvores. Mesmo assim, caía com frequência na armadilha dos capins *gamba*.

Os tufos de capim e de palmeiras *kaba* rasteiras reduzem a velocidade do vento. A areia transportada pelo vento cai nesses locais e se deposita. Os pneus subiam e se chocavam com esses monturos disfarçados de areia, como se fossem pedras. Algumas vezes o carro ficava preso com uma das rodas no ar. Paramos. Daodá comentou sobre os riscos de seguir com o carro naquelas condições. Sugeriu que prosseguíssemos a pé. Já estávamos tão perto. Desliguei o motor e apaguei as luzes. Imediatamente, as estrelas se acenderam nos céus. A África penetrou em meus pulmões e meus sentidos.

Os irmãos acariciaram seus patuás. Fiz o sinal da cruz, tocando no chão. Como os jogadores de futebol entrando em campo. Eles retomaram a caminhada em passo acelerado, trotando na areia, com suas lanternas apagadas. Eu, com o bastão e a lanterna (acesa), tentava segui-los. Foram 2 ou 3 quilômetros. Não mais. Na areia, no escuro e naquele ritmo, me pareceram léguas e léguas. Tentava lembrar onde deixara o veículo. Até certa distância, conseguia focar no pano alaranjado, amarrado na antena. Deveríamos retornar. E encontrá-lo na volta.

Após dez minutos de marcha, já achava impossível reencontrar, durante a noite, o veículo. Ele fora deixado à sua sorte, sem patuás, nem bênçãos, nas mãos dos gênios, dos dinossauros, dos poços ameaçadores e de todos os monstros noturnos africanos salpicados de pintas brancas. Ficou quieto, silencioso e imóvel, sem queixas. Apenas com um paninho alaranjado para protegê-lo.

Meia hora depois, o forte odor de animais anunciou a proximidade do acampamento peul. A topografia era um pouco mais acidentada. Descemos por um pequeno eixo de drenagem. Os irmãos deram as mãos e indagaram-se como despertar os peuls. Talvez o latido de algum cachorro se encarregasse. Talvez tivessem ouvido o ronco do motor ou quem sabe os mugidos do boi sinistrado. Quando passamos por um pequeno bosque de palmeiras *dum*, já perto das cabanas, fomos surpreendidos por uma saudação em hauçá, de voz suave, quase feminina:

— *Enaquaná...*

— *Lahiá lô...*

Éramos aguardados. Um grupo de peuls emergiu das trevas, com a palma da mão direita voltada para cima, enquanto a outra sustentava seus bastões. Na frente do grupo estava Diô.

— Quando se caminha nas trevas, as sombras chegam primeiro, — disse Daodá.

Na palma das mãos

Os dois irmãos apoiaram suas mãos sobre as dos anfitriões e começou, em hauçá, o rito de saudação entre Tuk'wa e Diô, o líder peul. Logo com ele, o mais jovem. Além disso, não escutava direito, pensamos, eu e Daodá. Diô não me dirigira seu olhar. Fixava-se em Tuk'wa. Esse tipo de diálogo, muito usual no sul do Saara, é comandado por quem proferiu a saudação inicial. São perguntas simples, seguidas de respostas curtas, nem sempre coerentes ou bem pertinentes. Por exemplo:

— Como vai?

— Vou caminhando.

— Como está sua mulher?

— Pilando o milheto.

— Como vai a diarreia?

— Não temos diarreia.

— E como andam as crianças?

— Correndo pelos campos.

— E como está a chuva?

— Tem caído mansamente.

— E os celeiros?

— Seguem em pé.

— E a comida?

— Não tem faltado.

— E as lagartas?

244   A GEOGRAFIA DA PELE

— Não atacaram o feijão.

— E a produção de amendoim?

— Permite pagar os impostos.

— Como vai o bom Gurage?

— Vende suas coisas no mercado.

— E sua nova esposa?

— Ele segue solteiro.

Perguntas e respostas ritmadas se sucediam entre Diô e Tuk'wa. A língua hauçá deslizava entre visitante e anfitrião, levando-os a acocorar-se. O diálogo de acolhida seria longo. Logo agora, nessa situação de urgência. O hauçá é uma das grandes línguas francas da África. O latim foi a grande língua franca do Mediterrâneo, do Ocidente, da religião católica, das ciências e dos cientistas. O árabe é um pouco a mesma coisa no Norte do Saara e no Oriente Médio: uma ponte de união entre o leste e o oeste do deserto. É a língua do Islã, dos sábios, da ciência árabe, dos imames e da elite. O hauçá é uma língua de comunicação e comércio. É falado no Sul do Saara, do Sudão ao Mali, por 50 milhões de pessoas. É um pouco como o suaíli, falado desde as costas orientais da África até a bacia do Congo. Nas feiras e mercados, onde se encontram diversas etnias, a voz corrente é o hauçá.

Em vez de conjugar os verbos, com suas intermináveis terminações, tempos, regências, pessoas, modo, voz e aspecto, a língua hauçá conjuga o pronome. Grande invenção. Simplificando, existe um "eu" no passado, um "tu" no futuro, um "nós" no pretérito, um "vós" no particípio passado... Existe também, para todos os pronomes, o gênero masculino, feminino e impessoal. Basta aprender a conjugar os pronomes e o sujeito já se expressa com facilidade em hauçá, navegando pelos verbos conhecidos, fazendo dos pronomes e sujeitos o núcleo predicado das suas frases.

Nos encontros, o anfitrião sempre pergunta lentamente, em voz calma e pausada. Se o visitante demonstra pressa ou ansiedade, respondendo rapidamente às perguntas, como quem quer entrar logo no assunto, aí o diálogo vai longe. Era o caso de Tuk'wa. Diô falava ainda mais devagar. Desfiava um colar infindável de perguntas, percorria temas agrícolas, sanitários, ecológicos, metafísicos, políticos e até esportivos. É inimaginável ao visitante interromper ou não responder a cada uma dessas perguntas. As respostas são impositivas.

Quando alguém chega nervoso e exaltado, para queixar-se de algum problema, a outra parte usa esse diálogo para serenar os ânimos. Começa com perguntas formais e depois evolui para temas familiares, evoca episódios vividos em comum, toca em histórias passadas positivas, divertidas. Sempre com as duas palmas das mãos se tocando levemente, com carinho. Aos poucos, o ofegante oponente diminui seu ritmo. Acalma-se. Relaxa. Reconsidera.

As perguntas o fazem lembrar parentes, amigos, boas recordações e amenidades. O visitante começa a sorrir com as perguntas. Imagina e dá respostas mais longas, criativas e irônicas. Esquece-se de tudo e, às vezes, até da razão da visita. Fixa-se no diálogo, no anfitrião. Provoca outras perguntas. O jogo de Diô prosseguiu. Em dado momento, soou algo como:

— O que fez vocês se arriscarem, caminhando em plena noite?

A resposta veio de Tuk'wa. Era um ditado africano:

— Quem está com diarreia não tem medo da escuridão.

Os agricultores não gostam de sair na escuridão para ir fazer suas necessidades no meio do mato. Há riscos. Quando o intestino desanda... Não tem jeito. Essa escuridão podia ser o desconhecido, o imponderável. Podia ser um desafio. Podia ser a África. Podia ser tanta coisa. Até um boi no fundo de um poço. Ou os próprios peuls.

Tuk'wa agora comandava o diálogo. Explicava o ocorrido. O desespero do vilarejo, o pedido feito ao ferreiro e, no fim, pedia conselhos a Diô. O que fazer? As primeiras perguntas dos peuls foram sobre o boi: se estava ferido, qual a gravidade e se continuava se comunicando. A conversa prosseguia enquanto nos aproximávamos do rebanho bovino, em meio a um forte odor de esterco e urina animal. Eu não captava tudo que falavam. O diálogo continuava e os peuls se movimentavam. Homens e animais estavam agitados. Coisas eram preparadas. Eles reuniam cordas, lamparinas e apartavam bois. Talvez os mugidos do poço tivessem mesmo chegado antes de nossas vozes, como as sombras na escuridão.

A decisão durou uma pequena fração de segundo. Também não consegui captar as negociações e exigências. E elas preocupavam tanto os anciãos. O boi recuperado pertenceria aos peuls, isso eu entendi. As condições pareciam resumir-se à propriedade e ao destino do boi vitimado. Apenas isso. Diô disse para retornarmos. Eles nos encontrariam no vilarejo. Iriam cortar caminho por dentro.

— Talvez cheguem antes de nós — comentou Daodá.

Tínhamos de voltar até o carro. Parecia ironia. E era. E se os peuls fossem capazes de alguma forma de teletransporte? Quando partíamos, Diô dirigiu-se a mim e comentou:

— Esse boi deve ter comido *xyxws*.

Ele evocava determinada planta, cujo nome desconhecia e mal cheguei a entender.

Tuk'wa decidiu voltar a pé com eles. Felizmente, Daodá retornaria comigo. Eu não teria sido capaz de encontrar o carro naquela escuridão. Saímos em direções opostas. E avançamos em silêncio. Queríamos chegar antes dos peuls.

O parto do retorno

Na marcha de retorno, logo ouvimos ruídos de algo ou de alguém nos seguindo. Daodá diminuiu o ritmo e ficamos atentos. Quem nos seguiria? E por quê? Havia algo de ameaçador no ar. Pensei logo nos feiticeiros-ferreiros, nos ferreiros-feiticeiros e nos homens-bois. Os ruídos, discretos, vinham em nossa direção. Apaguei a lanterna e segurei com mais firmeza o bastão. Tomamos distância um do outro. Separados, nos escondemos atrás de uns tufos de palmeira. Havia uns 5 metros entre nós. Ficamos imóveis. Não havíamos combinado nada.

Veio um assobio. Saltitante. Daodá respondeu. Era Tuk'wa. Os peuls haviam dispensado sua companhia. Daodá sorriu ao rever o irmão e ouvir sua história. Deu-lhe um tapa carinhoso na cabeça, bem no seu topete, no seu *tuk'wa*. Caminhávamos alegres. Intuitivamente, avançávamos direcionados. E em pouco tempo, como se flutuássemos na areia, chegamos ao veículo. Verifiquei os pneus. Todos cheios. Não! Um estava murcho. Furado. Tive que trocá-lo à luz de lanterna e lamparina, com a ajuda dos dois projetos de ferreiros. Calçar um macaco na escuridão e levantar o peso de um Land Rover, em meio às areias do Sahel, mereceria uma dissertação de mestrado. Enfim, terminada a faina, dei a partida e voltei seguindo meus rastros. Muitas vezes já fizera isso. Funciona bem num local onde os veículos a motor eram uma raridade. Fui acelerando. O pneu furado nos fizera perder tempo.

Na pista principal, perguntei a Daodá sobre essa história de seu pai não deixar a casa naquele momento, pois havia parido. Segundo ele, se Guwani tivesse apenas fundido ferro nos dias anteriores, ainda seria aceitável. Mas não. Acabara de gerar e parir um novo ser. Para isso, praticara uma abstinência sexual de catorze dias. Guardara sua energia sexual para esse procedimento. Observara as fases da lua e os reflexos do fogo. Partindo de dois seres: o cobre e o estanho, acabara de gerar outro ser, fazia dois dias, enquanto eu colhia plantas e conversava com Diô. Daodá completou seu raciocínio com um ar de ironia e crítica, estilo Mei Dagi.

O nome da nova criatura era bronze, herdeira de seus pais metálicos. Mas com propriedades e formas de ser diferentes. E os dois irmãos haviam participado de tudo. Eles recordavam. Nesse dia, os foles de couro ficaram nas mãos de Tuk'wa e Daodá: o carvão e os metais, com Guwani. A mãe se afastara. Não era bom presenciar um trabalho de parto masculino, feito de sexo, fecundação e gestação. As devidas proporções dos dois metais a serem colocadas no forno e a temperatura certa para provocar essa fecunda gestação eram um dos maiores segredos religiosos dos ferreiros. Dessas proporções dependia a cor, a maleabilidade, a dureza e o tino do metal resultante dessas ligas de cobre. Sobretudo, o tino.

O filho desse acasalamento era uma liga cúprica, talvez bronze ou latão, cujos reflexos podem imitar o ouro. Quando tudo estava pronto, após as devidas invocações, segundo Daodá, a respiração do ferreiro dava ritmo ao movimento dos foles. Guwani inspirava e expirava. Os foles o seguiam. Com o tempo, sua cadência respiratória aumentou. Os foles, os filhos, o acompanharam. A mesma coisa acontecia quando a cadência diminuía. Os foles eram os pulmões do pai. Suas mãos, a extensão dos pulmões.

O PARTO DO RETORNO

Guwani ficara acocorado diante do forno, como uma mulher prestes a parir. Segundo Daodá, Guwani dizia palavras ocultas, alimentava o forno, agregava algum metal, dava instruções aos filhos e, às vezes, sacudia, com um pedaço de ferro, o cadinho no interior do forno. No final do processo, pela descrição e imitações dos dois filhos, me pareceu que a respiração e as atitudes do ferreiro lembravam as de uma mulher no clímax do trabalho de parto: mãos crispadas apoiadas no chão, esforço, suor, gemidos, ofegante...

Daodá, maravilhado, relatava. Num dado momento, os dois metais colocados no forno desapareceram como se tivessem sido sublimados. Como por encantamento. No seu lugar surgiu um novo ser, um novo metal, uma nova criatura. O cobre e o estanho (ou quem sabe o zinco) estavam transmudados em bronze ou em latão. Bela alquimia.

No final, felicitaram Guwani. E ele se deitou numa esteira de palha para descansar. Tomou uma cabaça de leite fresco. Segundo os filhos, às vezes deviam cobri-lo. Daquela vez, isso não fora necessário. Quando os mugidos do boi e os apelos dos hauçás despertaram Guwani, haviam passado apenas dois dias do seu "parto". O resguardo de um ferreiro dura sete dias e é cheio de segredos, mistérios, perigos e precauções. Além do repouso e de comidas especiais. Dieta pós-parto. Não tinha como sair andando por aí, em pleno período de resguardo. E aquela noite não era nada favorável.

— Seria arriscado demais — concluiu Daodá.

Seria mesmo. Lamentei não haver estado por lá. Os jovens usaram uma expressão passível de ser traduzida como: azar seu. Como se eu tivesse perdido meu tempo com coisas inúteis. Isso porque poderia ter participado, coisa autorizada apenas para quem mora na casa de um ferreiro. Mesmo sendo branco. As informações obtidas com o pastor peul Diô me afastaram desses conhecimentos da casta dos ferreiros. Entre a alquimia e a fotossíntese, eu ficara com a última. Mas agora eram eles que precisavam dos saberes dos pastores e da força de sua aliança milenar. Daodá reiterou que eles, os ferreiros, não precisavam de nada. Tudo aquilo era uma confusão de agricultores e criadores de bois. Daodá sugeriu que andasse mais rápido com meu cavalo de metal e encerrássemos aquela conversa. Que estranhos caminhos e passagens estariam penetrando Diô e seus amigos animais para socorrer os vizinhos de Guwani em Magami? Queríamos chegar antes deles. E chegamos.

O sol na ponta de uma corda

Chegamos ao vilarejo por volta das três horas da madruga-da. O carro foi cercado por muita gente. Daodá confirmou a vinda dos peuls e todos se afastaram para espalhar a notícia. Com o veículo ronronando, nos aproximamos da região do poço. Desci e fiquei aguardando, sentado na areia. Junto com outros agricultores. Adivinhando a iminência da chegada dos peuls, Tuk'wa partiu ao seu encontro. Daodá terminou de dar detalhes da negociação aos anciãos. Eles pareciam felicitá-lo pelo resulta-do. O preço parecia justo e razoável. Depois, Daodá afastou-se e foi encontrar Guwani. Certamente iria relatar todo o ocorri-do. Fez-se um silêncio ensurdecedor, rompido por mugidos de exaustão.

A areia absorvia todas as cores esmaecidas de nosso silêncio. E ele nos unia. Um movimento discreto despertou a parte oeste do vilarejo. As pessoas se afastavam. Acompanhados por jovens hauçás, dez peuls se aproximavam. Cinco eram bois e cinco, humanos.

O boi no fundo do poço ainda mugia. Os peuls se aproxima-ram e acenderam suas lamparinas. Os dez conversavam. Cerca-ram o poço a certa distância. Fizeram discretos encantamentos. E desenharam um hexagrama, os dois triângulos da avestruz. Confabulavam e, sei lá como, definiram por onde seria a entra-da e a saída daquele poço. O menor deles, quase uma criança, deitou-se no solo e rastejou até a beirada, no lado prefixado, com uma corda amarrada no tornozelo.

Ao chegar à beira do abismo, deu uns gritinhos agudos em direção ao fundo do poço. Instantaneamente o boi parou com seus aulidos e pareceu responder com suaves mugidos. O pastorzinho peul deu mais uns gritinhos em direção às profundezas. Ouviu-se algum rumor do animal, quase imperceptível. Logo, não se ouviu mais nada. Talvez o boi tivesse morrido. O pastorzinho recuou lentamente, voltou e começou a conversar em fula com os companheiros. Os dez pareciam concordar em tudo.

Aproximei-me de Diô.

— Como vocês vão fazer?

— Vamos usar uma cobra, Mei Sanda.

— Uma cobra?

— Uma cobra tirou o primeiro rebanho bovino do mar.

— E então?

— Uma cobra vai tirá-lo dali, Mei Sanda.

Nas lendas dos peuls, a cobra Tianaba retirara os bois do mar e os fizera proliferar. Todo pastor peul cuidava de uma parte desse rebanho original de Tianaba. A cobra era uma corda, que tinha o que fazer, amarrando e unindo todos os bois. Os peuls não esperariam o amanhecer. O boi vitimado sofria muito. Coisas terríveis podiam estar ocorrendo no fundo do poço. Uma longa corda, com um trançado especial, foi preparada. Fizeram dois pequenos laços, próximos de uma das pontas. O menino peul testou os laços, encaixando seu dedão do pé. A outra extremidade da corda foi amarrada num dos bois, distante uns 40 metros do poço, ladeado por dois outros bois.

Com a corda esticada, o menino rastejou até a beirada do poço, acompanhado por outro peul com uma lamparina nas mãos. Ajeitaram um dos troncos usados para descer e puxar os baldes. A corda foi passada num entalhe central do tronco, onde as mulheres apoiavam seus pés e puxavam seus baldes de couro de boi ou câmara de pneus, cheios de água. Gritinhos entre os peuls. O menino posicionou-se no início do poço. Encaixou os dedões de seus pés nos laços dessa Tianaba vegetal.

O boi começou a caminhar em direção ao poço. A corda rangia e foi sugada, lentamente. O menino descia em pé. Com cada dedão dos pés encaixados em cada lacinho. Confortavelmente. Quando só se via sua cabeça, recebeu uma lamparina acesa. E desapareceu na vertical, sempre em pé, com uma mão agarrada na corda e a outra segurando a lamparina.

O boi progredia lentamente em direção ao poço, conduzido por um peul. Diô supervisionava e dava ordens. Uns gritinhos vindos do menino, como ganidos, reduziram ainda mais a velocidade. O peul na beira do poço captava as mensagens e as transmitia aos outros. Os hauçás entenderam. O menino chegara até o boi ou próximo dele. Várias mensagens chegavam e circulavam entre os peuls, seus bois e os hauçás. Duas outras cordas foram preparadas para serem lançadas no fundo do poço. Em suas extremidades foram feitas alças e laços estranhos. As outras extremidades foram amarradas às duas juntas de bois, ladeados por peuls com os quais conversavam, com ares de desolação. Eu olhava admirado a normalidade daquele diálogo entre homens e bois. Sem falar das cobras míticas e vegetais tão onipresentes.

Nada acontecia. Um grande silêncio instaurou-se em meio à imobilidade. E assim ficamos. O tempo passava. Nenhum movimento. O tempo passava. Todos imóveis e silenciosos. Perguntei a Diô sobre os acontecimentos. Estávamos parados fazia quase meia hora. Ele explicou compenetrado, como quem falasse com um ignorante bem-intencionado:

— O animal está ferido, com as patas quebradas. E assustado.

— Que coisa terrível.

— Ele precisa colaborar, senão não poderá ser içado.

254 A GEOGRAFIA DA PELE

— Entendo.

— Quando sair, deverá ser abatido. E ele não aceita morrer. Não aceita sua morte. Por isso, todo esse tempo. Não é fácil aceitar a própria morte.

— Realmente...

— O menino tenta convencê-lo.

— ...

— Ele não consegue enxergar quase nada e falta ar lá embaixo. Estamos todos muito tristes.

— Entendo.

— Vamos aguardar até o animal aceitar e colaborar.

— Sim.

— Não há outro caminho, Mei Sanda.

— Não, não há.

Eu concordava com o peul e com o boi. Assim como gostamos de nossa vida de humanos, apesar dos sofrimentos e tristezas, o boi devia gostar e desfrutar de sua condição bovina. Além disso, vai saber quem foram seus ancestrais. Talvez sempre morressem de velhice, repletos de anos. Ou quem sabe sacrificados nos altares de Jerusalém e Atenas. Morrer assim, sacrificado por um acidente, não parecia razoável ou digno. Que deus Mitra estaria escondido nesse fado? Mais silêncio. Mais tempo, enquanto as estrelas escorregavam em direção ao poente.

Sentado na areia, eu imaginava o pastorzinho peul conversando com o boi, dependurado a meia altura, quase sem ar, dançando na escuridão como um pêndulo, fazendo seus encantamentos, para que o animal aceitasse o seu destino. Quem sabe até entenderia o sentido da grandeza desse sacrifício em prol de todos. Mais silêncio. Mais tempo. E se tivessem morrido por falta de ar enquanto todos aguardavam?

Os primeiros e tênues acenos da aurora, ainda na escuridão, coincidiram com um sinal vindo do fundo do poço. O animal

O SOL NA PONTA DE UMA CORDA 255

aceitara sua sina, sua estrela, seu desastre sideral. As cordas foram lançadas pelos homens. Todos se afastaram. As extremidades presas nas duas juntas de bois foram verificadas. Essas juntas estavam posicionadas distantes uma da outra alguns metros. As cordas serpeavam até o poço. As juntas avançariam na direção do nascente. Eram bois muito fortes, raros de se ver por ali. O peul próximo da beira do poço estudou como encaixar as cordas no tronco da beirada. Pediu por seu bastão, arremessado de pronto com precisão. Encaixou e amarrou com uns cipós o seu bastão numa posição em que as cordas deslizariam sobre ele, mais distantes da beirada.

Houve um instante de verificação. A corda, como a cobra Tianaba, como uma agulha com linha, ligava todos os bois na superfície e no fundo do poço. Foi dado uma espécie de sinal. Iam começar? Não. Nada aconteceu. As juntas se moveram um pouco e pararam. Voltaram a recuar. Voltaram a avançar. Fizeram isso várias vezes, atendendo ao comando do peul na beira do poço. Testavam o conjunto. Finalmente, avançaram um pouco mais. As cordas ficaram tensionadas. Os bois imóveis, ancorados na areia, como estacas feitas de troncos petrificados. Nenhuma serpente serpeava mais. A costura da cobra, a sutura da corda estava pronta. Mas, antes de tudo, um ser humano deveria ser retirado do poço.

No outro sentido das juntas, do poente, o primeiro boi começou a recuar lentamente. O menino peul foi içado para fora do poço. Surgiu na bruma. Parecia outra pessoa. Nem parecia gente. Assemelhava-se a uma criatura das trevas, cheia de limo, liquens e lianas. Cheirava a morte. Chegava cansado, saía cambaleante, molhado e descolorido. Recebeu e apoiou-se em seu bastão. Fedia. Perdera sua lamparina. Logo o menino se deitou, encostado numa árvore. Trouxeram uma cabaça de leite para que bebesse. Diô conversava com o menino. Ele parecia ficar mais tenso ainda. As coisas pareciam complicar-se.

Às suas ordens, as juntas de bois começaram o trabalho. Lentamente. O silêncio do vilarejo hauçá era absoluto. Os peuls se movimentavam, controlavam as cordas, os animais, os movimentos, as distâncias e a subida do bovino. Pararam várias vezes. Movimentavam-se. Os peuls tocavam nas cordas como quem pinçava uma lira. À medida que o boi era erguido, a alegria tomava conta de toda a aldeia. E a tristeza inundava o coração daqueles homens e animais postos diante de uma tragédia. Meu coração ficava dividido entre o regozijo dos hauçás e o luto dos peuls e de seus bois.

As juntas de bois se aproximaram ao máximo. Agora caminhavam, lado a lado, os quatro animais, inclinados na direção do sol nascente. Quando o boi vitimado se aproximou da boca do poço, o sol também emergia no horizonte, incandescente, entre as duas juntas. Elas se aproximaram ainda mais e avançaram. O sol e os bois pareciam a cabeça iluminada ou coroada dessa serpente, dessa cobra de vidro. Com sua cauda, ela retirava o animal exausto das profundezas do abismo. Os peuls apoiavam a saída do boi com pranchas sobre troncos de palmeira e com seus bastões. O boi apareceu, molhado, ensopado, flácido e liquefeito, sujo de terra e terror.

Seus chifres eram curtos. Não era um boi. Era uma vaca. Uma fêmea. As pernas quebradas balançavam em estranha posição. Seus grandes olhos expressavam resignação materna. Seu ventre inchado indicava prenhez. Estava a ponto de parir. As patas do bezerro estavam estendidas para fora, através de sua vagina. Seriam duas mortes. Essa devia ser a causa da consternação maior de Diô ao conversar com o pastorzinho quando ele saíra do poço. Diô sinalizava para deixarem uma área livre onde eles passariam, arrastando o animal, agora rumo ao sul.

Quando a vaca foi retirada, a população explodiu em gritos de alegria. O poço estava salvo. Silenciosos e cabisbaixos, os outros peuls se aproximaram. Homens e bois, tristes. Encurtaram as cordas. Falavam rapidamente em linguagem fula. Cercaram, esconderam com pedaços de couro e arrastaram a vaca ferida e sua cria já falecida. Diô me fez um sinal de despedida com seu bastão. Rapidamente, eles desapareceram, atrás da primeira duna, arrastando a vaca pejada para o sacrifício. Os hauçás cantavam, saltavam e dançavam, num contraste de ânimo brutal com os peuls. O poço estava salvo.

Eu me sentia peul e hauçá. Tuk'wa já havia se retirado para também estar junto do pai que sempre paria sem cair em poço algum. Guwani cumpria seus preceitos e ritos. Na intimidade, longe dos olhares de todos, os dez peuls prosseguiam. Juntos e solidários. Apareceram de relance ao ultrapassar outra duna. Seguiriam para um lugar desconhecido, onde o animal seria sacrificado e enterrado por seus irmãos. Nunca mais vi Diô. Fora minha última lição. O sol no horizonte exigia outras providências e revelava a pele amarela dessa terra sem aromas, nem rancores.

O luto cor de laranja

Com a chegada da luz, os homens mais experientes em matéria de cavar e cuidar de poços, presentes desde a retirada do animal, se aproximaram com suas cordas e seus instrumentos tradicionais. Os especialistas de poços iam avaliar melhor a situação. As crianças foram afastadas do local. Uma parte da beira do poço desmoronara. Examinaram e avaliaram. Ao longo da cavidade do poço existiam pequenos nichos escavados quando da sua construção. Ali, eles apoiavam umas madeiras bem adequadas. Como se construíssem uns andaimes, de cima para baixo. Desceram alguns metros. Ouviram-se mais considerações sobre a parede do poço, frequentemente golpeada por eles.

Após esse primeiro diagnóstico das paredes, saíram para conversar com os anciãos e chefes locais. O sol começava a ganhar a altura das árvores. Segundo esses especialistas, fora o boi, ou melhor, a vaca, quem provocara essa queda. O conjunto parecia bem estável. A situação era a melhor possível naquelas circunstâncias. Bastaria arranjar uns troncos na beira do poço, vedar o acesso em um dos lados e sua exploração futura seria segura. Agora, o mais importante era verificar a situação da água.

Lançaram um grande balde e o sacudiram várias vezes, lá no fundo, para misturar bem. Começaram a puxar a corda. O balde emergiu. Transbordava de água cristalina. Mas trazia um prenúncio de tragédia. Agarrado a uma de suas bordas havia um pano de cor laranja.

260 A GEOGRAFIA DA PELE

Os homens voltaram correndo à beira do poço, em meio a uma nova gritaria. Desceram pelas travas de madeira como verdadeiros macacos. Tentavam enxergar o fundo, situado a mais de 20 metros. Para eles, ainda havia alguma coisa lá embaixo. Fiquei paralisado. Era um novo pesadelo. Começava outro doloroso trabalho. À luz do dia. Desceram com cordas, ganchos e laços até o fundo do poço. Sem bois, nem sortilégios. Triste colheita de morte. Primeiro emergiu um cachorro. Depois, uma menina.

A família de Yakei reuniu-se ao lado do poço. Seu corpinho úmido, retirado das águas, foi envolto em tecidos de algodão branco por homens piedosos. Seus cabelos molhados pareciam mais encaracolados ainda. Recolheram cuidadosamente os patuás de proteção do seu pescoço, como pequenos colares. Ninguém falava nada. Muitas crianças se aproximaram. Tuk'wa e Daodá ficaram do meu lado. Quase todo o vilarejo estava presente. Até Mei Dagi, que não via fazia semanas, apareceu, deixando de lado seus negócios e transações. Apenas Guwani continuava recluso em seu cercado. Seguir um enterro é algo muito meritório na tradição islâmica. É um dos cinco direitos do muçulmano sobre o muçulmano, segundo o profeta Mohamed, Maomé.

Estávamos no meio da tarde e o cortejo fúnebre seguiu num passo firme, capitaneado por Malan Zabeiru. O Islã evita enterrar no alvorecer, ao meio-dia e no entardecer. Enterrar nesses momentos precisos até é possível, mas evitado. O enterro foi bem antes do ocaso, todos em silêncio. Seguimos até uma pequena duna, em meio às culturas. Paramos perto de uma árvore, ao lado de uma passagem de rebanhos. Pela primeira vez refletia sobre o fato de não ter visto cemitérios até aquele dia, ao longo de todas as minhas andanças. Ali estava eu, diante de um deles. Aparentemente, um quadrilátero, cultivado.

Os mortos são plantados como sementes nesses locais comuns. Salvo algum marabu, com direito a sepultura materializada por uma pequena construção. Não era o caso de Yakei. Uma cova já havia sido preparada. Pequena e profunda. Nitidamente orientada em direção a Meca. O pequeno corpo foi depositado no fundo por dois homens piedosos. Eles a aguardavam dentro da sepultura. Os pés em direção a Meca. Enfaixada, ela foi deitada e ajeitada sobre o seu lado esquerdo. Seus olhos estarão voltados para Meca, me disse alguém. No dia da ressurreição, ao levantar-se, olharia para Meca. Essa palavra nunca surgira em nossas discussões. Yakei devia guardar Meca em algum lugar em seu coração.

Os homens saíram da cova e lançaram três punhados de terra. Antes de recobri-la, foram pronunciadas as invocações (*sunna*): "Em nome de Deus e sobre a fé do Enviado de Deus." "Em nome de Deus e sobre a via do Enviado de Deus." "Em nome de Deus, por Deus e sobre a fé do Enviado de Deus." Muitos homens as repetiam. As mulheres permaneciam caladas. Todos serenos. Em nenhum momento foi lido nenhum trecho do Alcorão ou algum outro tipo de leitura de súplicas.

A cova começou a ser recoberta. As pessoas lançavam três punhados de terra, como se faz no Brasil, nos enterros cristãos. Todos lançavam seus punhados em silêncio. Sem exceção. Quando a cova estava recoberta, começaram as súplicas pelo morto (*doa*). Agora, rezavam para que Deus ajudasse Yakei em suas respostas diante dos anjos. Todos pensavam no momento do terrível julgamento. Pediam para ela ter firmeza em suas respostas ao ser interrogada pelos anjos. "Deus, perdoe-a e faça-lhe misericórdia. Dai-lhe firmeza nas respostas aos anjos."

Eu não tinha a menor dúvida sobre a misericórdia de Deus com meninas pastoras, órfãs, nascidas sem braços, com aspiração a serem parteiras. Meninas que falavam com cachorros e morriam aos 13 anos de idade, após terem deixado tantas árvores, humanos e animais encantados com seus sorrisos, sonhos e histórias.

Fixaram um pedaço de galho, uma forquilha, no meio da cova, no qual enroscaram, como se fosse um pescoço vegetal, os patuás protetores de Yakei. Esses tutores da pequena órfã jaziam sobre o solo, inertes, inúteis e baldados. Nessa coleção de embrulhinhos guardiões, não havia nenhum para afogamento. Eram como uma coleção de pequenos ovos escuros e gorados. Tive vontade de chutá-los.

Ninguém disse, ninguém me disse, uma palavra. Uma palavra sequer, sobre o acontecido naquela noite entre a boca de um poço sedento, uma vaca prestes a parir, uma menina sem braços com vocação de parteira e um cachorro desatento. Parecia um tabu. Daí a umas semanas não restaria mais nada naquele local. A sepultura seria nivelada pelos ventos e a microbiodiversidade faminta daria cabo daquele galho, dos pequenos patuás e dos restos da menina. Apenas nos galhos das árvores ainda tremulariam os desbotados tecidos alaranjados.

Na caminhada de retorno ao vilarejo tentei conversar sobre essa tragédia. Ninguém queria falar do assunto. Nos três dias seguintes, período inicial do luto muçulmano, do *Hidad*, talvez tenha ouvido orações por ela. Ninguém se vestiu de preto. No ritual de luto islâmico é proibido usar joias ou maquiagem. O povo de Magami já vivia de luto. Não havia joias, nem maquiagem enfeitando a aparência de ninguém. Nunca. A solidariedade era de todos e de ninguém. O Islã encoraja as pessoas enlutadas a compartilhar sua dor, sua experiência, e a falar de seus sofrimentos. Ninguém visitava a casa de Yakei. Ninguém compartilhava nada. Era como se ela nunca tivesse existido.

Um dia, antes do anoitecer, tomei coragem e fui ver Malan Zabeiru. Talvez ele soubesse o que acontecera com Yakei antes de morrer. Como e por que caíra naquele poço? E essa névoa de areia planando sobre esse caso, muda e impenetrável, me intrigava. Ele me recebeu e desfiou uma longa saudação em hauçá. Entardecia. Tentei falar. Adivinhando minhas preocupações, me interrompeu com uma pergunta:

— Você viu a marca no pescoço de Yakei?

O LUTO COR DE LARANJA 263

— Qual?

— Ou bateu num tronco quando caía ou bateram nela.

— Que marca?

— Você não viu?

— *Babo.*

— Como ela morreu, Malan?

— Mistério. Seus pais também morreram de forma violenta.

— Quando? Por quê?

— Mistério. Nada resta.

— Malan não tem nenhuma explicação?

— Por que você acha que ela amarrava aqueles panos nas árvores?

— Para honrá-las.

— Você anda pisando na beira de muitos poços profundos. Sem saber.

— Quero entender.

— Nunca. Jamais.

Médicos são uma raridade no Sahel. Legistas, então... Enquanto eu pensava inutilmente, Malan Zabeiru acendeu uma lamparina. Pensei que ia iluminar o local. Ele observou a chama em silêncio. Assim ficamos, um bom tempo. Tremulante, a chama dançava entre nós. Perturbado, eu contemplava aquela língua de fogo. Frágil e dançarina, como os misteriosos trapinhos de Yakei. De repente, ele jogou uma caneca de água sobre a chama, trazendo de volta a penumbra para a cabana.

— Não há como reacendê-la.

— *Babo.*

— O pavio está molhado.

— Malan...

— Você nunca saberá.

— Malan...

— Não faça mais perguntas. A ninguém.

— Por quê?!

— Não toque no luto de sua família, nem no de seus cachorros.

— Por quê?

— Nada disso te pertence. É melhor você partir logo, ou ficará trancado no cercado de Guwani para sempre. Ou quem sabe pior ainda.

Ele se levantou. Abraçou-me e encaminhou-me até a porta.

Nos dias seguintes, mentalmente, elaborei um mapa de localização das árvores onde Yakei amarrara seus tecidos. O local onde fora enterrada ocupava uma posição quase central naquele polígono de árvores sinalizadas em laranja. Tentei deduzir algo dessa geografia. Nenhuma conclusão. Não havia com quem discutir.

Sonhei com Yakei várias noites. Durante o dia, tinha a impressão de que iríamos nos encontrar em meio às pastagens ou junto de alguma árvore, sob a qual os animais aguardavam a poda de galhos com folhas verdes. Sempre que podia, observava sua casa de longe, com o binóculo. Tentava penetrar o impenetrável. A rotina da casa era familiar e derrisória. Os rebanhos seguiam outros pastores e seus cães estavam desaparecidos.

Num final de tarde, voltei ao local onde fora enterrada. Subi na árvore, após avisá-la das minhas intenções. Fui até um ponto bem elevado, na exaltação da força de meus braços. Pedi de novo licença para o vegetal. Depois, com respeito e lágrimas, prendi num de seus galhos o tecido laranja antes tremulante na antena do meu veículo. Com três nós. Acomodei-me no galho, apoiado contra o tronco. Demorei a descer. Só no final do pôr do sol.

Um dos cachorros de Yakei me aguardava. Segui os conselhos de Malan Zabeiru e não perguntei nada. Ele também não queria conversa. Eu, o Níger e o mundo havíamos perdido uma parteira sem braços.

Rumo ao norte

Em poucos dias deixaria Magami. O milheto e o sorgo haviam brotado na maioria dos campos. Linhas verdes de uns 20 ou 30 centímetros de altura riscavam a paisagem em diversos sentidos. As primeiras chuvas silenciaram. Todos perscrutavam o firmamento em busca de nuvens. O céu completamente azul, sem a ajuda de um pingo sequer de branco, parecia incapaz de sustentar o sol. Então as nuvens chegaram faiscantes, num final de tarde, enquanto resumia meus últimos acertos e relatórios. Era como se Guwani desse um golpe em sua fornalha e as faíscas voassem em todas as direções. Eram nuvens vivas. Não eram de sal, nem de farinha, nem de açúcar. Eram de sangue.

Um grito. Outro. Muitos. Centenas. Todos repetiam uma única palavra: *Faara! Faara!* Gafanhoto! Gafanhoto!

Contra o azul-escuro de um céu sem vento, cada gafanhoto brilhava como uma centelha de luz. Seus corpos atravessavam o anoitecer africano como fagulhas. Suas asas multicoloridas pareciam palhetas de ouro e crepitavam como o fogo num matagal. A nuvem de gafanhotos enchia de sonoridades, movimentos, cores — e terror — o vilarejo de Magami.

Camponeses, velhos, crianças, mulheres, válidos e inválidos, todos saíam desesperados em direção aos campos, fazendo um máximo de alarido, com latas, apitos, chocalhos, tambores e panelas. Eram gritos lancinantes, repetitivos, mistura de protesto e lamento. Alguns tentavam queimar punhados de palha, produzir fumaça. Malan Zabeiru, alguns anciãos e o chefe do vilarejo gritavam ordens, davam orientações. Havia uma esperança. Talvez as nuvens não pousassem, talvez escolhessem outro lugar para se alimentar.

Foi assim. Os gafanhotos sobrevoaram o local, rodopiando em direção ao norte. Uma, duas, três nuvens. As últimas gostaram de Magami e pousaram como navalhas sobre os campos, os cultivos, os pastos, as árvores e as casas. A gritaria fora inútil.

Ao amanhecer, eu contemplava tudo, atônito... O que fazer contra milhões de indivíduos armados, especializados, dotados de estratégias reprodutivas comprovadas, munidos de táticas alimentares vitoriosas e guarnecidos de meios de combate validados ao longo de milhares de anos?

Enquanto protegia os olhos dos primeiros raios solares e tentava ver através de tanto ruído, Guwani aproximou-se e disse:

— Os gafanhotos são os dentes dos céus.

Os movimentos das nuvens de gafanhotos lembravam um lenço ondulando na brisa, um cachecol ao vento, um pano agitado de Yakei, uma espécie de turbilhão. Os gafanhotos subiam e desciam em camadas. Era como se uma fornalha tivesse sido atiçada sobre o verde dos campos para reduzi-los, em poucas horas, a um terreno mineral indiferenciado, repleto de pequenas fezes escuras. Os galhos dos arbustos dobravam com o peso amarelo dos gafanhotos a recobri-los. Tudo assumia a cor dos gafanhotos.

O vilarejo ficou vazio. Os agricultores e suas famílias correram para os campos. A voragem diminuiu. Os gafanhotos se instalaram. Para uma breve pausa. Ao entardecer, com o calor do sol diminuindo, levantaram voo e seguiram, ao sabor de ventos renovados e da umidade, em sua busca por mais alimento, rumo ao norte. Em sua ascensão noturna, pareciam faíscas girando no ar. Semelhantes às centelhas subindo de uma grande fogueira, quando alguém lança um pedaço de lenha em meio às brasas. Mesmo assim, centenas de gafanhotos morreram e foram mortos. Viraram refeição de homens, ratos e outros animais. Isso compensava em quase nada o desastre agrícola. Era necessário plantar e replantar áreas inteiras, partes e totalidade de vários campos.

Os gafanhotos precediam os peuls e seus rebanhos rumo ao norte. Eles também sabiam das verdes e efêmeras pastagens. Não era um bom sinal. Algumas semanas sem chuva já prejudicavam pastos e cultivos recém-plantados. Agora vinha essa praga. Ela regularmente afeta o Sahel, através de várias espécies de gafanhotos gregários e migratórios. Tratei de acelerar os preparativos da minha migração. Estava atrasado com relação aos peuls e aos gafanhotos. E sentia o peito apertado em deixar o vilarejo numa situação tão crítica, diante de uma praga como aquela. Queria ajudar. Deixava Magami bem pior do que o encontrara.

Em dois dias, executei o resto do trabalho. Em dois dias, os gafanhotos progrediram e arrasaram árvores, pastos e cultivos. Deleguei diversas tarefas a colaboradores engajados, na base de moedas reluzentes. Os disciplinados gafanhotos, sem gastar um tostão, terminaram primeiro suas tarefas e seguiram para o norte. Eu me esforçava. Estava disposto a tudo para sair logo da região e mudar de horizonte. Até dinheiro para o chefe do vilarejo poderia emprestar, se isso ajudasse nas conclusões e encerramentos.

Terminei as sobras das pesquisas como quem come rapidamente algum resto de comida. Confirmei com Guwani a minha partida. Ele achou natural. Não disse "está cedo" nem deu ares de "já vai tarde". Retirei minhas coisas, meus poucos objetos, da casa. Tuk'wa e Daodá me auxiliaram, curiosos por saber de meu destino. Eu já lhes havia dito muitas vezes. Não acreditavam. Talvez quisessem me acompanhar. Sentei com os três, calcula-

268 A GEOGRAFIA DA PELE

mos a dívida do locatário. Paguei com cédulas novas o dinheiro devido. As cédulas causaram admiração. Alguns agradecimentos, promessas a não serem cumpridas e esperanças de um futuro melhor para todos. Desejei-lhes saúde. E me desejaram um cavalo. Um cavalo!

— Um cavalo?

— Sim, um bom cavalo.

— Obrigado. *Merci. Nagodi.*

Eu já tivera um cavalo no Níger. Durante três semanas, enquanto desmontava e purgava o motor danificado do veículo, após um mergulho numa lagoa profunda e traiçoeira, na estrada de Madarunfa. Como não podia deixar de acompanhar a vegetação e as outras pesquisas, aluguei um cavalo durante esse período. Era um cavalo hauçá, bem típico. Alto, robusto, com uma característica corcova, rústico e bastante nervoso.

Ao chegar de carro a uma aldeia isolada, era recebido com respeito e admiração. Como uma autoridade, um homem de poder. Poderoso. De outro universo. Quando chegava a cavalo, era outra recepção. Era tratado como um príncipe. Como se um príncipe fora. Com distintas deferências. Ajudavam-me a descer, cuidavam do animal (alimento, escovação, limpeza dos cascos, remédios nas eternas feridas e erupções cutâneas). Desmontavam os sofisticados arreios tradicionais e davam brilho.

Já quando cheguei a pé — e isso me aconteceu algumas vezes devido a panes no veículo ou por encalhar —, fui acolhido como um irmão, um parente, mesmo sendo um desconhecido. Muito carinho, alegria e misericórdia. Chegar a pé, a cavalo ou de carro era encontrar três comunidades diferentes no mesmo lugar.

Deixei de lembrança umas camisetas usadas e alguns utensílios para a esposa de Guwani, incluindo uma garrafa térmica. Daquelas chinesas, bojudas, cheias de flores coloridas. Ela estava ausente na ocasião. Eram coisas simples e úteis. Ela poderia transportá-las sem problema sob seus seios ou em seus cabelos. Determinei a entrega do último sabonete para os cachorros. Não garanto, nem tenho certeza se os cães receberam a iguaria.

Meu destino era seguir rumo ao norte, como o gado, os gafanhotos e os peuls. Montaria uma nova base nas bordas, nos lindes do Saara. Expressei, a um Guwani indiferente, as dúvidas e os receios quanto a essa nova implantação.

— Não será fácil achar um ferreiro por lá, Guwani.

— Impossível, Mei Sanda. Conte com a ajuda de Mei Dagi.

— Bom conselho. Vou procurá-lo.

Havia muito tempo não utilizava os serviços de Mei Dagi, sempre disponível e indisponível. Seus negócios haviam prosperado. Era uma espécie de rei das latinhas de massa de tomate, pentes de plástico, pomadas hidratantes para bebês e saquinhos plásticos. Negociamos as bases dessa aventura rumo ao norte. Era como se ele já previsse essa aventura. Chegamos a um acordo. Sairia no dia seguinte, bem cedo, e não daria carona para ninguém. Salvo ao meu auxiliar temporário para assuntos saarianos, Mei Dagi, cuja mudança ultrapassava a minha em peso, volume e complexidade. Também em valor. Agora, eu precisava rodar um máximo de quilômetros antes do pôr do sol. Calculava dois dias de viagem. E ainda dependia de contatos com as autoridades locais. A seca atingira com mais força as regiões do norte. Fome e miséria. E agora, para agravar, essa praga de gafanhotos.

O último adeus a Guwani foi simples e recheado de olhares para o passado.

— Quando se viaja nas trevas, as sombras chegam primeiro — disse Guwani.

— É verdade — falei, sem entender direito essa frase já ouvida de seu filho.

— Quando se viaja na luz, as sombras ficam para trás — reiterou Guwani.

270 A GEOGRAFIA DA PELE

— É verdade, repeti, como um ignorante.

— *Au revoir* — disse o ferreiro arrastando os erres, cheios de ferrugem.

Sigo sem entender até hoje as frases dessa despedida. Lembrei-me apenas de outra, do místico São João da Cruz: "Às trevas da criatura, responde a Noite da Transcendência."

Na despedida, o carro foi cercado por uma pequena multidão. Bem pequena. Umas dez pessoas. Esperava mais. Talvez oito estivessem ali por Mei Dagi e seu comércio clandestino. Talvez a notícia de minha partida definitiva ainda não se houvesse espalhado. Talvez estivessem todos ocupadíssimos no campo, no pilão, no combate aos gafanhotos, nos estudos islâmicos, ou avaliando a nova cerveja. Nem o cachorro de Yakei compareceu. Nem Malan Zabeiru. O chefe estava lá, chateado em me ver deixar o vilarejo sem dívida alguma por saldar ou receber. Guwani não atravessou os limites mágicos do seu cercado. Melhor.

Bati a porta com força, como se fosse um gongo ou um sino. Dei a partida. O motor não funcionou. Não ligava. Obra de algum gênio do bem ou do mal? Não. Nada. Pane de motor de arranque, anunciada há algum tempo. Problema sério para quem encalharia em muita areia nos próximos meses. Se o carro morresse, não havia como dar a partida. O jeito era empurrar, na areia, o pesado veículo movido a diesel. Fiz um sinal. Eles ficaram imóveis e atentos. Fiz um segundo sinal e mostrei os *kudis*. Movimento geral. Foram as últimas moedas deixadas em Magami.

Quando o motor arrancou, saí pela janela e acenei agradecido em meio a uma ventania. Era como se me dessem um impulso.

Não me despedira de Diô. Nunca mais o revira, desde a tragédia do poço. Quem sabe ele iria para o norte e um dia nos encontraríamos no Saara? Na realidade, nunca mais o encontrei. A não ser em sonhos e fotos. Ele havia me dado um pequeno bastão, com formato natural de bengala, feito de *magaria*, madeira muito resistente. Era para a minha velhice, dissera. Na época, eu acreditava que nunca envelheceria. Ao chegar à França, dei esse bastão para um literato professor de artes marciais, depois de explicar-lhe todas as virtudes imaginárias daquela madeira. Ele acreditou em tudo e guardou religiosamente a bengala saheliana.

Quando contornava a última fileira de paliçadas, surgiu Malan Zabeiru, do nada. Parei o veículo com cuidado, em plena ventania. Nem o carro nem eu nem Malan Zabeiru podíamos morrer. A ventania aumentava. O carro não tinha mais seu motor de arranque e eu não dispunha de mais nenhuma moeda. Quanto a ele... Bem, os céus desabariam: Malan Zabeiru apertou minha mão pela janela. Suas roupas panejavam ao vento. Ele me deu mais uma de suas belas obras de arte sobre papel. Contemplei, agradeci e a guardei. Ele comentou algo sobre os gafanhotos. Não escreviam. Comiam tinta, papel, madeira, relatos e tratados. Esses insetos eram o oposto das cantáridas. Não foram mais do que uma ou duas frases. Fechou os olhos e disse:

— Vá. Logo.

— Já vou. Para sempre.

— Leve suas marcas daqui, Mei Sanda! Para o seu bem.

— Quem sabe o futuro?

— Vá, Mei Sanda! Antes do pó e sol se levantarem.

— Quem sabe o futuro?

— Vá. E esqueça tudo. Tudo.

Diante do seu olhar paterno e comovido, quase implorei uma bênção, uma *baraka*. Ele deu um passo para trás e acenou. Mei Dagi, absorto, coçava a cabeça. Percorri com o olhar o frágil casario, as árvores oscilantes, o labirinto de palha, os arbustos agitados pelo vento, os pedaços de palha que esvoaçavam e a secura das lembranças. Tudo me era familiar e estranho. Nunca me sentira tão ignorante sobre tanta coisa. O carro andou sozinho.

O último lugar

Segui pela trilha de Tessauá sem ter coragem de olhar pelo retrovisor. Os campos devastados pelos gafanhotos estavam sendo ressemeados em poucos lugares. Os agricultores trabalhavam milimetricamente. Apenas semeavam nas maiores clareiras. Faltava semente. Faltava comida. A boca dos gafanhotos retirava alimentos das crianças, mulheres e idosos.

Parei várias vezes para conversar com agricultores e ter uma ideia desse rastro de devastação, sempre deixando o carro com o motor ligado. Isso intrigava o pessoal. Com razão. Fui obrigado a trocar um pneu furado, sempre com o motor ligado. Sob os olhos contemplativos da imobilidade de Mei Dagi. Devido ao calor, tirei minha camisa verde-limão e deixei-a sobre um arbusto ao lado, enquanto colocava placas de aço, apoiava o macaco e trocava o pneu. Quando terminei e fui vesti-la de novo, estava toda furada, comida por gafanhotos. Eu ri, assustado.

A camisa furada, o problema mecânico e as formalidades burocráticas me levaram a parar de novo na cidade de Maradi, aconselhado por Mei Dagi. O carro pedia conserto. Apesar dos temores do motor e da lataria de serem abandonados, e das súplicas, o veículo foi entregue ao mecânico local. O carro não queria ser deixado nas mãos daquele senhor rude, coberto de graxa invisível. Ignorei os apelos metálicos. Já me bastava falar com árvores e cachorros. Não ia iniciar diálogos com ferros mo-

274   A GEOGRAFIA DA PELE

torizados. E esse veículo já havia sido largado na fronteira com a Nigéria, numa noite assombrada, nas proximidades de um acampamento itinerante peul. Nada ocorrera.

Na garagem, relatei o problema. O mecânico tinha muita experiência com aquele tipo de veículo. Disse. Eu podia ficar tranquilo. Disse. Ia deixar o carro novinho em folha. Disse. Contudo, gostaria de deixar claro uma coisa, antes de acertarmos tudo: ele não sabia consertar motores de arranque. Disse-o com toda clareza. Não sabia sequer analisar a origem do problema. Muito bem. Eu já sabia. Especialistas, só em Kano, na Nigéria. O mecânico propôs trocar tudo, com as peças equivalentes de outro veículo, bem parecido, da mesma cor, de uma fabricação semelhante, e cujo motor estava fundido. Talvez o carro tivesse razão em seus temores.

Acertamos um valor, após semanas e anos de discussões comerciais. O negócio foi fechado. Para Mei Dagi, fizera um péssimo negócio. E lá se foi o carro para a sala de transplantes. Apesar dos clamores inaudíveis, o veículo, as plantas, o herbário, os pluviômetros, os resultados de pesquisa e boa parte de minhas recordações foram entregues ao mecânico. E se decidisse transplantar parte de minhas coisas para o outro veículo? Ou pior, guardar de lembrança em sua casa?

Pensamento positivo. Saímos caminhando sob o sol de Maradi. Para quem voltava das áreas rurais nigerinas, era como chegar a Nova York. Enquanto acontecia o conserto, fiz uma visita formal ao chefe regional, uma espécie de governador, acompanhado por Mei Dagi, que prometeu não entrar na sala do governador, mesmo se ele insistisse. Insensível ao drama veicular, me apresentei na casa de governo, um pequeno palacete. Todo arredondado e caiado de branco, como feito de nuvens, leite e neve. Já tentara uma entrevista com essa autoridade no passado, sem sucesso. Agora, tinha tempo para esperar.

Na antessala do governador, havia um sem-número de nobres e notáveis das elites locais sentados. Assentados. Quase todos com suas vestes e seus turbantes tradicionais. Conversavam em pequenos grupos, cochilavam, cochichavam, roncavam ou meditavam. Os insignes eram representantes de vilarejos, de sub-regiões, de etnias e de El Hadjis importantes. Essa expressão, Hadji, designa os muçulmanos que cumpriram o preceito, não obrigatório, da visita ritual a Meca. O Níger fica bem longe de Meca. E, quanto maior a distância, mais cara e difícil a viagem. No Níger, portanto, esse título significava alguém rico.

Sentei-me como um buda, num cantinho, e aguardei em silêncio a vez de ser recebido. Mei Dagi logo incorporou uma das rodinhas. Fiquei em silêncio. Não tinha com quem conversar. Tive vontade de puxar um terço e rezar um rosário.

Se, em vez de trajes tradicionais, esses senhores estivessem com uma toalha envolvendo o corpo, seria uma cena de *hamam*, de banho turco. O local era uma sauna. A temperatura, pelo menos, era a mesma. O suor escorria da cabeça aos pés. Para minha surpresa, surgiu um jovem, saído não sei de onde, e me serviu uma surpreendente Coca-Cola gelada. Era gratuita. Também me ofereceu a opção de uma Fanta morna. Tudo sobre uma bandeja de metal. Cena rara. Optei pela Coca gelada enquanto os notáveis comentavam, visivelmente, sobre essa deferência à minha pessoa.

O refrigerante começou sua limpeza abrasiva e dissolutiva pelos meus dentes, continuou pela língua, desceu pela garganta, desmontando cordas vocais e traqueia. Sentia um alívio. Tristezas, poeira, recordações, areias e inquietações eram solucionadas, solubilizadas e dissolvidas naquele pH ácido e bactericida. Só a lembrança de Yakei permanecia indelével. Estava na metade da garrafa quando fui convidado a entrar na sala do governador por uma espécie de secretário. Lastimei deixar aquelas águas negras e geladas ainda por beber.

Não deveria cumprimentá-lo. Mei Dagi tinha sido explícito sobre isso durante todo o caminho. O chefe não estenderia sua mão, ele me garantia. Eu também não deveria fazê-lo. Se estendesse a mão para cumprimentá-lo, ele não recusaria e me cumprimentaria. Isso seria gravíssimo. Talvez não regressasse vivo. O guia também poderia ser vitimado. Não sairíamos vivos daquele palacete alcalino.

Segundo Mei Dagi, especialista em invisibilidades, eu notaria os poderosos patuás colocados como pulseiras nos braços do chefe. Ali estavam armazenadas todas as pragas, maldições, mazelas, desgraças e tragédias a ele dirigidas por seus oponentes, inimigos e adversários invejosos. Nenhuma o atingia. Estava protegido. Seus patuás as absorviam. Mas devia carregá-las. Quem apertasse sua mão receberia tudo. Seria como uma descarga elétrica seguindo um fio terra. Seria até um alívio para o governador. Não para o emissário, agarrado ao outro extremo dessa espécie de para-raios portátil e particular.

Guwani estava longe demais para me salvar de descargas atmosféricas e esotéricas. Receoso, avancei com cuidado. O governador não estendeu seu braço, recoberto de patuás e grossos braceletes de couro, além de pulseiras de ouro e um enorme relógio. Suíço. Foi logo se dirigindo a mim com intimidade, como se fôssemos amigos de longa data e num francês com sotaque de Paris:

— Ouviu as notícias? Leu o jornal? É uma verdadeira desgraça!

— O senhor está falando da seca?

— *Babo.*

— Ah, sim. Vossa Excelência evoca a terrível praga dos gafanhotos?

— *Babo.*

— Vossa Excelência refere-se a quê?

— Eu falo do Níger! E da ONU!

— Como assim?

— A ONU, a ONU... Como podem fazer isso conosco?

— Fazer o quê?

— A ONU acaba de reclassificar os países mais pobres do mundo, e sabe o que aconteceu?

— *Babo.*

— Passamos de último para antepenúltimo! Isso é inadmissível!

— O senhor tem razão.

— Sempre ficamos em último. E agora vêm com esse absurdo.

— Inadmissível.

— Evidente. Isso nos prejudicará e muito. É inaceitável.

— O país melhorou e o senhor acha isso ruim?

— Péssimo. Aqui nada mudou. No último lugar, tínhamos todos os argumentos para pleitear ajuda internacional. Não era necessário justificar nada.

— O senhor tem razão.

— Bastava dizer: segundo a ONU, somos o país mais pobre do mundo. Agora, perdemos o argumento. Somos apenas "um dos países mais pobres do mundo". Perdemos muitos créditos e ajudas.

— O senhor tem razão.

— E, doravante, nossos projetos precisarão de muitas justificativas, números e tabelas para convencer.

Mostrei-lhe minha ordem de missão, aprovada pelo governo do Níger para trabalhar naquela região. Tudo bem. Isso não o interessava. Ele pediu mais uma Coca-Cola gelada para ele e para mim. Procurei demonstrar a importância de nossas pesquisas para o povo e para a agricultura. Indiferente, prosseguiu reclamando dessa tragédia do progresso e do complô da ONU. Eu tentava, inutilmente, relatar o drama da população rural, o problema da praga dos gafanhotos, da seca. Até pensei em invocar a morte acidental, trágica, misteriosa de uma menina em Magami. Solicitar uma investigação. Nada o mobilizava. Quanto mais os resultados dos meus estudos ou a eventual morte de uma criança... Milhares morriam todos os dias. Estávamos na nação mais pobre das Áfricas. Minhas palavras eram absorvidas por seus patuás e nem sequer tocavam em sua pele.

— Estávamos muito bem como os mais pobres e agora vem essa ambiguidade.

— O senhor tem razão.

— É inadmissível. A ONU errou. Nossos indicadores não podem ter melhorado tanto assim.

— O senhor tem razão.

— Perderemos um argumento de muita força se a colocação de penúltimo ou até de antepenúltimo for confirmada.

— O senhor tem razão.

— O senhor conhece alguém capaz de nos ajudar, de alguma forma, lá na ONU?

— Infelizmente, não.

— Mas o senhor tem contatos na França, na Europa, na América. Não?

— *Babo*. Com a ONU, não.

— É uma pena.

Não é fácil ser subdesenvolvido. Como dizia Nelson Rodrigues, "subdesenvolvimento não se improvisa, é obra de séculos". Ser o mais subdesenvolvido de todos devia ser ainda mais difícil e exigia o maior de todos os esforços. E mobilização geral. Um pouco como ocorre no Nordeste do Brasil e nas periferias urbanas. Faz-se necessário agregar miséria à miséria.

Quando já demonstrava intenção de sair, agradecendo a acolhida, ele perguntou sobre a praga dos gafanhotos. Confirmei a gravidade da situação. A fome ia se agravar. Ainda mais com

O ÚLTIMO LUGAR 279

a seca. Seria necessário organizar a doação e a distribuição de alimentos. A prudência recomendaria alertar as autoridades, nacionais e internacionais. Pedir a visita de especialistas da Europa e dos Estados Unidos. Seria prudente promover contatos com os países vizinhos, solicitar e coordenar a ajuda internacional. Seus olhos brilharam, enquanto franzia suas grossas sobrancelhas:

— Se a praga é grave como o senhor diz, quem sabe voltaremos ao último lugar, retirando o Mali ou o Chade dessa posição?

— Quem sabe?

— Mas eles também podem ser afetados pela seca e pelos gafanhotos.

— É verdade.

— Vamos dar prioridade ao combate aos gafanhotos nos extremos do país.

— Quem sabe o futuro?

Tomei um último gole da Coca-Cola. Ele também. Saudamos um ao outro com uma inclinação islâmica do corpo e um salamaleque. Não toquei em nada. Todas as desgraças precisavam ficar por ali, bem fecundas. Atravessei a sauna, o olhar sorridente dos nobres e dignitários. Deixei o ofuscante palacete tradicional, seguido por um Mei Dagi interessado em saber como fora a discussão. As chances de o Níger retomar — e permanecer — na posição extrema e terminal eram enormes. O futuro não me desmentiria. Eu me perguntava sobre a utilidade real de minhas pesquisas, das intenções dos que as financiavam. Mal imaginava o que me aguardava ao me aproximar das terras sedentas do Saara.

Cores e rebanhos

Com a chegada de Yakei aos céus, as nuvens subiram cada vez mais alto. E nunca mais voltaram. O período seco prosseguia, em plena época de chuvas. Já eram três anos de ocorrência de períodos de estiagem durante a estação chuvosa. Dessa vez, as chuvas nem sequer começaram para valer. Os alimentos faltavam. Muitas semeaduras foram perdidas. E, boa parte daquelas que ousaram brotar, os gafanhotos destruíram. Mesmo assim, comendo areia e bebendo pó, os peuls iniciaram sua marcha com os rebanhos alheios rumo ao norte. A chuva, insuficiente para manter um plantio de cereais, bastava para fazer germinar frágeis e nutritivas pastagens do Saara. Eles e os gafanhotos sabiam disso. Os rebanhos e os enxames estavam em marcha.

Recuperei o veículo na oficina, acertei o combinado com o mecânico, sob o olhar de censura de Mei Dagi. Segundo ele, eu deveria ter exigido muitas garantias. Sem garantias, partimos para o norte, acompanhando o deslocamento dos animais, dos ventos e dos insetos. Tentaria me implantar na região de Dan Kulu. No mapa, a posição central desse derradeiro vilarejo parecia estratégica e um tanto equidistante das principais estradas de animais ou caminhos da transumância.

Parei várias vezes no caminho para atender os horários das preces de Mei Dagi e tomar notas sobre rebanhos e pastores. Acampávamos. Nos vilarejos e estradas do Níger, ao ver passar esses rebanhos de fortuna, um estrangeiro imaginaria uma tropa caótica de animais, de diversas espécies, cores e roupagens, tocada por um pastor. Não era bem assim. Diô chamara minha atenção para a organização interna desse desfile animal. Após suas considerações e explicações, passei a observar melhor cada rebanho, como se eu fosse o jurado de um desfile de escola de samba. Pontuava e considerava tudo.

Num determinado rebanho, os bois iam à frente, as cabras e ovelhas no meio e os camelos por último. Em outro, os carneiros iam à frente, seguidos pelos bovinos, camelos e outros animais. Em outros ainda, os animais negros iam à frente, as espécies mais ou menos misturadas; depois vinham os malhados, seguidos por grupos de pelagem avermelhada e, finalmente, por animais de peles claras. Nada era aleatório nessas composições. Diziam.

A ordem dos animais, combinada com suas roupagens, indicaria de onde vinha o rebanho e, sobretudo, para onde se dirigia. Até hoje ainda não entendi essa geografia resultante da combinação das sete roupagens possíveis dos bovinos (preto, branco, vermelho, marrom, bege, cinza e amarelo). Mesmo os peuls mais confiáveis de toda a África sempre me confirmaram a existência de tal geografia impenetrável. Suas versões variavam um pouco. Uma coisa era certa: quem estava sempre na mesma posição era o pastor peul. Seguia por último. Atrás. Sugado pelo rebanho. Balançando, comendo pó e lambendo fezes como uma cauda de vaca.

Não é nada simples manter a coesão de um rebanho misto, de animais próprios e alheios, avançando por terras desconhecidas, em condições físicas e de saúde muito diversas. No trabalho dos peuls, não há lugar para cães pastores e amantes de sabonetes. Com seus gritos e arremessos de bastão, os pastores fazem avançar essas tropas promíscuas, cada vez mais repletas de fêmeas prenhes, contando com a ajuda de seus bois, parceiros dos mais dedicados. Acompanhei por certos trechos alguns desses rebanhos.

Às vezes, a rota migratória atravessava uma lagoa temporária. Em diversas ocasiões, assisti à estranha cena da travessia das águas pelos rebanhos em transumância. Os animais da frente paravam para beber. Um descanso merecido e calculado pelo pastor. O resto do rebanho chegava e se posicionava ao lado. Em pouco tempo, criavam uma espécie de auréola de vida entre a água e a areia. Todos esticavam seus pescoços e bebiam, quase sem pisar na água. Como se fosse uma ameaça para seus cascos ou estivesse repleta de crocodilos imaginários.

Enquanto eles formavam um cílio no olho-d'água, o pastor guardava certa distância. Colocava seu bastão sobre os ombros. Apoiava os braços dobrados no bastão como um inseto e cruzava as pernas. Com um pé apoiado contra o joelho da perna oposta, ficava imóvel. Horas. Como uma garça. Descansando numa única perna. Nessa posição de "quatro", o pastor contemplava os chifres do seu rebanho, analisava o movimento das caudas dos bovinos e refletia sobre o caminho a percorrer.

Quando a pausa e a sede terminavam, com gritos e gestos, o pastor impelia os animais a entrar na água e atravessar a lagoa. Os animais sempre hesitavam. Os gritos repetidos chegavam com um ritmo animal, nada humano. Em sincronia. Os animais começavam a ondular seus corpos, na cadência de seus gritos. Cada vez mais. Uma onda harmônica balançava seus corpos. Num dado momento, os primeiros se lançavam na água. Todos os seguiam.

O fundo da lagoa, a matéria orgânica, as fezes, os receios e o cansaço, tudo era pisoteado e afogado. As águas azuladas assumiam tonalidades entre o negro, o marrom, o verde e o cinza-escuro, revolvidas pelos cascos. Eram agitadas e movimentadas pelos quadrúpedes do centro para as bordas. Misturavam barro, sonhos, saliva, algas, pelagens, metano, suor e marfim. Após a travessia das bestas, chegava a vez do pastor. Solitário ou com a família.

De cima de um dromedário, de um burrinho ou a pé, contemplava o rebanho chegando ao outro lado. Então entrava na lagoa calmamente, seguindo a trilha dos animais. Mais ou menos no centro da travessia. Quase sempre enchia uma cabaça ou uma chaleira plástica com essa água colorida, habitada por todas as formas de vida e morte do universo. Derramava sobre a cabeça. Tomava uns bons goles. Gargarejava. Cuspia. E seguia em frente.

Muitas vezes, de cima do seu animal, lavava o rosto, os braços e os pés durante a travessia. Chegando ao outro lado, tirava um espelhinho e uma escovinha minúscula de suas bruacas. Imóvel, contemplava a própria beleza, como um Narciso. Alisava e escovava cuidadosamente seus cílios, pelo por pelo, como um bom peul. Não há homens no mundo que cuidem tanto dos cílios como os peuls.

Aí o pastor seguia em frente, vitaminado, elegante e saciado, tangendo seu rebanho e assobiando, quando não tocava sua flauta, cheio de alegria.

Mesmo as combinações de pelagens e de animais nos rebanhos não eram — nunca foram — capazes de diminuir a distância a percorrer. A cada ano, o norte estava mais distante. As áreas cultivadas se expandiam, apesar dos riscos de seca. Isso obrigava os rebanhos a viajar mais e para mais longe. Os obstáculos e a concorrência aumentavam.

Guiados e guardados pelos peuls, todo dia os rebanhos repousavam. Todo dia, antes da chegada da noite, o pastor seguia com seu rebanho para um local de pouso, próximo de aldeias e distante da água. Ali, reunia e contava seus animais. Alguns poucos eram amarrados estrategicamente. Isso e seu olho fixo de pastor bastavam para mantê-los no local. Não havia ameaças. Nada de ladrões, matilhas de lobos, leoas ou chacais.

CORES E REBANHOS

As fêmeas eram ordenhadas ao entardecer. Antes de alimentar-se com o leite, o pastor peul costumava provar uma primeira cabaça, seguindo um rito religioso. O leite provado era cuspido. E derramado sobre alguns arbustos, em pequenas quantidades, com todo o cuidado para não cair no chão. O leite aspergido e vertido sobre as plantas era um gesto de agradecimento e de retorno ao mundo vegetal. Todas as gotas deveriam permanecer sobre as folhas e ser absorvidas pela vegetação. As plantas tornaram possível a vida dos bovinos. Sem elas, não haveria leite. Se por acaso o leite fosse derramado no solo, o peul tocava o local com suas mãos e as colocava sobre o coração, dizendo uma frase prevista para esses casos. Qual? Nunca consegui ouvir, saber e entender. O resto do leite era usado para alegrar os cereais do jantar, tão escassos nas terras dos hauçás.

Quanto mais me afastava de Magami e de sua gente, mais as lembranças e conselhos de Diô se faziam presentes. Agora não tinha com quem refletir. Como entender aquele universo? Quantos animais subiam para o norte? Que áreas eram exploradas? Qual a origem e o destino desses rebanhos? Eu precisava fazer um censo disso tudo. Mas um censo era impensável. Estava confuso. Não sabia que método adotar, que protocolo de pesquisa aplicar. Ao mesmo tempo, as áreas agrícolas gemiam, com sede.

A grandeza da fome

Quanto mais eu progredia em direção ao Saara, mais a vegetação diminuía, em quantidade e tamanho. As árvores se transformavam em arbustos, estes em ervas e as ervas em areia. Seguindo o caminho oposto dessa miniaturização da vegetação, os homens cresciam. Nas terras das árvores e da vegetação mais alta do continente negro, na floresta tropical úmida do Congo e do Zaire, vivem os pigmeus. No Saara, os homens são altos e esguios, torneados pelo vento. Ao chegar a Dan Kulu, logo me impressionaram a altura e a magreza dos habitantes.

Fui recebido pelo chefe e uns poucos notáveis, que confirmaram: esse era um dos últimos vilarejos onde ainda se cultivava a terra, antes das pastagens ínfimas e infinitas da beira do Saara. Empreendedores e corajosos, os agricultores hauçás dessa região limítrofe pareciam jogadores num cassino da natureza. Ganhavam um ano, perdiam dois. Ganhavam por três anos, ficavam dois sem ganhar. A cada ano, a expectativa das chuvas era como uma aposta na loteria. Como todos os jogadores, lançavam mão de truques, trapaças, blefes e astúcias com o clima do Sahel. Às vezes dava certo, muitas vezes não.

Consegui uma casa de passagem para "autoridades". Era uma pequena cabana de palha. Madeira era uma raridade. A casa se sustentava com troncos tortuosos de *tunfafia*, uma estranha planta conhecida como lã de seda no Nordeste do Brasil. Ao redor, as plantações nunca apresentavam o vigor observado mais ao sul. Raquíticas, amarelas e sem viço, assim eram os vegetais e as crianças de Dan Kulu. Vivia-se pouco e mal por ali, longe de tudo e vizinho da fome, da miséria e do Saara.

Naquele ano, a roleta estava contra os agricultores. O período do jejum diário do Ramadã começara mais cedo e de forma compulsória. O pouco da comida disponível fora reservado e destinado aos homens, aos lavradores da terra. Eles precisavam de energia para trabalhar. Em várias casas, até esse alimento reservado já havia acabado. Contrastando com os solos claros, os agricultores lembravam estranhos espectros negros, caveiras recobertas de alcatrão. Por uma misteriosa reversão, sua pele se transformara em seus ossos. Eram como insetos ou crustáceos. Expunham seus esqueletos, contornados pelo vento e abalados com os choques dos grãos de areia. Nos campos, ainda conseguiam mover os braços, como se fossem pinças, com as suas *dabas*, os seus instrumentos de plantio e de capina. Lentamente.

O jejum de Ramadã é obrigatório para todo muçulmano responsável e apto (*mukallaf*). Durante o período de um mês lunar, os muçulmanos jejuam do nascer ao pôr do sol. Eu ficava impressionado com a seriedade de meus técnicos e auxiliares no cumprimento desse preceito sagrado. No meio de uma viagem, era constrangedor parar para comer com eles sentados ao lado, em silêncio, jejuando. Era constrangedor até beber água. Nem fumar podiam. Não ingeriam nada enquanto durasse a luz do dia.

À noite, suas mulheres ou seus amigos serviam pequenos banquetes açucarados, nutritivos e variados. Quanto melhor a situação financeira, maior o banquete. De madrugada, o imã ou o religioso mais preparado do vilarejo despertava todos, por volta das quatro da manhã, para a última refeição, antes do nascer do sol. Paradoxalmente, muitas pessoas chegavam a engordar durante o jejum, em virtude de jantares e desjejuns pantagruélicos ao longo da noite. Não era o caso em Dan Kulu.

Para os pobres, a seca decretava uma espécie de Ramadã permanente. Não se comia durante o dia, nem à noite. O impacto da fome era seletivo. Quando a escassez se aproximava, a primeira atitude das famílias era cortar a comida das crianças e dos idosos. Novas crianças poderiam ser geradas. Os idosos já viveram. Essa lógica cruel dos agricultores hauçás é universal. Foi assim no passado, na Europa e em diversos continentes.

As crianças, com fome e desnutridas, ficavam indolentes, como se anestesiadas. Apresentavam todos os sinais típicos de criaturas famintas: olhar apático, cabelos descoloridos e caindo em profusão, braços e pernas esqueléticos, ventre inchado pelo fígado hipertrofiado, pele pálida, rachada e seca. Em muitos, vários edemas provocados pela falta de proteínas se estendiam por todo o corpo. Moscas e bicheiras proliferavam, em meio a sussurros e soluços.

Elas sentavam junto com os velhos sob algumas árvores raquíticas. Não eram árvores de palavras e sim de silêncio e lamentações. As crianças permaneciam ali, mais ou menos imóveis, sonolentas. Os velhos as amparavam e tentavam alimentá-las com algumas histórias. As frases eram indigestas e secas. Suas palavras não continham molhos, nem gorduras. Os personagens horrorizados abreviavam os relatos e perdiam-se nas memórias vacilantes e na língua travada dos idosos. Eram contos vegetarianos. Não atendiam aos sonhos de uma cabaça de leite. A primeira e a terceira geração ficavam juntas. O passado e o futuro estavam unidos e exauridos, enquanto a segunda geração tentava garantir a sobrevivência do presente.

Aos velhos e às crianças, as famílias pobres destinavam a água com que lavavam os cereais. Uma espécie de água esbranquiçada, com um pouco de amido. E às vezes algum resto de comida,

um ínfimo resíduo, muito disputado. Ao longo do dia, apoiadas umas contra as outras, as crianças dormiam e cochilavam
recobertas de moscas. Bastava um veículo estranho e inesperado
aproximar-se e todas se levantavam com as mãos estendidas. Os
velhos se escondiam, envergonhados. Elas não pediam ajuda,
nem dinheiro, nem presentes, nem esmola. Pediam comida.

Nos vilarejos visitados próximos a Dan Kulu, a imagem era
a mesma. Mei Dagi se queixava da impossibilidade de negociar
e comerciar naquele contexto. Todo o meu dinheiro não poderia comprar a comida necessária para saciar um dia dessa fome
imensa. Eram situações aflitivas. Quantas vezes não entreguei a
mulheres famintas todos os meus mantimentos disponíveis, pro-
vando depois, eu também, um jejum compulsório? O meu era
de um dia. O deles durava séculos. E as mortes eram frequentes.
Não esquecia a morte de Yakei, assistindo a funerais de velhos,
crianças e mulheres, muitas em trabalho de parto.

Uma tarde, usava um trado para coletar amostras de solo nas
proximidades de Dan Kulu. Pacientemente, girava aquela espécie de saca-rolhas gigante para obter fragmentos da terra situada em profundidade sob meus pés. Estava sozinho. Não tivera
coragem de convocar auxiliares, em pleno jejum muçulmano,
para essa tarefa. Ao perfurar uma duna, ao lado de um campo de
milheto, dois homens surgiram. Corriam e gritavam em minha
direção. Parei assustado, sem entender o porquê daqueles gritos
e gestos desesperados. Olhei para os céus, para o chão e para os
lados, esperando o pior. Uma áspide? Um ataque de abelhas?
Uma manada de elefantes? Um demônio? Um meteoro? Por via
das dúvidas, levantei os braços. Mãos ao alto! Fiquei nessa posição para, talvez, acalmá-los...

Pararam de correr. Ofegantes, magros e ressequidos, se aproximaram, quase se arrastando, e logo se explicaram. Ali havia
sido enterrada uma mulher e um recém-nascido, fazia alguns

A GRANDEZA DA FOME   291

dias. Eu havia parado a poucos centímetros de colher algo mais do que solo arenoso no eixo afiado do trado. Nada, absolutamente nada, marcava o local. Só vento passeando pela duna e deixando seu rastro de liberdade e derrisão. Como a morte.

Suspendi a coleta. Sentamos lado a lado. Ficamos em silêncio, olhando para o nada. O onipresente odor de suor africano nos envolvia. Lembrei-me de uma frase bíblica. Ela embalou muitas de minhas andanças nas vizinhanças do Saara: *Ex tot Dei operibus nihilum magis cuiquam homini incognitum quam venti vestigium.* Literalmente: "De todas as obras de Deus, nenhuma é mais desconhecida ou misteriosa para o homem do que o rastro do vento" (Eclesiastes 11).

O vento devia estar marcando minha pele quando surgiram cicatrizes novas no coração. Era hora do almoço. Estava prestes a comer, escondido, um sóbrio e frugal lanchinho. Da pequena choupana em Dan Kulu, ouvia uma menina chorar. Muito. Era na casa ao lado. Eu a conhecia de vista e ela me lembrava Yakei. Apenas era um pouco mais nova. Talvez 10 ou 12 anos, no máximo. Ela chorava e protestava. A mãe insistia e explicava. O pai também. Um mistério. Saíram e pararam ao lado da paliçada de sorgo que separava nossos domínios. Os pais explicavam com serenidade que seria bom para ela. Só que, ao mesmo tempo, pareciam chorar. Muitas vezes eu vira esse tipo de situação nos rostos dos hauçás. As palavras diziam uma coisa e os olhos outra, completamente oposta.

Alguns dias depois, soube de sua história, graças ao relato de meu informante Mei Dagi. Era uma história banal e frequente na região. O pai não tinha mais comida. Eram cinco filhos. Teve de pedir emprestado um pouco de milheto para plantar e alimentar sua família junto a um El Hadji local. Esses empréstimos dão lugar a um nível de usura muito elevado. A extorsão era uma prática comum por parte dos abastados, sobretudo naquelas circunstâncias.

292 A GEOGRAFIA DA PELE

O El Hadji o recebeu, concordou em emprestar, em ajudá-lo. Todavia, ele também precisava de ajuda. Disse. Já era um pouco idoso. Suas esposas também. A filha do agricultor viria habitar a casa do El Hadji. A menina os ajudaria nas tarefas domésticas, como uma serva, uma escrava. Seria um alívio para ambos e uma boca a menos para ele alimentar. O pai sabia: o El Hadji manteria relações sexuais com sua filha. Rapidamente. Uma verdadeira escrava. Nunca mais reaveria sua menina. Até seu nome seria mudado.

No entanto, ela, pelo menos ela, estaria salva. Teria o que comer. Alguma de suas outras crianças talvez morresse em consequência da fome e da miséria. Nas mãos do El Hadji, mesmo escravizada, aquela filha escaparia. Isso ele diria para sua esposa. Quem sabe um dia não os ajudasse? Isso sua esposa diria para ele. E seria uma boca a menos para cuidar. O negócio fora fechado, mesmo se isso não apagasse totalmente a sua dívida.

O choro da menina iria perdurar por muito tempo. Mais terríveis eram as práticas baseadas na crença de que bastava um homem com doença venérea manter relações sexuais com uma menina virgem que ficaria curado. Com a explosão da Aids na África, dez anos depois, essa prática ganhou contornos de estupro em muitos lugares, antes inimagináveis no mundo muçulmano.

Os fins de tarde em Dan Kulu traziam áridas imagens de miséria e uma profusão de murmúrios de sofrimento. Mei Dagi promovia uma guerra de queixas, lamúrias e lamentações. Para completar, o velho chefe do vilarejo entrou numa espécie de coma. Passava a noite gemendo de dor. Urrava. Quando eu perguntava se não iam fazer nada, dado o sofrimento daquele senhor, me explicavam: o chefe morreria amanhã. Foram uns quinze amanhãs até isso acontecer.

Paradoxalmente, essa imobilidade dos céus e da terra, dos homens e dos animais, me permitiu esboçar rapidamente um mapa dos recursos vegetais da região, dos rebanhos locais e de passagem. A pobreza da flora foi levantada e esgotada em algumas dezenas de coletas, em meio às jeremiadas de Mei Dagi. Nenhuma planta me surpreendia. Todas conhecidas. Mas, além dos limites dos últimos campos cultivados, existiam homens, diversos nômades com seus animais.

Os deveres da pesquisa e, sobretudo, a curiosidade interior me empurravam em busca de algo, de um saber, de uma experiência, escondida, prometida e oculta nas dunas. Ao cair da tarde, o contorno das dunas lembrava sobrancelhas franzidas e olhares cada vez mais sisudos. Quase todo santo dia havia um enterro. Tudo era opressivo naquela terra seca e estéril em que eu era o estranho dos estranhos.

Encontro de avós

O vento soprava para o norte, com mensagens de liberdade. Decidi seguir seus rastros invisíveis em meio à opressão da fome, à exploração da miséria e à ameaça dos dentes do céu. A pobreza da flora e da vegetação, unida à fome e aos gafanhotos, permitiu concluir rapidamente a pesquisa na região de Dan Kulu. Eu me concentrava em avaliar a produtividade das pastagens, dispersas entre nuvens e choros de crianças. Indagados sobre o que havia além desses últimos vilarejos e campos cultivados, os hauçás diziam apenas: a federação dos tuaregues em disputa com os peuls e seus rebanhos.

Nômades e guerreiros, os tuaregues são famosos pela combatividade, perspicácia, raciocínios elaborados, poesia e hospitalidade sagrada. Além da violência de suas espadas, bem ocultas, como o seu corpo branco, sob roupas negras e azuis. Ali no norte, eu encontrava o *tifinagh*, a escrita tuaregue, em inscrições sobre objetos como arreios, alforjes, armas, tapetes e em um epitáfio no mausoléu de um marabu. Os livros falavam dos belos poemas e mensagens de amor em *tifinagh*. Toda transcrição começava por: "Eu, fulano de tal, disse..." Um em cada três homens tuaregues e uma em cada duas mulheres escrevem em sua língua, sem hesitação. Não existe uma ordem para apresentar as letras desse alfabeto. Os sinais do *tifinagh* lembram notações matemáticas e artísticas

296 A GEOGRAFIA DA PELE

Decidi conhecer o chefe tuaregue da região situada ainda mais ao norte, nos vales de Tarka e Afagag. A população local, para variar, era de opinião contrária.

— *Babo*. Não é necessário. Por que se aventurar nessas areias traiçoeiras?

— Para minha pesquisa talvez seja interessante.

— *Babo*.

— Não seria bom conhecer o vizinho do norte?

— *Babo*. Não é necessário — repetiam.

— Em meu país, gostamos de conhecer os vizinhos — eu replicava.

— Nós também. Mas, neste caso, não é necessário. *Babo*.

— Minha religião exige.

— Huuummm. É arriscado. Não há estradas. Só pistas.

— Quem vem comigo?

— Aonde, Mei Sanda?

— Encontrar o chefe tuaregue.

— Seu acampamento é móvel...

— Meu carro também.

— Huuummm...

Consegui um único guia de infortúnio. O de sempre. Mei Dagi. Em hauçá, a palavra *dagi* significa sertão, mato, natureza selvagem. Estava na hora de aquele "senhor do sertão" mostrar seu valor. Ele aceitou diante da perspectiva de algum novo comércio e de um aumento no valor de suas diárias. Por ali, os *kudis* estavam mais raros do que água e comida. Colheu informações sobre os acampamentos de Gula e Bader. Fizemos uma viagem até um posto administrativo onde adquirimos bastante combustível e uns tantos mantimentos. Retornamos a Dan Kulu com o teto do veículo repleto de reservatórios de diesel. Dava para atravessar o Saara.

Calculamos. Era pelo menos um dia de viagem, saindo de madrugada, para atingir os acampamentos do grupo de Tambari

ENCONTRO DE AVÓS 297

Agali. Planejei o possível. Sem direito a nenhuma pane. Com tudo combinado, partimos sem maiores despedidas ao nascer do sol.

Com a prática, dirigir um veículo nessas regiões desérticas, onde as areias recobrem tudo como uma inundação e as dunas parecem ondas petrificadas, era um prazer. Diminuí a pressão dos pneus e o carro flutuava. Cada tipo de areia pedia um tipo de velocidade e de potência do motor. Mei Dagi, atento e concentrado, me indicava uma pista teórica. Eu não a via. Não havia nenhum rastro. Existia na sua cabeça de zaré e isso era o básico. Logo percebi: a invisibilidade era seu ponto mais forte.

— Está vendo as avestruzes, Mei Sanda?

— *Babo*. Onde?

— Lá... Lá... Lá...

Eu me cansava de olhar e não via nada. O mesmo ocorria com macacos, raposas, antílopes e chacais. Muito enxerguei. Nada vi. Nunca. *Babo*. Contudo, Mei Dagi tinha certeza: estavam lá. Os animais rastejavam, voavam, corriam... Isso me bastava. Mei Dagi, lusco, os via e com detalhes. Mas isso não lhe bastava. Chegava a obrigar-me a parar o veículo. Eu precisava ver. Descia do carro. Subia no teto. Espreitava com binóculos. Nada. Enquanto isso, ele — sem binóculos —, ciclópico, se deleitava com o espetáculo galopante dessa fauna selvagem, invisível.

Quando o local apresentava um interesse botânico, eu detinha o veículo e aproveitava para coletar plantas, descrever a raridade da vegetação e avaliar a qualidade das pastagens. Numa dessas paradas, ao fazer anotações em minha agenda, percebi um fato marcante: era o dia do meu aniversário. Se houvesse uma festa-surpresa, seria mesmo excepcional: Mei Dagi e toda a fauna transparente do Saara cantando meus parabéns. Não resisti e comentei o fato com o caubói mascador de noz-de-cola.

— Hoje é meu aniversário, Mei Dagi.

— E daí, Mei Sanda?

298 A GEOGRAFIA DA PELE

— Como assim?

— E daí?

— Hoje é o dia do meu aniversário!

— E daí?

— Nas minhas terras, dia do nascimento é um dia de festa.

— E por quê?

— Porque você cresceu, viveu mais um ano. Você não festeja aniversários?

— No meu grupo, não. Quem garante que você cresceu?

— Como assim?

— Muita gente passa dois e três anos sem crescer. Outros crescem várias vezes por ano. Ficam mais maduros.

— E então?

— Quando um jovem ultrapassa um problema, resolve uma dificuldade e torna-se mais maduro, nosso grupo reconhece e faz uma pequena festa. Para ele. Nessa ocasião. Pelo crescimento.

— Entendo.

— Será? Não. Você não entende, Mei Sanda.

— Acho que sim...

— Festa só quando a pessoa cresce. De verdade.

— Entendo...

— A festa não no dia em que ela nasceu. Às vezes, a própria pessoa nem tinha percebido que crescera.

— E no meu caso?

— Talvez. Um dia. Melhor prosseguirmos.

— Quem sabe o futuro? — eu disse, parafraseando Mei Dagi e tantos outros.

Fechei a agenda e prosseguimos. Não paramos mais para comer. Nem para festejar. Ele jejuava e eu estava com pressa de chegar. Colhemos informações desencontradas pelo caminho. O deserto nunca foi um deserto. Sempre os humanos, aqui e acolá. Como nos lugares mais isolados da Amazônia. Eles sabiam, talvez, orientar alguém a camelo, a cavalo ou a pé. Com o veículo, suas informações esgotavam a validade em poucos quilômetros. Em meio ao sem-fim, começava a ficar preocupado quando o acampamento dos tuaregues surgiu. Como uma miragem colorida. Chegamos cansados, ressequidos, cobertos de pó e areia.

Aproximamo-nos lentamente. Os tuaregues não vieram nos receber. Pelo contrário, esconderam-se com discrição em suas tendas. Um desavisado se julgaria *persona non grata* e bateria em retirada, prosseguiria seu caminho. Temeria um ataque. O significado do eclipse dos tuaregues estava no respeito do outro. O desconfiado Mei Dagi já tinha me avisado.

Parei o veículo do lado oposto ao dos animais. Descemos. Ao nosso encontro veio, unicamente, um escravo buzu, mestiço de tuaregues brancos com outras etnias negras. O mestiço nos indicou, sorrindo, um assento na sombra, sobre esteiras desenroladas por ele com extremo cuidado. Depois, trouxe uma cabaça de água fresca, incorporada com cereais. Refrescava e alimentava um pouco. Mei Dagi não tocou naquele líquido profanador de Ramadã. Em seguida, o escravo desatou meus sapatos e ofereceu-me uma bacia de alumínio com um pouco de água para lavar o rosto, as mãos e os pés. Nessa ordem. Dessa vez, Mei Dagi aderiu. Com os pés lavados, refrescados, cochilamos na sombra, deitados nas esteiras de palha e tendo por colchão a areia macia. Sob o olhar terno do buzu.

Quase uma hora depois, acordamos com sonoridades crescentes. O chefe tuaregue surgia à distância, paramentado. Levantamo-nos, recompostos. Saudava-nos com sua comitiva de nobres e servidores. Surpreso, quase esbaforido, dirigia-se a mim como se eu tivesse acabado de chegar. Estávamos prontos para o encontro. Ele, devidamente trajado e acompanhado. Eu, recuperado da viagem e do cansaço. Saudamo-nos com entusiasmo, sob os olhares sempre brandos, satisfeitos e quase profissionais do servo buzu e do guia zarolho. O rito iria se repetir em outras visitas. E convinha às duas partes.

O nome do chefe era Tambari Agali. Não devia apertar sua mão. Mei Dagi tinha sido explícito sobre isso durante todo o caminho, como na visita ao governador. Eu já sabia. Ele insistia. Não toque em suas mãos. Nada de cumprimentos no estilo hauçá ou peul, com as palmas das mãos. Nada de servir de para-raios de pragas e maldições tuaregues. *Babo*. Saudamo-nos e sentamo--nos, face a face. Intocados e intocáveis.

Ele queria saber por que eu viera. Um tradutor de ofício repetia misturando francês e hauçá, com infinita atenção, as palavras do seu chefe e comandante. Precisava de ajuda? De alguma informação? Procurava por alguém? Necessitava de um guia para atravessar o Saara até a Líbia? Seria um refugiado político? Estavam me perseguindo em minhas terras? Desejava caçar? Buscava pedras caídas do céu? Estava com sede e fome?

Muitos dos assuntos de suas perguntas me interessavam. Mas não era nada daquilo. Expliquei o real motivo da visita: nossos costumes lá no bairro da Mooca, em São Paulo, no Brasil. Tinha vontade de falar em português. Mas não havia hipótese de tradutor e tradução. Evoquei a tradição do meu povo e de minha família, de conhecer e respeitar os vizinhos. Mesmo quando seus cachorros faziam muito barulho em horas inadequadas. Contei--lhe algumas coisas sobre a Mooca. E de nossa admiração pelos nômades. Meus avôs haviam feito uma distância maior que da Mauritânia à Arábia Saudita para achar a boa terra onde viviam agora, vindos da Europa até o Brasil.

Tambari ouvia com atenção. Ele e seus conselheiros pareciam impressionados por meus nômades ancestrais europeus. Eu podia falar de qualquer outro local, talvez o resultado fosse o mesmo. O melhor era dizer a verdade e evocar a Mooca. Era só isso, uma visita. De vizinho. Da iemenita Moka. Do Alto da Moka.

ENCONTRO DE AVÓS

Ele ficou um pouco surpreso. Acreditou nessa história verdadeira: era uma visita. Apenas. Também lhe entreguei um presente: um quilo de chá verde chinês, legítimo, comunista. Com foice e martelo marcados em vermelho no tecido branco do pacote. Naquele tempo, esses comunistas eram pobres agricultores e ainda não inundavam o mundo com as mercadorias industrializadas tão necessárias às sociedades capitalistas. Além do chá, trazia dois pacotes com pães de açúcar. O escravo buzu recolheu as ofertas. Tambari não as tocou. Evitou-as, como eu evitara suas mãos.

No Saara, entendi a origem do nome de um dos pontos turísticos mais conhecidos do Rio de Janeiro. O açúcar era vendido em pedras e não em pó. Os blocos de açúcar têm a forma de cones, bem arredondados. São empacotados num invariável papel azul igual ao dos antigos rolos de algodão das farmácias ou do papel de seda que envolvia as maçãs vindas da Argentina, no século passado. Não cheguei a descobrir de onde vinham esses blocos de açúcar. Eram os verdadeiros e originais pães de açúcar. Lembram pães e mamões, grandes mamas. Eles deram nome ao Pão de Açúcar carioca. Os presentes foram ajeitados com cuidado no chão, sem serem abertos, aos pés de Tambari Agali pelo escravo buzu. Ficaram alguns dias por ali. Dias.

O sol declinava. As mulheres atarefadas preparavam os últimos detalhes da primeira refeição da noite de Ramadã. E eu, cercado por tuaregues, respondia a um infindável questionamento, singelo e gentil, vindo da parte de vários futuros convivas. As perguntas eram todas pessoais. Sobre coisas que gostava e não gostava, apreciava ou não. Envolviam música, odores, luzes, alimentos, vizinhos, ruídos, horários, fome, sede, atividades profissionais, rezas e até algumas indicações sobre com que frequência, como e quando satisfazia minhas necessidades fisiológicas. Fui salvo do interrogatório pelo crepúsculo, quando todos partiram para fazer suas orações.

Sentamo-nos para a refeição de Ramadã. Eu tinha um lugar de honra, face a face, com o chefe tuaregue. Mei Dagi não foi convidado e se ajeitou com os buzus, num círculo mais externo. As perguntas voltaram a se repetir. Respondi como pude, ao longo de um jantar eucarístico: galinha ensopada com arroz. O arroz era o cereal preferido daquele grupo. Comida de deuses, tão distante de sua ecologia produtiva. Eu comia e respondia, quando entendia a pergunta. Não tinha ocasião de perguntar quase nada. Mei Dagi tentava seus negócios conversando em paralelo com os buzus, alheio às minhas dificuldades linguísticas. Tive a impressão de que, entre a venda de alguns sabonetes e latas de massa de tomate, ele lhes recomendava tomar cuidado com minha pessoa. Talvez tivesse razão. Nunca se sabe.

No final do jantar, os escravos serviram um chá verde, milagrosamente aquecido em duas minúsculas pedrinhas de carvão. Sua doçura era semelhante à dos cafés servidos na Zona da Mata nordestina. O açúcar, abundante, formava dunas e colinas na xícara. Com muito açúcar e com afeto, depois de um longo tempo de conversa e vários copinhos de chá, o calado Tambari sentenciou:

— Nossas avós eram muito amigas!

— Como? — indaguei discretamente.

— Suas avós eram muito amigas! — reiterou alguém de sua comitiva.

— Avós?

— É. Avós, as mães de seus pais — confirmou baixinho em meus ouvidos Mei Dagi, recém-chegado para descolar um chazinho.

— Ah. Entendi. Nossas avós.

— Muito amigas. Nossas avós.

— Nossas avós.

— Nossas avós.

ENCONTRO DE AVÓS

Fiquei surpreso e confuso com essa história de avós, mas concordei. Não sei por que, lembrei-me primeiro de minha avó portuguesa, Doroteia, cujo nome evocava o presente de Deus. Tinha o perfil para sobreviver no deserto e transformar em carvão todas as relíquias de sua vegetação. Até da madeira petrificada ela faria carvão mineral. Depois me lembrei da avó italiana, Amélia, cuja excelente culinária diferia bastante das teses de Haladu. Sua vida nômade e seu amor por mudanças e casas novas a fariam apreciar a companhia daquelas belas mulheres tuaregues, com suas tranças, seus ornatos de prata e lápis-lazúli (ou seriam de turquesa?) e seus vestidos azul-violeta e anil. Ela adorava o anil.

De onde Tambari tirara essa conclusão sobre nossas avós? Não havia como checar com as avós. Ainda eram vivas naquele tempo, mas moravam longe. Na terra da garoa, lá no Alto da Mooca. Eu ainda pensava nesse relacionamento matrilinear quando Tambari e os tuaregues se levantaram e retiraram-se sem dar maiores indicações sobre o que viria a seguir. Era hora de dormir. E logo. Para acordar antes do sol e comer e beber de novo. Mais tarde, Mei Dagi me explicou um significado possível daquela frase sobre as avós: nossa amizade já era grande, era como se cobrisse várias gerações ou como uma relação herdada. Gostei. Iria dormir mais sossegado. Antes, porém, precisava saber onde.

A tenda movediça

Éramos hóspedes no acampamento tuaregue. Eles iam me oferecer uma tenda, uma barraca. Quando me anunciaram a perspectiva dessa tenda, levantei com Mei Dagi a possibilidade de dormir na parte traseira do carro. Como de costume. Mei Dagi dissuadiu-me. Seria uma ofensa suprema. Ele, sim, dormiria por lá, longe dos escravos buzus. Talvez transformasse o carro numa vendinha. Eu tinha direito a uma tenda de hóspede. Um lugar inviolável e sagrado. Irrecusável. Distante dos negócios de Mei Dagi.

Durante a conversa com os tuaregues, eu vira pessoas andando para lá e para cá com um projeto de tenda ou barraca. É a tenda do hóspede, alguém murmurara em minha nuca. Ora iam instalá-la num local, ora mudavam de ideia e partiam para outro. Chegava alguém e fazia um comentário para os instaladores da tenda. Em plena montagem da barraca, decidiam colocá-la em um novo local. Hesitavam e pareciam constrangidos. Confusos. Decididos e indecisos. Zanzando.

Muito bem. Finalmente montaram uma pequena tenda de ângulos retos, como um paralelepípedo. Sua cobertura eram mantas de algodão, bem coloridas, com tons dominantes de vermelho e vinho. Tinha pouco mais de 1 metro de altura. Talvez sufocasse lá dentro. Enganei-me. Era fresca e bem ventilada. E, sobretudo, nunca encontrei um morcego lá dentro, nem voando, nem dependurado, nem acompanhando um canapé. No mundo romano, o canapé era um tipo de leito cercado de mosquiteiro. O meu ficara no carro.

No interior da barraca foi colocada uma esteira de forma oval, com uma coberta ou manta de coloração índigo. Suas bordas eram elevadas e subiam uns 30 centímetros. A esteira parecia uma grande bacia. A parte externa mostrava uma infinidade de pontas de capins trançados. Segundo Mei Dagi, aquela falta de arremate era proposital. As pontas de palha seca cruzadas, em todas as direções, impediam que os escorpiões subissem na esteira. Se tentassem, cairiam. Dentro dessas bacias de palhas, deixam os bebês durante o dia, atadinhos como múmias nos sarcófagos.

— Estão te tratando como um bebê, Mei Sanda.

— Acho que me recebem como um hóspede. E muito bem.

A notícia sobre o poder antiescorpião da esteira tuaregue não me tranquilizou. Muito pelo contrário. Já acordara várias vezes com escorpiões dentro e debaixo de barracas, nos mais diversos locais. Imaginei-os subindo pelo tecido da tenda e deixando-se cair como paraquedistas, bem no centro da esteira. Só para me atacar. Em caso de picada, ali não havia onde subir para se desligar da terra. E a casa do ferreiro Guwani, com seus remédios específicos, ficava bem longe. A tenda fora colocada longe do veículo. Quase do lado oposto do vilarejo.

Depois de reconhecer a tenda, agradeci e instalei meus parcos pertences. Busquei e aproximei o veículo, pouco antes de ir dormir. Não gostaram. Essa atitude suscitou alguma discussão num grupo próximo de tuaregues. Ouvi alguém dizer algo como: ele gosta do cheiro de diesel.

A noite foi tranquila. E o dia seguinte, de muito trabalho. Não poderia deixar de coletar plantas e fazer observações. Explorei uns pequenos vales fósseis da região, seguido por um séquito de curiosos. Ao retornar do campo, a tenda não estava mais no local. Era como se tivessem roubado a minha casa. E onde estariam os poucos objetos deixados na tenda? Mistério. Seria um sinal para partirmos? *Babo*. Não era. A tenda havia sido montada num outro local do acampamento. Eu não sabia as razões, os motivos desse deslocamento. Aceitei, intrigado, sem discutir. Coisa desagradável alguém mexer em meus pertences, mudando tudo de lugar, sem me consultar.

— Sabe o que motivou a mudança da sua tenda? — disse Mei Dagi.

— Alguém ia furar um poço de petróleo no local, ou por ali passaria um comboio militar ou, quem sabe, ela estava na posição do mercado semanal, cuja única barraca ocupava exatamente aquele lugar?

— Mudaram por sua causa, Mei Sanda.

Mei Dagi não gostou da ironia dos comentários. Os irônicos hauçás odeiam ironias de outrem. Ficamos no acampamento por vários dias. Ao retornar do campo, como por ironia, a tenda sempre havia mudado de lugar. Ao chegar ao acampamento, minha primeira preocupação era achar a tenda. Por onde andaria? Meus pertences a seguiam fielmente e estavam sempre dispostos como os deixara. Imóveis. Sem queixa alguma. Tentava entender e não ousava perguntar. Nem aos meus pertences, nem aos meus anfitriões. Quando toquei no assunto com Mei Dagi, ele me disse:

— Aqui, o petróleo. Lá, a passagem dos comboios militares. E, como você já sabe, o mercado nunca ocorre no mesmo lugar... Cuidado!

A tenda deslocou-se para leste, para o norte e para o sul. Nunca para o oeste. Aproximou-se e se afastou várias vezes do vilarejo. Com o tempo e as conversas, entendi. A distância da tenda devia atender ao seguinte requisito da cultura local tuaregue: não muito longe para não me sentir rejeitado e não muito perto para não perder a intimidade. Ao resolver essa questão topológica e social, a tenda apenas girava ou ondulava numa espécie de círculo, de raio mais ou menos constante. Ficou mais fácil localizá-la no final de cada dia.

A revolução da tenda prosseguia. Constante. Ora avançando no sentido horário, ora no anti-horário. Sua localização também deveria me oferecer o melhor ambiente possível, o mais agradável para mim, entre os existentes no acampamento: com sol à tarde ou de manhã? Perto ou afastado dos camelos? Vizinho da tenda do chefe ou das tendas em geral? Essas equações eram um sistema complexo. Daí a razão de tantas perguntas sobre meus gostos e hábitos. Eram vários fatores em jogo. A tenda seguia um evidente movimento de rotação em dois sentidos. Eles procuravam o meu lugar.

A localização da tenda ajustou-se, na medida em que os tuaregues conheciam mais sobre minha personalidade. Parecia um jogo. Um dia comentei algo sobre cavalos. Logo entenderam: ele gosta de cavalos. À noite, ao regressar, a tenda havia se afastado dos camelos e estava mais próxima dos cavalos. O odor do esterco mudou radicalmente. A quantidade de moscas também. Bastava me queixar do pôr do sol e a tenda ia para leste. E, se elogiava o silêncio do Saara, a tenda ia para o lado mais silencioso do acampamento.

Ocorriam movimentos e deslocamentos incompreensíveis. Um dia, a tenda se deslocava apenas alguns centímetros. Pelo menos era essa a impressão. Talvez não tivesse saído do lugar. Talvez a terra houvesse escorregado um pouquinho, empurrada pelo vento ou derretendo sob o calor do deserto. Ou, quem sabe, deslocaram todo o acampamento de uns 2 metros para o Ocidente, durante a noite, silenciosamente, apenas para eu dormir bem e acordar melhor.

Em outras ocasiões, a tenda girava sobre seu eixo, sem sair do lugar. A porta, num dia, abria para oeste, e, no outro, para noroeste, graças a esse movimento de rotação em torno de um eixo imaginário. Para Mei Dagi, quanto mais para o norte, melhor. Se apontasse para o sul, aí sim, indicariam que deveria partir. Era a direção de onde eu viera.

Eu nunca fui consultado sobre essas mudanças. Nem antes, nem depois. Ainda bem. Não me conhecia tanto assim para poder ajudá-los. Tornara-me um nômade, um verdadeiro tuaregue, dentro do acampamento. Minha satisfação e necessidades seguiam avaliadas pela metodologia tradicional deles: uma abordagem comunitária, participativa, moderna, e cujo funcionamento nunca entendi assim como nunca soube quem decidia. Os escorpiões e os meus pertences se adaptavam aos deslocamentos da tenda. Como eu.

Uma coisa era certa, com o passar do tempo a tenda se deslocava e se movimentava cada vez menos. Minha personalidade, meus gostos, repulsas, manias e outras taras já estavam conhecidos o suficiente para definir o local, o lugar e a posição da minha tenda naquele grupo tuaregue. Às vezes, algumas letras de seu alfabeto eram escritas ao lado da tenda. Eram mensagens, avisos, conselhos ou declarações de amor dirigidas a um analfabeto. Devia tê-las anotado na minha agenda, no diário.

Em certa ocasião, ao retornar do campo, notei que minha tenda continuava no mesmo lugar. Foi um choque. Olhei para todos os lados. Quase recorri à bússola. Ocorrera um descuido de meus anfitriões nesse dia? Não. Eles não tocaram mesmo na tenda. Era uma imobilidade voluntária. Fiquei incomodado. Não era possível retornar para casa e encontrá-la no mesmo lugar, imóvel. Busquei alguma forma de alteração locacional, mais sutil. Teria sido elevada de 15 centímetros ou rebaixada de 20? Não. *Babo*. Nada. Pelo jeito, agora eu já era um conhecido. O entorno da tenda havia sido varrido, espanado. Nenhuma marca de pé ou pegada nas areias. Eu tinha um lugar definitivo no coração do acampamento. Fixo. Era, um pouco, como se eu fosse um deles. O lugar definido e definitivo me parecia banal. E era.

Sentia certa decepção. Imaginava-me um ser mais complexo e surpreendente. Não era. Bastaram menos de vinte noites para os tuaregues saberem o necessário sobre Mei Sanda, seus gostos e seu modo de ser. O resto, ou não tinha a menor importância, ou minhas avós já lhes haviam revelado muito antes de eu nascer ou colocar os pés na África. Ancorada na areia, a entrada da tenda estava voltada para o norte, com a porta ligeiramente para nordeste. Bom sinal.

Deixaria meu odor naquelas areias. Seriam marcas invisíveis. Um alfabeto desconhecido. Meu *tifinagh*. Alguém me conhecia o bastante para amarrar minha casa na areia. Não era dia do meu aniversário, mas tive vontade de comemorar. Optei pela discrição. Foi um grande alívio para mim, para meus pertences, para os montadores da tenda e para os escorpiões. O paulistano estava em casa, quase na Mooca, cômodo e acomodado.

Saudades do deserto

Meus incômodos ocorriam quando deixava o acampamento tuaregue e não quando retornava. Para meu desespero, o filho do chefe, Ibrahim, insistia em me acompanhar em todos os deslocamentos. Nessas andanças, onde quer que eu parasse, Ibrahim sistematicamente cortava os arbustos e as pequenas árvores com sua afiada machadinha. E fazia-o com agressividade. Se existem plantadores de árvores, existem também seus exterminadores. Ibrahim era um deles. Ele parecia fazer aquilo com certo orgulho. Além de me sinalizar, o tempo todo, a direção para onde havia um poço, caso necessitasse de água. Eu, confesso, estava mais interessado nos postos de diesel que nos poços de água.

A areia e as distâncias consumiam muitos litros de combustível. Mas as reservas de segurança que trouxera eram confortáveis e me permitiam prospectar a região. Ibrahim continuava cortando arbustos e sinalizando os invisíveis pontos de água. Indagava-me se não favorecia o desaparecimento de vegetação natural, ao levar aquela voraz machadinha a lugares tão diferentes e em tão pouco tempo. Eu, logo eu, um ecólogo, servindo de instrumento para a desertificação.

Para os homens azuis, água é sinônimo de poço. E de mistério. Vive escondida. Melhor assim. Quase nunca veem a água livre na natureza. Ali, a chuva é raridade, não existem rios, nem

312 A GEOGRAFIA DA PELE

lagos. Muito menos gelo ou neve. A água é uma preciosidade. Saber encontrá-la nas porosidades do vento e alcançá-la no vácuo das areias é um dos primeiros e principais segredos desse povo. O desperdício de água é inimaginável.

As jovens mães tuaregues conseguem dar banho em seus bebês com uma pequena caneca de água. Sentadas na areia, manipulam a criança sobre seus pés com movimentos precisos. Parecem conduzir o percurso de cada gota-d'água ao longo do corpo das crianças. Nada se perde. Nenhuma gota ousa saltar à terra sem acariciar o corpo infantil, da cabeça à ponta dos pés. Conforme as suas tradições, quando uma gota de suor ousa aflorar no corpo de um tuaregue, ele medita e impede que ela escorra. Em face de tanta economia de água pensava se o ex-cozinheiro Haladu não teria em suas veias algumas gotas de um ressequido sangue tuaregue.

Um dia, convidei o idoso Tambari Agali para ir conosco à região de Gadabeji. Um simples passeio de uns 30 a 40 quilômetros. O chefe aceitou muito agradecido. No dia seguinte, levou uma eternidade se preparando, logo ao amanhecer. Colocou muitos, muitos patuás suplementares de proteção. Seus braços ficaram revestidos de bentinhos, por assim dizer. Ele me mostrou outra infinidade de patuás dependurados no seu tronco, sob suas vestimentas, como colares. Até fitinhas do Senhor do Bonfim e um escapulário de Nossa Senhora do Carmo poderiam existir entre tantos penduricalhos. Era mesmo muita proteção. Ele devia precisar. Subiu no carro com dificuldade. Seu peso devia ter dobrado.

Mei Dagi ficou revoltado em ceder seu lugar ao chefe. Recusou participar do nosso passeio. Não fez falta. Tambari indicou os locais e as trilhas a serem percorridos: Tafassauá, Dogo e Ingelt. Seria uma satisfação levá-lo até lá. Devido à sua idade, fazia algum tempo ele não viajava nem visitava essas localidades.

Toda sua corte de guerreiros subiu silenciosa no carro. E mais dois escravos buzus. Não percebi quando entraram. Não notei quando saíram. Tinham as cabeças recobertas pelo lenço típico dos tuaregues, de 7 metros de comprimento. Deixavam apenas seus olhos visíveis. Isso quando estavam bem abertos. Rodamos muito, sem encontrar ninguém. Apenas a pele amarelada da terra e alguns animais selvagens. Eles viam, mesmo pelas frestas. Eu não conseguia enxergá-los.

No retorno, ao descermos e estacionarmos num uédi seco perto de Ardo Djido, seu filho Ibrahim logo atacou umas pequenas acácias. Até então, por milagre, ainda sobreviviam naquele local. Caminhei um pouco com Tambari Agali, como para esticar as pernas e prolongar o prazer da viagem. Paramos para descansar sobre uma pequena duna de areia. Assustado com a machadinha de Ibrahim, achei de bom-tom informar Tambari daquele problema e optei por começar com os relatos do século XIX sobre aquela região, ainda preservada.

— Em livros antigos dos brancos — eu disse —, este lugar, hoje desértico, era descrito como repleto de florestas e elefantes.

Evoquei o contraste com a situação atual. O mineral ganhava cada vez mais espaço sobre o vegetal, com o fenômeno da seca e da desertificação, ano após ano. Durante minha descrição do passado florestal, Tambari fez uma expressão de desgosto, quase de nojo. Seria devido à desertificação atual? *Babo*. Será que achava que eu estava mentindo? *Babo*. O velho chefe tuaregue começou a comentar esse relato com convicção. Para ele, meus textos antigos sobre matas verdes e árvores abundantes eram verdadeiros. Sua avó lhe relatara coisas semelhantes.

— Foi um passado difícil — afirmou.

Para Tambari, outrora, a região havia sido muito ruim, com todas aquelas árvores. Ele ainda lembrava, e bem, desse horror, há cinquenta anos, mais ou menos. Não se podia andar de dromedário sem abaixar a cabeça, o tempo todo, devido aos galhos das árvores. Atrás ou em cima de cada árvore podia esconder-se um malfeitor, um assaltante. A vista enxergava poucos metros. Animais ameaçadores podiam atacar. As pastagens daquele tempo eram uma magra concessão da floresta à estepe. Os mosquitos eram um tormento. Os caminhos eram tortuosos e quem andava descalço podia espetar os pés ou ser picado por serpentes. Os campos agrícolas impediam a livre criação dos ruminantes domésticos. Dificultavam a transumância. Com suas raízes, as árvores e arbustos aprisionavam a terra, mantinham-na acorrentada, amarrada, sem possibilidade de movimento. Essa vegetação escravizava a terra. Dura vida a de seus antepassados, em meio à umidade e com toda aquela vegetação. Nos tempos de sua avó, aquele sul ainda era um horror impenetrável, uma muralha de árvores verdes, dizia ele, apontando para as nossas costas.

Com um sorriso nos lábios, o líder tuaregue prosseguiu suas considerações. Agora era uma beleza. Com a desertificação, a floresta desaparecera. Ano após ano, as coisas melhoravam. Ainda mais com os períodos de seca. Bastava ficar de pé e o olhar alcançava quilômetros de distância. Nenhuma surpresa, nenhuma emboscada. Aí, levantou-se e começou a apontar com a mão, altaneiro, em todas as direções. Parou indicando o norte, de onde o gigante quente e mineral do Saara nos enviava seu hálito seco.

Tinha razão. Quase nada restava daquela lepra verde de vegetação, ocultando as formas do relevo e as ameaças faunísticas. Apenas algumas árvores teimosas resistiam em pequenos vales e lugares isolados, às quais Ibrahim, seu filho, destinava um combate implacável. Sem a vegetação arbustiva ou arbórea, o sol iluminava e higienizava cada pedaço de terra.

— Os ventos dialogam com a terra e a misturam às areias, Mei Sanda.

— Entendo. Mas sem a floresta...

— As dunas crescem e se movem. Livres.

— Isso não é preocupante?

— *Babo*. Elas voltam à vida. Entende, Mei Sanda?

— Sim.

— Nada mais as acorrenta ou aprisiona.

Ele explicava tudo com entusiasmo. Mosquitos e feras haviam desaparecido. Homens e dromedários andavam livres como o vento. Eram tempos de liberdade. Os horizontes eram amplos. Todo o território era passagem e caminho. E o caminho mais curto era sempre uma linha reta, tendo como bússola as estrelas, a lua ou o sol. Sempre visíveis. Como a morna e macia areia sob nossos pés. Cada vez mais para o sul. A cada um, seu inferno e seu paraíso.

Concordei. Para ele, o ambiente melhorava bastante com a desertificação. E tornava-se mais próximo e adequado a seu modo de vida nômade, milenar. Ampliava-se o território da federação. Graças a Deus e ao zelo de muitos Ibrahins. Ele completava seu raciocínio: não havia o menor risco de atolar o veículo em alguma lagoa ou poça d'água, eu podia dirigir tranquilo pela estepe saheliana. Eram todas visíveis e contornáveis. Uma coisa eu devia saber: mais para o norte, para achar água em abundância, deveria cavar pelo menos uns 30 ou 50 metros. Era melhor gravar em meus mapas as indicações de seu filho Ibrahim sobre poços e cisternas já existentes. Nunca se sabe. Apesar de todos os caprichos da água, dos homens e da natureza, os tuaregues nunca desertaram do deserto.

Quando voltamos ao uédi, vi os dois escravos buzus rastejando e coletando as espiguetas de uma gramínea, bem precoce. Eram grãos minúsculos, quase transparentes. Com avidez, engatinhavam e guardavam essa magra colheita numa bolsinha. Para comer. Depois. Com a família. Fazia dó. Muitas vezes observei escravos buzus comendo apenas figos-da-índia, o dia todo. Quantas vezes passavam o dia respigando nas terras de seus senhores. Lembravam-me a Rute bíblica, escrava, em terras alheias. Para sobreviver, ela oferecia seu corpo e, ainda pior, arriscava receber um "não" repulsivo de seu senhor. Guardava na memória o destino da jovem adolescente, entregue ao El Hadji em Dan Kulu. Quantas meninas não viveram, viviam e viveriam esse triste e amaldiçoado destino? A situação de muitos seguia sendo simplesmente a da escravidão, tão comum quanto antiga na África desde o século IX.

A arte de costurar

A excursão motorizada à região de Gadabeji animou o chefe tuaregue Tambari a me propor uma visita ao acampamento nômade de seu irmão no Tadress, um setor bem mais distante, em direção ao norte. Segundo Tambari, seu irmão era coxo e por isso caminhava e viajava muito. Era lógico, meu guia zarolho também enxergava como ninguém. Quanto a ir ao seu encontro, isso me parecia uma temeridade. Ao mesmo tempo, poderia ser uma forma de retribuir a generosa acolhida em seu acampamento. Mas eu estava preocupado com os riscos de tal viagem.

— Meu irmão é um especialista, um criador de camelos — disse Tambari.

— Quem sabe onde andará o seu acampamento e os camelos? — indaguei.

— Só Deus saberá. Ele sempre anda muito. Nunca para.

— Não seria simples encontrá-lo — agreguei com preocupação.

— Não será nada simples, Mei Sanda.

— Essa viagem é boa para dois veículos, por segurança.

— É. Com um único veículo precisaremos de muita coragem e de patuás.

— E de sorte.

— É. Muita sorte.

— Por isso, talvez fosse melhor planejá-la com mais tempo.

— Você beberá o melhor leite de camela de sua vida.

318 A GEOGRAFIA DA PELE

— Quando?

— Amanhã no final da tarde, quando chegarmos lá, se sairmos com muitas estrelas no céu.

— Combinado. Organizarei o necessário. Combustível não falta.

— Meus escravos vão te ajudar.

Deixei parte dos preparativos nas mãos de Mei Dagi e dos escravos-serviçais buzus. Dessa vez meu guia aceitou acomodar-se na traseira do veículo. Ele não queria perder a oportunidade única de uma viagem dessas. Dado o risco inerente, tentou obter mais um aumento em suas diárias para esse deslocamento. *Babo*. Os preparativos entraram noite adentro. Estoques de combustível e água embarcados, saímos no dia seguinte, logo após a comilança do Ramadã, por volta das cinco da manhã. O céu estrelado, como sempre, sem lua, bendizia nossa busca do irmão mais novo de Tambari.

Devido à sua idade avançada, nesse dia Tambari teve dificuldades para subir e sentar-se ao meu lado. Foi amparado por seus guardas pessoais. Aguardei até que ele estivesse confortável, com sua respiração normalizada. O chefe tuaregue acomodou sua espada no veículo, ajeitou seus patuás, pronunciou alguma oração e autorizou nossa partida. Quem sabe se não passara a noite inteira colocando seus adereços a fim de estar pronto para a partida de madrugada? Parecia carregar o dobro dos patuás levados à excursão até Gadabeji. Com suas vestimentas tradicionais, ocupava o lugar de três pessoas.

Na parte traseira do veículo embarcaram seus homens, seus oficiais e soldados. Deviam ser uns duzentos. Mais outro tanto de escravos acocorados. Sem mencionar a imensidão de coisas embarcadas. Mei Dagi desapareceu em meio aos homens e pacotes. Eu tinha até medo de olhar pelo retrovisor interno. O cheiro forte e o calor da respiração dos passageiros envolviam minha

A ARTE DE COSTURAR   319

nuca. Não pronunciavam um *a*. Apenas dois oficiais, sentados bem atrás do banco dianteiro, observavam o caminho e faziam pequenos comentários para Tambari.

Eu checava os mapas e a bússola. Tambari indicava o caminho com a mão direita e os lábios. Para ele, o veículo era um camelo. Queria seguir sempre em linha reta. Quando eu desviava de algum obstáculo, ele interpretava como perda de rota. Expliquei várias vezes a necessidade momentânea de desviar e a falta de agilidade desse animal de quatro rodas. Inútil. Não adiantava. E assim prosseguimos por cerca de três a quatro horas. O amanhecer foi esplêndido. Pensei em parar várias vezes. Consultava Tambari. *Babo*. Tentava ouvir o grupo. *Babo*. Não aceitavam e proibiam tal delírio. Nem para uma oração? *Babo*. Só quando acharmos o acampamento. Já havíamos rodado mais de 120 quilômetros.

Naquele tempo não havia GPS. A localização seguia a bússola, a quilometragem, o conhecimento do terreno e as vozes interiores das deusas Experiência e Intuição. Eu tentava memorizar os locais por onde havíamos passado. Nomes como Mayandê, Jala, Rabidin, Egade... As imensidões do Tadress aguardavam. Tentava recordar pequenas coisas e detalhes sutis da paisagem. A pista prosseguia, quase sempre subindo. E eu olhava para trás, imaginando a paisagem que veria na volta. Tambari sinalizava a direção noroeste. Ele sabia. Vimos a distância alguns acampamentos de nômades. Nada de desvios. Nem acenos de mão. Apenas um grunhido ruminado por Tambari. Não estavam em nossos planos.

Depois de andarmos do nada para o nada, paramos enfim para um descanso no meio do nada: abluções, orações e nada de comida. Estávamos em período de Ramadã. Comi, constrangido, uns pedaços do meu lanche e umas bolinhas de massa de amendoim. Tomei uns belos goles de água, meio escondido e todo culpado. E prosseguimos viagem. Já havia desistido de memorizar qualquer coisa. A guarda militar de Tambari, sempre calada, compacta e atenta, nos inundava com seus odores corporais e espirituais. Mei Dagi, proibido de dar opiniões sobre um terreno desconhecido, permanecia calado. Tambari contava histórias. Quase todas de sua avó e dos tempos de um saudoso matriarcado. Eu não entendia quase nada.

Subimos por um pequeno vale entrecortado de entalhes perpendiculares de uédis. Para Tambari, o acampamento estava próximo. Foram ainda muitas voltas, curvas bruscas, sobe e desce. Então, como se nada fosse, chegamos a um antigo acampamento de seu irmão, cujo nome seria algo como Azohor. A multidão deixou o carro para esticar as pernas, respirar e cumprir outras necessidades vitais. Todos, menos o chefe. Sentado, falava e gesticulava:

— Estiveram por aqui. Veja, Mei Sanda.

Não via nada, sinal algum, salvo marcas de carvão e a presença concentrada de esterco animal, seco feito pedra. Os tuaregues enxergavam milhares de coisas. Era como se vissem um filme ou lessem um livro. Deduziam como estavam a família, os rebanhos e as camelas parideiras, quanto tempo os nômades haviam estado por ali, quando haviam partido, como andava a qualidade das pastagens na região, além de sentirem odores e perceberem até como estava o ânimo daquele grupo. Ou inventavam tudo isso com grande perfeição.

Atrás do volante, pensei: e se o acampamento fosse de outro grupo? Não havia como indagar uma coisa dessas diante de tantos detalhes e sapiência. Permaneci calado. Ibrahim, com sua machadinha, andava frustrado de um lado para outro. Não havia nada para ser abatido. Nada. Nem um arbustinho. Tambari continuava no carro.

Aos poucos, todos retornaram para dentro do veículo, em meio a vivas e saudações a Alá e ao seu profeta. Partimos em

A ARTE DE COSTURAR

busca do novo acampamento do nômade irmão caçula de Tambari. Para a maioria, estava próximo, dos lados de Tuendiguit ou algo assim. Sempre a nordeste. Giramos lentamente, moendo areia e pulverizando borracha por mais uns 10 a 20 quilômetros. Mais uma vez, muitas voltas, algumas opiniões contraditórias entre Tambari e seus guias quanto aos rumos a seguir, curvas bruscas. E muito sobe e desce. E de novo, como se nada fosse, num movimento de espelhismos, deslizamos sobre um platô, uma espécie de *hamada*, e chegamos ao novo acampamento do irmão de Tambari. Não encalháramos uma só vez naquele oceano de areia. Eu estava orgulhoso do motorista. Ninguém destacou esse fato.

Primeiro, vimos os cachorros. Latiam e uivavam ao nosso encontro. Logo surgiu o acampamento. Era um nada, um resto. Três ou quatro homens, suas esposas e filhos, os animais no pasto, os escravos buzus, os bastardos e os cães, ainda latindo. Nessa ordem. As manifestações de surpresa, ao verem Tambari na janela do carro, foram impressionantes. Seus rostos reluziam. Após as saudações iniciais, com bastante informalidade, fomos logo apresentados. Nada de buzus para lavar nossos pés enquanto os tuaregues se escondiam.

O irmão de Tambari sentou-se num banquinho minúsculo de madeira. Declarou que nos escutava rondar havia mais de duas horas. Enquanto costurava, contou que dera uns gritinhos, daqueles capazes de viajar quilômetros e mais quilômetros. O ruído do motor nos cegava, segundo ele. Sempre costurando.

Eu observava com atenção aquele coxo costurar. Todo vestido de preto, enquanto Tambari trajava branco da cabeça aos pés. Seu rosto era redondo, bem diferente do rosto do irmão. Acabara de sofrer um corte profundo em um dos pés. Como se nada fosse, costurava a pele calosa de seu calcanhar para fechar o corte. Com agulha e barbante, mesmo. Insensível. Dando nozinhos em cada ponto. Enquanto a agulha e o barbante entravam e saíam dessa parte queratinizada de seu pé, ele falava.

Terminou a costura de seu próprio calcanhar, arrematando essa sutura grosseira com um belo nó final no barbante. Impassível, informou: não havia tenda para abrigar a todos, salvo Tambari. O chefe ocuparia o seu lugar. Todos nós compreendíamos as circunstâncias. Eu dormiria no teto do veículo. Avisei. Os outros encontrariam opções para suas esteiras de palha. Ninguém se opôs. O irmão de Tambari me propôs água ou um chá, antes mesmo do final do jejum de Ramadã, caso desejasse. Eu disse preferir o leite de camela. Ele sorriu. Apontou para umas crias mamando e afirmou:

— Os animais não cumprem o Ramadã.

Enquadrado na categoria dos animais, caminhei um pouco ofendido com ele, até o seu catar. O coxo avançava sem problemas com o pé costurado, apoiado num velho bastão. Sua mulher levava uma cabaça e uma corda. Em meio à sua minúscula cáfila, indicou uma camela diferenciada. Ao aproximar-me, vi sua teta toda recoberta de gordos carrapatos. Tremi ao imaginar sua mulher espremendo os carrapatos junto com os mamilos. Num instante, o sonho delirante sobre o fabuloso leite de camela tomava ares de pesadelo.

Felizmente, sua mulher tinha prática. Era capaz de ordenhar os mamilos com e sem carrapatos. E talvez até obter um néctar feito só com extrato de carrapatos. Ela me ofereceu sorridente a cabaça com um dos mais famosos dos néctares dos deuses. E, aparentemente, sem carrapatos ou caldo de mão. Por alguma razão sagrada, fiz o sinal da cruz antes de tomar a eucarística cabaça. No pequeno recipiente amarelecido, o branco desse leite paradisíaco dançava silenciosamente em direção aos meus lábios.

Mesmo morno, o leite de camela tinha um frescor especial. Era o fruto refinado daqueles pastos verdes, tênues e únicos.

A ARTE DE COSTURAR

Uma delícia. Tépida. Pedi desculpas pelo Ramadã e fui sorvendo. Cumpríamos todos os requisitos dos estereótipos do Saara. Estávamos num acampamento nômade e eu bebia o leite de camela cru, numa pequena cabaça, envolto pelo ambiente e odores do catar, bem atrás da bunda da camela, como dizem os pastores.

Além do sabor extraordinário, as propriedades terapêuticas do leite de camela são reconhecidas em todo o universo galáctico. Com muita timina, de todos os leites de animais domésticos, é o mais rico em vitamina C. Em média, tem três vezes mais do que o leite de vaca. Permite lutar contra a fadiga e a infecção. Considerada a gravidade do corte no pé do irmão de Tambari, ele deveria beber bastante desse remédio do deserto. Pensava.

O leite abriu o apetite. As crianças arrastavam uma pequena cabra para ser abatida. O jantar seria festivo. Como o sol estava se pondo, as mulheres, ajudadas por escravas buzus, trabalhavam no jantar, riam e faziam comentários em tamaxeque, a língua berbere dos tuaregues. Não suspeitava de ter transportado tanta coisa. Pela traseira do meu carro saíam, misteriosamente, cobertores, cestos, arreios, galinhas, açúcar, arroz, chá, condimentos, cebolas, pratos de alumínio e até feixes de lenha. Sem parar. E sem falar nas mercadorias de Mei Dagi. O acampamento estava eufórico.

Após o pôr do sol e as orações, começou aquela espécie de banquete. O cabrito assado foi reduzido a ossos em minutos. Conforme uma secreta classificação culinária, os ossos eram separados em dois destinos: os escravos buzus e os cães. E eles os disputaram como leões. Fiquei com vontade de dividir minha parte de arroz com os buzus e jogar meu sabonete, como sobremesa, para os cachorros. Não tive coragem. Os tuaregues estavam tão felizes. Esqueceram-se de mim. Falavam, animados, em tamaxeque. Comiam o arroz com as mãos lambuzadas de manteiga.

Depois de tanta comida, tive direito à cerimônia do chá. Muito diferente da japonesa, mas igualmente encantadora. A preparação clássica dos tuaregues levava 2 toneladas de açúcar para cada litro de chá. Parecia um alucinógeno. Tomávamos e tomávamos. Após os primeiros goles, os guardas de Tambari se levantaram aos poucos e afastaram-se. Assumiram posições de sentinelas, como se estivéssemos em guerra. Talvez fosse o caso e eu, simplesmente, não sabia. Os tuaregues sempre estiveram em guerra, sobretudo com os governos dos hauçás, seus perseguidores implacáveis. Até hoje.

A temperatura começou a cair. Escravos, homens e mulheres, cuidavam das panelas, dos restos de alimentos e de tudo. Sobrara um pouco de comida. Teriam comido? Iriam comer? Lembrei-me das espiguetas imponderáveis do uédi, colhidas pelos buzus para dar aos filhos. Talvez fizessem um banquete com alguns ossos impalpáveis de cabrito. Talvez lambessem cada colher.

— Você vai mesmo dormir em cima do carro, Mei Sanda?

— Vou sim, Mei Dagi.

— Acordará antes de todos, com muito frio.

— Já preparei meu saco de dormir.

— Eu vi. Você é quem sabe. Eu avisei. Vai congelar.

— Agradeço pelo aviso, Mei Dagi.

— Dormirei embaixo do carro. Se não se importar, Mei Sanda.

— Fique à vontade entre eixos e pingos de óleo. E os buzus.

Não era verdade. Ele dormiria dentro do carro. O mau humor indicava uma coisa certa: seu pequeno comércio com tuaregues e buzus não dera certo. Era muita miséria e pouco consumo.

Dormi como uma pedra. Não senti frio, apesar das previsões meteorológicas glaciais de Mei Dagi. Antes do amanhecer, estava tudo molhado de sereno. Tambari tossia sem parar na porta da tenda. Alguns homens já rondavam os animais em plena escuridão. O fogo estava aceso e a mesa, posta. Quando desci, vieram

A ARTE DE COSTURAR 325

me oferecer mais uma enorme cabaça de leite de camela. Branquinho, fresco e sem nenhum carrapato (aparente). Senti frio. Faziam sua última e açucarada refeição noturna. Logo entrariam em jejum. Comiam e bebiam muita água antes de o dia nascer.

Tomei meu leitinho de camela e subi de novo sobre o carro. Envolvido no saco de dormir, aguardei o sol. Sem truques, ele não tinha onde se esconder ali no Tadress. A terra o fazia brotar contra a sua vontade, lá para os lados da distante e mítica Aderbissinat (hoje um local de passagem descaracterizado, na estrada de Agadez, cheirando a óleo e fumaça de diesel). O nascente projetava raios alaranjados como listrões contra o céu marinho.

A relva dourada do Tadress ainda escondia seu verde onde os animais pastavam, indiferentes ao Ramadã. Havia uma paz suspensa, coroada por choros de crianças, tosses e ruídos dos animais. O ar e a poeira estavam imóveis. Aguardavam nossas ordens. O infinito acalentava a criação. Os homens da guarda de Tambari falavam baixo, tomavam providências de combatentes O chefe se confessava, abraçado ao irmão coxo e suturado, um pouco afastados do acampamento. Eu tinha a impressão de que a paisagem girava em torno do meu eixo. Era uma imagem grandiosa. Sentia-me o centro da roda. Seria possível registrar toda essa beleza? Lembrei-me de Malan Zabeiru: "*Babo photos*." Nunca vira nada parecido em Magami, nem em lugar algum.

O que Yakei diria se estivesse aqui conosco? Ou quem sabe estava? E se Diô visse e sentisse a mesma coisa, neste momento, a 10 ou 100 quilômetros dali? Como interpretaria, nessa aurora, os sinais lunares e lunáticos dos enormes e variados chifres de seus bois? Fiquei em pé. Talvez pudesse vê-los. Fechei os olhos para observar melhor. Respirei profundamente. Várias vezes. Encontrei-os. Todos. Até girafas e gazelas eu vi.

A espada e a flecha

Mei Dagi e os escravos preparavam o veículo para a viagem de retorno, sem pressa. Eu, pouco solidário com o jejum muçulmano do Ramadã, tomei um último xarope de chá antes de partirmos. O irmão de Tambari, sentado ao meu lado, começou a falar lentamente, num hauçá arrastado. Falava como quem conta um caso conhecido. Primeiro ressaltou a importância dos patuás. Orgulhosamente, ele e Tambari mostravam seus muitos adereços e destacavam seus poderes específicos. Todos baseados em textos do Corão e alguns preparados com ingredientes especiais. Vai saber o quê. Eles falavam e apontavam para as crianças com seus patuás contra serpentes e escorpiões.

— Estou coxo. Se não fosse por eles, estaria morto. E Tambari também.

Os dois irmãos, quando jovens, haviam levado seus rebanhos para pastar, num local distante do acampamento familiar. Entre as muitas dunas de areia existiam áreas com pastos bem verdes. Acompanhando os rebanhos, eles se separaram. Num dado momento, Tambari ouviu os gritos desesperados do irmão mais jovem. Pedia socorro. Estava sendo atacado. E isso era obra de bandidos peuls, sem a menor dúvida.

Tambari temia não chegar a tempo. O irmão estaria morto. Ele também seria morto. E o rebanho, roubado. Tentava correr na areia solta, galgava as alturas da duna existente entre eles, sem estar seguro de correr na boa direção. Quando chegou ao topo, viu o irmão ferido no chão, com uma flechada na coxa. Sangrava e se contorcia. Ao seu lado estavam dois guerreiros peuls. Enfeitados como demônios. Tambari tirou sua espada e desceu a duna gritando.

Os peuls sorriam. Com muita calma, um deles caminhou na direção de Tambari. O outro peul apoiava o bastão contra o peito do irmão. Ferido, desesperado, ele era mantido no chão, subjugado. E sangrava. Tambari prosseguia sua descida de atacante, com a espada levantada sobre a cabeça.

O peul posicionou-se bem na linha de descida de Tambari. Sacou uma flecha e, sempre sorrindo, colocou-a no seu arco. Tambari descia a duna aos saltos, gritava, bramia com a espada nas mãos, em direção aos agressores. O peul tensionou o arco e apontou. Tambari continuava a descer, acelerando.

— Até hoje vejo o sorriso do peul, com seu arco e sua flecha apontada para mim — disse Tambari, interrompendo o irmão pela primeira vez.

Quando Tambari estava a poucos metros, o peul, impassível, fez o movimento final para atirar: tracionou a flecha e tensionou o arco ao máximo. Ao fazê-lo, o arco se partiu. O sorriso virou espanto. Um segundo depois, a espada de Tambari atingia seu pescoço.

A cabeça pendia para trás. Ele não foi completamente degolado. O sangue jorrava. O arqueiro cambaleou e desabou na areia. Em silêncio. Dobrado em dois. O outro peul saiu em disparada. Tambari socorreu o irmão. Gritavam: *Alá akbar!*, Deus é grande!, enquanto cachorros se precipitavam para lamber o sangue peul e tuaregue derramado sobre a areia.

— Esses patuás e a coragem da minha espada romperam o arco do peul — dizia Tambari como quem voltasse no tempo.

— E o pescoço dele também — agreguei.

Tambari parecia rejuvenescido. Abraçava o irmão e só faltava apontar o peul caído no chão.

A ESPADA E A FLECHA 329

— Foi assim mesmo — repetia o irmão, com ar de eterno agradecimento.

Ninguém me deu detalhes sobre o destino do corpo do peul abatido. Não soube se Tambari alcançou o peul fujão. Também ignoro se isso trouxe vinganças e uma guerra tribal de dimensões continentais, mobilizando os homens e metade do reino animal. Nada. O relato foi interrompido bruscamente. O ousado Mei Dagi tocava a buzina do meu carro. Ele tinha pressa. Precisava da presença do motorista. Eu.

Não foi a flechada. O irmão era coxo em consequência dos ferimentos provocados quando da retirada da flecha. Talvez por alguma barbeiragem na costura com barbante, como eu o vira fazer no próprio calcanhar. Nada a lamentar. Para ele, essa condição de coxo o ajudara bastante na vida. Era sua opinião.

— Ficar coxo foi a minha sorte. *Al hamdulilá!*

Tambari concluiu o relato interrompido pela azáfama de Mei Dagi:

— Hoje os tempos são outros. Isso foi no passado. Talvez nem tenha acontecido.

Seria a atual espada de Tambari a mesma daquele dia? Quando se acomodou no carro para retornar, ajeitou sua espada e seus patuás. Nunca me senti tão seguro no deserto. Deu um tapinha na espada e me dirigiu um curto sorriso. Uma pena o pastor peul Diô ou um de seus parentes não estar por ali para dar a sua versão desse dia de choque étnico, entre a espada e a flecha.

As despedidas foram rápidas. Acertaram uns três casamentos, duas migrações, enfiaram uma cria de camela no carro e muitos sacos de lembranças. Aliviado de boa parte de sua carga, o veículo começou a voltar sobre as próprias marcas. Ele fazia isso por instinto, pelo faro. Nem precisava de motorista. Tudo parecia simples, mas foi por pouco tempo. Tambari sugeriu o retorno por outro itinerário, ladeando a região de Mei Gochi e Takado. Ele acatava uma incompreensível sugestão de um de seus guerreiros. Queria me mostrar alguma coisa. Eu concordei. Mei Dagi ficou furioso.

Curiosamente, íamos para o sul e a pista ganhava altitude. Estávamos a mais de 500 metros num platô seco e inclinado. Aos poucos começamos a descer. Aí entendi aonde queriam me levar. Vínhamos de anos de seca. Num pequeno vale, encontramos uma dezena de árvores. Todas mortas.

O vento havia derrubado e arrastado essas árvores como bolas de capim. Arrancadas do solo, elas haviam encontrado um novo equilíbrio na posição invertida. Seus galhos estavam apoiados no chão e as raízes, menos desenvolvidas, voltadas para os céus. Contemplamos em silêncio. A seca e o vento pareciam tão eficazes quanto a machadinha de Ibrahim. Pensei na hipótese de isso ocorrer com baobás. Teríamos uma situação oposta. Árvores que, mortas, teriam achado finalmente uma posição compatível com sua arquitetura.

Contei melhor. Eram exatamente sete árvores de ponta-cabeça. E assim ficaram, até hoje. Imóveis nesse bosque seco, como iogues meditando. Suas raízes recebem a seiva celeste, como nossos cabelos. E seus frutos imaginários estão acessíveis no chão, como nossas obras, aos nossos pés. Elas ainda refletem e estudam um meio de se tornar o primeiro bosque de árvores petrificadas de cabeça para baixo, em todo o Saara. Insólito. Cabalístico.

No resto do trajeto, cruzamos e paramos para saudar um colar de pequenos acampamentos e grupos tuaregues. Todos surpresos em nos ver por ali. O velho Tambari os contemplava como quem faz uma derradeira visita antes de morrer. Seu ar era triste, bondoso, melancólico e paternal. Ele gesticulava. As pessoas sorriam e ficavam atônitas, suputando até hoje o que ele fazia por ali, naquele carro, daquele jeito. Maior surpresa era a minha, ao imaginar pessoas capazes de viver, sobreviver e se reproduzir naquelas condições ambientais. Fazíamos pequenas paradas. Mesmo assim, o retorno foi rápido. A visão do "nosso" acampamento me trouxe um estranho sentimento de retorno ao lar.

Final de Ramadã

Tambari Agali sempre contava histórias de sua avó. Seus parentes, filhos, escravos e agregados ouviam com ar de tédio. Parecia um castigo. Talvez já tivessem escutado tudo isso milhares de vezes. Naquele final de Ramadã, começou a me transmitir um notável conhecimento histórico e político da região. Sentados no chão, lado a lado, perto de sua tenda, contemplávamos a linha do horizonte na expectativa de visualizar o crescente lunar.

Suas terras ficavam numa fronteira múltipla. Já haviam pertencido ao império Songai, ao império de Tombuctu, ao império peul de Sokoto, a diversos Estados hauçás e ao império do Burnu. Franceses e ingleses disputaram a região no fim do século XIX. Tratados e convenções entre as potências europeias estabeleceram o território militar autônomo do Médio Níger, com base na cidade de Zinder, sob a tutela da França.

O Níger ainda demorou a se transformar numa colônia francesa. Em 1904, o território foi integrado à colônia do Alto Senegal e Níger. A partir de 1911, a região dependia do governador-geral da África Ocidental Francesa. Em 1921, o Níger tornou-se território civil e somente em 1922 passou a ser colônia, membro integral da África Ocidental Francesa. Não era fácil ser uma colônia. Exigia talento e esforço. Tambari se lembrava perfeitamente.

Nesse novo período, os habitantes viram desfilar Hocquart, Venel, Mourin, Mechet, Lefebvre, Rueff e muitos outros comandantes e governadores franceses. Eram homens de fibra. Organizavam universos de vento, areia e sombras. Nada fácil. Mesmo para militares.

A colônia durou pouco. Em 1946, após a Segunda Guerra Mundial, o Níger foi transformado em Território d'Além-mar. Em 1958, tornou-se uma república autônoma no seio da Comunidade Francesa e, enfim, independente em 1960. Essa era a independência que o velho agricultor me perguntara um dia, em Magami, quando iria acabar. Naquele meu tempo de desgoverno na África, já durava 17 anos. Ainda era menor de idade.

De acordo com Tambari, os tuaregues sempre ignoraram as fronteiras estabelecidas pelos diversos governantes. Esses limites respondiam a critérios aos quais eles eram totalmente alheios. O traçado de linhas sobre papel nunca impediu seus rebanhos de circularem livres pelo Saara. Para ilustrar esse pensamento, Tambari lembrava a chegada de uma coluna militar francesa em seu acampamento quando ainda era um menino de 12 anos, lá pelos inícios do século XX.

Ele nunca vira nada parecido. Quem seriam esses homens brancos em uniforme, fortemente armados, montados em muitos camelos e alguns cavalos? Sua avó recebeu os oficiais franceses de pé, em meio a uma tempestade de areia. Seus guardas e guerreiros a cercavam, enquanto outros se enterravam na areia. Prontos para tudo. Foi uma longa e tensa conversa. Não haviam avisado de sua chegada, nem traziam cartas, documentos ou presentes para sua avó. Intérpretes e tradutores fizeram o melhor possível.

A coluna militar tinha a missão de explorar um caminho interno pelo vale do Tarka e do Tadress até a cidade de Aderbissinat e de lá para Agadez. Iam pôr nomes e linhas sobre mapas. Fizeram muitas perguntas sobre a população da região. Quantos eram os tuaregues, como e onde viviam. Ouviram muitas mentiras de

FINAL DE RAMADÃ

sua avó e de seus conselheiros. Eles adoravam mentir sobre os nomes dos acidentes geográficos. Os franceses anotavam tudo. E os tuaregues construíam outra geografia, outro país, feito de rios imaginários, colinas com nomes de famílias e vales de dunas com estranhos apelidos e até palavrões. Os franceses precisavam de água para os homens e os animais, se possível algum alimento e apoio para a expedição.

Sua avó os autorizou a se instalar por uma noite e a atravessar seu território em paz. O chefe militar solicitou a possibilidade de terem um guia, alguém experimentado, conhecedor da região e capaz de conduzi-los a bom termo, pelo menos até Aderbissinat. Sua avó prometeu um guia para o dia seguinte. Um especialista das estrelas. A tropa francesa dirigiu-se para o local indicado, onde montaram seu acampamento ao som de trombetas. Levaram os animais até o poço, saciaram-se e puderam abastecer-se de água

Logo cedo, os militares franceses tocaram a alvorada e se organizaram. Os toques de corneta provocavam curiosidade. A tempestade de areia retomava com força. A tropa apresentou-se alinhada diante de sua avó e fizeram-lhe uma pequena honra militar, na entrada do seu acampamento. Agradeceram a hospitalidade e solicitaram a presença do guia. Estavam cercados por pelo menos cinco vezes mais tuaregues do que na véspera. Durante a noite, seus parentes buscaram ajuda e testemunhas nos acampamentos da região.

Ela chamou seu neto. Seu herdeiro. Tambari. Um menino. O chefe militar francês já estava preocupado ao se ver cercado por tanta gente. Um menino guiando a coluna militar seria um engano, uma brincadeira ou uma ofensa daquela mulher poderosa? Diante de sua perplexidade, seus auxiliares explicaram o oposto. Tratava-se do herdeiro. Era como se ela mesma fosse dirigir e guiar a tropa. Entregava seu herdeiro nas mãos dos franceses. E,

334 A GEOGRAFIA DA PELE

depois, ele deveria retornar sozinho. Sem companhia. Eles ponderavam os riscos de aceitar e recusar. O clima era tenso.

Alheio a tudo, Tambari aproximou-se com seu branco *mehari*, um experimentado dromedário, carregado e preparado para a viagem. Assumiu a posição de vanguarda em meio ao vento e à areia. Levantou a mão e, num sinal evidente de quem comandava, emitiu um grito e se pôs em movimento. Todos os dromedários — a cáfila inteira — o seguiram. Incluindo o comandante, hesitante. Ele prosseguia suas discussões com os auxiliares, enquanto avançavam. Tambari concluiu sorrindo:

— Fui e voltei em menos de uma semana. Sem conversar quase nada com ninguém. Apenas inventei nomes de lugares, rochas e passagens, para eles colocarem em seus mapas, toda vez que me perguntavam. A volta foi rápida. Também andei à noite, ao contrário dos franceses, que paravam para dormir. Sempre guiado pelas estrelas. Era minha especialidade.

Enquanto ele terminava seu relato, o sol desaparecia no poente. Nossos olhos estavam fixos no nascente, na ondulada linha do horizonte. Era um momento mágico e místico. Ao longo de sua história, mais de uma dezena de tuaregues haviam se aproximado silenciosamente e estavam sentados, em semicírculo, bem atrás de nós. Só agora eu notara. Senti-me membro de uma coluna militar francesa. Cercado.

O crescente de lua emergiu como um tênue fio de ouro no horizonte. Enorme e quase invisível. Eram tantos olhos convergindo sobre o crescente nascente que ele hesitava em se expor. Eram mais olhos do que estrelas. Todos o aguardavam. Pediam provas da sua existência. Ele era o sinal do fim do Ramadã. E uma alegria própria de quem provara sua fé. Quando Tambari declarou que a lua estava visível, todos viram e aclamaram. Eram gritos dos homens e iú-iús das mulheres. Louvores a Alá. O fervor religioso e social envolvia a todos. Senhores e escravos.

A escrava buzu

Entre os tuaregues, partir é mais perigoso do que chegar. Dizer um "adeus", um "tchau", representa um grave risco. A expressão "tchau" vem do italiano, *ciao, schiavo*, de eslavo, escravo, pronunciado por redução *tchau* nos dialetos do norte da Itália, como expressão de cortesia. O "tchau" era usado com a acepção de "seu servidor, para servi-lo". Seu escravo. A escravidão surgiu e mantém-se em várias partes do mundo, mas a versão africana se diferenciou das existentes no Mediterrâneo egípcio, grego, romano e em outros locais do planeta. Muito cedo, no centro do continente negro, os africanos se escravizavam entre si. Seu sistema podia incluir vizinhos e até parentes. Os grandes Estados de Gana, do século III ao XVI, os reinos do Mali por três séculos, o império Songai de Gao por dois séculos e os reinos Mossi por mais de cinco séculos, entre outros, praticavam amplamente a escravidão. Ela sempre fez parte do plano de poder de diversos Estados africanos. No reino do Daomé, o rei decretava a escravidão de seus próprios sujeitos em razão de delitos, o que equivalia a uma verdadeira morte civil.

A partir do século IX, a África negra começou a vender seus filhos para comerciantes árabes e, mais tarde, aos persas e judeus. Eles cruzavam o Saara, no sentido norte-sul, por diversas rotas, ou percorriam a costa leste do continente. Isso criou uma corrente humana, nos sentidos norte, leste e nordeste. E um contrafluxo de mercadorias, moedas e até de novos escravos, alguns de origem branca. Os imperadores do Mali tinham entre seus pajens escravos brancos e eunucos de origem germânica e eslava, adquiridos no Egito. Na Alta Idade Média, germanos e bizantinos escravizavam os eslavos da Europa Central. No Oriente Médio, no Magreb e na Península Arábica, a pele negra e mulata começou a colorir o mundo islâmico, suprindo uma mão de obra relevante para a agricultura e a guerra. E gerando muitos bastardos.

Do século XII ao XV, o sistema ganhou ramificações, ampliou a monetarização das economias locais, ajudou a constituir e a destituir reinos e impérios, animados em parte pela expansão islâmica. A escravidão aproximou-se da costa atlântica africana e do golfo da Guiné, a partir do interior. Mais tarde descobri que a lenda de Ogum, por exemplo, ilustra em parte esse fenômeno: um guerreiro em conflito permanente com os reinos vizinhos. De suas violentas expedições, ele sempre trazia um rico espólio e numerosos escravos. Guerreou contra a cidade de Ará e a destruiu. Saqueou e devastou outros Estados, apossou-se da cidade de Irê, matou o rei e aí instalou o próprio filho no trono. Muita guerra e muitos escravos. E assim foi, entre os africanos, por mais de um milênio: um mundo de senhores e escravos. Boa parte dos contos tradicionais africanos, mesmo os destinados às crianças, ao falar de reis ou heróis, quase sempre evocam a compra, a venda e a conquista de escravos.

Contudo, o Islã impedia que se escravizasse um fiel muçulmano. No Sahel, do século X ao XIX, os sábios muçulmanos se aplicaram a desconectar a cor da pele da condição de escravidão ou do paganismo, combatendo a assimilação do negro (*sûdân*) com o pagão e o idólatra, escravizáveis. O sábio muçulmano negro de Tumbuctu, Ahmed Baba (1556-1627), elaborou uma etnografia religiosa sobre os negros, proibiu a escravização dos muçulmanos, mas autorizou o escravagismo no caso dos pagãos. Os escravos

A ESCRAVA BUZU

buzus dos meus anfitriões tuaregues estavam longe de ser budistas ou católicos. Eram muçulmanos. E escravos, servidores servis.

Foi bem depois desse florescente mercado de escravos intra-africano, muito depois, que os europeus também entraram no circuito. Africanos vendiam africanos. Africanos eram incentivados a ampliar suas expedições à caça de escravos. A escravidão era uma das estratégias do reino do Daomé ao submeter os iorubas e outras etnias. E o comércio transatlântico de escravos com a África desapareceu antes da abolição da escravatura nas Américas, em meados do século XIX. Os africanos sofreram com os impactos negativos e positivos do tráfego negreiro e também os do seu fim. Parte deles estava na base desse sistema, ao capturar seus irmãos para enviar às Américas. Agora, eu estava prestes a entrar nesse mercado.

Extinta nas Américas, a escravidão prosseguiu arraigada entre africanos. No Sahel, a distinção muçulmana entre negros islamizados (livres) e pagãos ou idólatras (passíveis de serem escravizados) permitiu o *jihad* ou Guerra Santa de Sokoto (no sul do Níger e norte da Nigéria), liderada por Uthman dan Fodio e a de El Haj Umar, no Mali, no século XIX. A criação de um arquipélago de Estados muçulmanos no Sahel, do Senegal à Nigéria, do século XVIII ao XIX, teve como base a luta contra a escravidão e o tráfego atlântico de escravos. Ela foi um dos motores da islamização e da destruição de culturas locais, pagãs, para os muçulmanos. Esses Estados eram áreas de refúgio contra a escravidão via Islã, mas, ao mesmo tempo, legitimaram uma empresa maciça de escravização dos pagãos situados mais ao sul do Sahel, na Guiné, Mali, Burkina Fasso, Nigéria e Camarões. A "tradição" da servidão existe, com certo amparo legal, até os dias de hoje. Para se ter uma ideia, a Mauritânia aboliu oficialmente a escravidão em 1988. Oficialmente...

Devido a um pacote de chá verde e dois pães de açúcar dados de presente ao chefe tuaregue, eu quase entrei nesse siste-

338 A GEOGRAFIA DA PELE

ma africano tão resiliente da escravidão. Após a primeira visita e estada no acampamento tuaregue, quando carregava o veículo para partir, encontrei seis galinhas-d'angola amarradas no seu interior. Mei Dagi logo explicou: elas eram um presente do chefe, em retribuição aos meus pacotes.

— Isso vale mais do que meu pacote de chá e os torrões de açúcar.

— É normal. Da próxima vez, Mei Sanda deve trazer um presente maior.

— Devo?

— Se quiser cobrir essa retribuição do chefe com seu orgulho.

Seria uma obrigação? Não era. Devia retribuir com mais ainda? Não. Seja como for, na outra visita levei dois sacos de 60 quilos de arroz, muito apreciado no deserto onde não há meios de plantá-lo. Arroz com manteiga era o sonho gastronômico dos tuaregues. Meu arroz também era chinês, legítimo e comunista, como o chá, com etiquetas e carimbos vermelhos de foices com martelos amarelos. Uma doação desviada da República Popular da China para o mercado de Maradi. Ou seria de Taiwan? Eu não entendia os ideogramas, mas as foices e os martelos eram evidentes.

Eles ficaram encantados. Na despedida, topei com uma cabra amarrada na traseira do veículo. Aceitei o presente e, no retorno, fiz um churrasco para os técnicos e os amigos na cidade de Maradi.

Mergulhado nessa dinâmica, levei um presente ainda mais caro na outra visita: duas peças completas de um tecido de popelina branca de primeira qualidade. Eram aqueles rolos de tecido em torno de uma armação retangular, dos quais se tiram cortes e retalhos nas lojas. Estavam inteiros. Também eram *made in China*. Completei o novo presente com alguns utensílios domésticos, como bules, copos e vasilhas metálicas esmaltadas, fabricadas na Nigéria. Para que tudo isso? Não foi uma boa ideia. As coisas se complicaram para mim e para os tuaregues.

A ESCRAVA BUZU

Durante essa estada, alguém me observava muito e detalhadamente. Era um homem desconhecido. Levantei-me. Ele me olhou mais fixamente. Observava meus pés, meus braços. Não dizia uma só palavra. Quando me preparava para partir, alguns dias depois, recebi um embrulho. Ao abri-lo encontrei um traje típico tuaregue, em popelina, parecido com os bubus dos hauçás, com diversos ornamentos e arremates. As medidas eram exatas, tiradas a olho pelo experiente alfaiate. Acompanhando o conjunto, um par de sandálias típicas dos tuaregues. Eram *tacalmis* coloridas, adaptadas para caminhar na areia.

Em outra visita, alguns dias antes da despedida definitiva (pois retornaria para a França), amarraram um cavalo, um belo cavalo, ao veículo. Todo enfeitado e aparelhado. Não havia como aceitá-lo, nem como levá-lo. Expliquei minhas razões. Retornaria de avião em breve. Não tinha como embarcar um cavalo na bagagem. Lembrei-me dos votos de Guwani na despedida em Magami: que Deus me desse um cavalo! Suas preces já haviam sido atendidas. Agora restavam as minhas, pedindo que Ele me livrasse de um cavalo.

— Você pode levá-lo e vendê-lo em Maradi — dizia Mei Dagi.

— Não haverá tempo para isso — eu retrucava.

— Posso cuidar disso.

— *Babo*. Não há como levá-lo até lá.

— Deixe-o por aqui e depois eu venho buscá-lo.

— Não. Nada de negócios. Estamos a centenas de quilômetros de distância.

— Você não confia em mim, Mei Sanda?

— Em breve, deixarei o país para sempre.

— E qual é o problema? Nossa vida continua.

— Não tenho como aceitar esse presente.

— Podia ser outra coisa? Outro presente? Algo útil lá na França? — indagou um dos conselheiros de Tambari.

340 A GEOGRAFIA DA PELE

— Sim — eu disse, com toda a ingenuidade, pensando em roupas, esteiras, cordas e até arreios.

Na última noite, enquanto comíamos um cordeiro grelhado, acompanhado de muito arroz banhado na manteiga, regado por dezenas de garrafas de Coca-Cola e Fanta mornas e outras iguarias trazidas e ofertadas por mim, chegou uma proposta indecente. Uma não. Duas.

O chefe tuaregue comunicou-me, através de vários intermediários, uma dupla oferta muito especial. Se ficasse no Níger, ele me arranjaria uma terra para cultivar e explorar (seria das melhores, mais ao sul, num vale um pouco mais úmido) e uma bela jovem para eu desposar. Eu deveria pagar parte do seu dote, três camelos, se bem entendi. E poderia ficar com o cavalo. A jovem em questão, um pouco assustada atrás de suas trancinhas, com uma túnica índigo, surgiu no meio de um grupo de mulheres. Olhou-me, olhou-nos e, em meio a sorrisos e comentários em tamaxeque, logo desapareceu num tumulto de tecidos brilhantes de cor azul-anil quase negra.

Com toda a sinceridade, mesmo que descartasse *a priori* essa hipótese, cheguei a pensar na possibilidade de ficar por ali. Cultivaria as terras, criaria um gadinho, orientaria o pessoal tecnicamente e trabalharia em algum programa de desenvolvimento integral. E a moça era linda mesmo. Além das trancinhas tão bem colocadas, alguns cachos de seus cabelos castanho-escuros caíam sobre sua testa como caudas de escorpiões. Eu já havia registrado sua presença de gazela desde a primeira visita. Os tuaregues devem ter notado e anotado meu discreto interesse. Talvez a ponto de mudar minha tenda de lugar umas quantas vezes, sem que eu entendesse.

Viver definitivamente na África? Não, não era o caso. Mas era tentador. Pelo menos podia imaginar esse cenário. Seria uma aventura. Uma mudança radical de vida. Uma opção preferencial pelos pobres. Quem sabe o futuro? Eu pensava em silêncio, enquanto sorvia meu refrigerante bem morno.

A ESCRAVA BUZU

341

Mas... Não dava. Expus minhas razões. Os conselheiros mais diretos de Tambari negociavam e davam um tom solene a essa conversa. Minha família me aguardava em minha terra natal. Eu tinha promessas, contratos e juramentos a cumprir. Eles poderiam esperar anos até eu voltar. Poderíamos conversar com mais calma sobre tudo isso. Já estávamos conversando. No final, aceitaram meus argumentos. Nada de esposas. Ou terras. Como eu devia mesmo partir, o chefe Tambari disse então que me daria de presente *apenas* uma jovem escrava buzu.

Não demorou e, a um sinal, essa escrava buzu se levantou acanhada, entre seus iguais. Estava a certa distância de onde comíamos. Gordinha, ela sorria. Concordava em partir sozinha comigo para a França. Todos concordaram. Inclusive Mei Dagi. Negócio fechado.

— Não, não, não, não. *Babo.*

Retomei a conversa. E expliquei, com clareza:

— Não aceito. Não levarei a escrava. Nem ela, nem a esposa, nem o cavalo.

Mei Dagi, excitado, furioso, agarrou no meu braço, disposto a deixar as marcas de suas unhas em meio às das cantáridas. Desfiou, ao pé do ouvido, muitas coisas sobre essa oferta irrecusável. Com uma veemência metafísica.

— Eles não estão te dando um homem, e sim uma mulher! Mei Sanda, acorda!

— Qual a diferença?

— Você não sabe agora a diferença entre homem e mulher?

— Escravo é escravo!

— Ela te fará numerosos bastardos!

— Não estou interessado nisso!

— Você terá uma descendência de servos!

— Não estou interessado!

— Você nos ofende a todos!

Mei Dagi tentava controlar seu desespero e sua indignação. Ele respirava fundo e me explicava quanta consideração por parte dos tuaregues e de Tambari Agali representava aquela oferta, arranhando o seu melhor francês. Até biquinho com os lábios ele fazia. Uma escrava, jovem, parideira. Eu não podia recusar. Bastava olhar para as suas ancas e ver como ela era feita para gerar muitos filhos. Minha recusa seria uma ofensa inimaginável, depois de tantas viagens, visitas, passeios, jantares e leite de camela. Eu criaria um *casus belli*. Recusara um cavalo de primeira linha, depois uma jovem em casamento e agora uma escrava fecunda, novinha em folha!

— O que você deseja Mei Sanda? A federação tuaregue?

A conversa ficou polarizada entre mim e o guia. Entre Mei Sanda e Mei Dagi. Entre o bastão e o sertão. Em francês. Diante de minha postura irredutível, o tom subiu. Foi um bate-boca. Outros assuntos vieram à tona. Ele manifestava seu pleno desgosto com minhas atitudes, modos e maneiras. Eu idem com as dele. Calados, tuaregues, buzus, bastardos, cachorros, camelos e espectros nos observavam, com evidente insatisfação, padecimento, amargor e mágoa.

— Ela vai me abandonar no futuro!

— Jamais!

— A lei francesa permite que ela me abandone.

— Jamais!!

— Não terei como sustentá-la, nem a sua descendência.

— Jamais!!! Ela vai trabalhar para você. Ela e seus filhos.

— Não!

— Você não pode recusar.

— Não!

— Aceite!

— Nunca!

— Por favor, Mei Sanda. Pelo meu único olho iluminado, aceite.

— *Babo*. Jamais!

— Por Alá!

— *Não, nunca* — concluí em português.

Pensei no pior. Os anfitriões começaram a cochichar entre eles. Olhares de reprovação, contrariedade e desagrado caíam sobre mim como espadas, flechas, lanças e enxadas. E cantáridas. Alguns se levantavam e afastavam-se maldizendo, como se enlutados. Lembrei-me do argumento religioso. Ele me ajudara no passado diante de morcegos, *boys* e outras ofertas irrecusáveis. Parti por outro caminho. Talvez me salvasse.

Comecei a elogiar a escrava, seu senhor e tudo o que aquilo representava de extraordinário para mim, dirigindo-me a todos. Uma escrava poderia me resolver muitos problemas. Concordavam. Eu falava que minha alegria e tristeza eram grandes, naquele momento de despedida. O clima parecia de comoção. Dei muitas voltas. Os buzus ficaram de pé e se aproximaram. Quando todos aparentavam compartilhar meu sofrimento por falta de uma escrava, pedi-lhes uma solidariedade ainda maior: aceitarem minha recusa. A religião *rumi* e a condição de cristão romano não me permitiam a posse de escravos, nem de escravas. Principalmente buzus. Estava na epístola aos Gálatas (Gl 3,28).

Não colou. Foi um abalo, uma desolação, uma mistura de drama e tragédia. Com gestos suaves e sutis, os tuaregues cobriram seus rostos com véus. Alguns abaixaram a cabeça e se retiraram. Os escravos buzus cuspiram no chão, recolheram a comida da minha frente com ar de ofensa e de ofendidos. Os gestos falavam por si sós. O clima ficou péssimo. Para meu guia em conflitos étnicos, Mei Dagi, nunca mais deveria voltar ali. E ali significava um raio de uns 2 mil quilômetros. Eu havia ofendido a todos, incluindo a jovem buzu cujos sonhos ficaram cheios de fantasmas brancos e descoloridos. Minha péssima reputação se espalharia por todo o Saara. Por sete gerações.

De todo modo, não iria mesmo voltar tão cedo ali. Estava de partida, para além-mar. Mas não desejava aquilo. Tambari aproximou-se, desejou-me boa viagem, saudou-me com um pequeno sorriso e me deu as costas com um misto de aborrecimento e repugnância. Partiu discutindo em tamaxeque aparentes banalidades com seu Ibrahim, enquanto este brandia sua famosa machadinha. Um pouco como ocorrera com o pastor Diô, me deixava sem maiores conversas. Saiu injucundo, teria dito minha avó. Aquela que a avó dele conhecia. E o que diria para minha avó?

Como no dia em que Tambari dirigiu a coluna militar francesa até Aderbissinat, todos seguiram o chefe num passo marcial. Em um minuto, eu estava só. Até Mei Dagi se eclipsara. Olhei silenciosamente para as estrelas e entrei em minha tenda.

Ao amanhecer, a despedida do acampamento foi melancólica e circunspecta. Sem abraços ou apertos de mão. Eu nunca andei pela África retendo a respiração ou evitando seus povos e seus odores, como dizem os africanos. Vivia com eles e até como eles. Contudo, para mim, essa história de escrava era inconcebível. Para eles também.

Quando saímos, o acampamento estava deserto. Não tinha cor alguma, nem cheiro. Ninguém apareceu para a despedida final. Nem os cachorros. Nada deixado no carro. A não ser um pesado silêncio. Não devolveram nenhum dos presentes precedentes. Ainda bem. Olhei em todas as direções. Não estava em lugar algum o sorriso acolhedor do escravo buzu. Ele também não plantara uma adaga nas minhas costas, enquanto eu dormia, nem nos pneus do veículo. Cogitei tirar uma última foto. Não havia luz nem coragem suficientes. *Babo photos*. Nem um tchau.

Nesse instante, Mei Dagi me mostrou algo que eu não havia notado. Uma enorme transparência. A entrada da tenda havia sido deslocada, discretamente, durante a noite, talvez durante a discussão. Eu entrara na tenda para dormir, saíra de manhã e nem notara. Agora, ela apontava para o sul.

Um mergulho para os céus

Partimos em direção ao sul. Na direção do Brasil. Em poucos minutos, ao avançar pela pista entre as dunas, a discussão com Mei Dagi retornou com virulência. Chateado, me criticava por não haver aceitado a escrava. Acusava-me de ter ofendido a hospitalidade sagrada dos tuaregues. Aproveitara-me de sua boa-fé. Quanto mais o tempo passava, pior era o meu comportamento. Além disso, também não vendera nada de suas mercadorias ali. Nem uma lata de massa de tomate. Sua situação financeira estava crítica. E eu ia abandonar a África do mesmo jeito, incluindo ele.

Mei Dagi denunciava a forma como eu explorava sua boa vontade e pagava-lhe um salário miserável. E agora, sem seu comércio, nada feito. O carro voltava como fora. Cheio de mercadorias. Eu me defendia. Falava de circunstâncias sobre as quais eu não podia fazer nada. Pagava religiosamente as suas diárias. Estávamos de acordo sobre o valor, superior ao que a maioria do pessoal europeu pagava aos africanos. Ele recebia igual aos meus técnicos. Antes de sairmos, havia adiantado metade de suas diárias e mais um extra. Agora pagaria o resto.

Emburrado, não escutava. A essas queixas, o desgostoso Mei Dagi agregou uma lista de penas sentimentais, gestos de abandono, problemas de saúde, conflitos conjugais e contrariedades causadas pelo fato de me acompanhar nas expedições... E isso quando eu o chamava. Quando eu não o chamava ainda era pior: expectativas, angústias, problemas domésticos, gastrites etc.

A discussão foi interrompida, suspensa, quando encalhamos numa mancha de areia, parecida com farinha. Encalhamos mesmo. A culpa era dele. Desde a primeira derrapada, ele insistira para eu sair com o motor, com a força da tração nas quatro rodas. Eu queria descer, retirar um pouco da areia da frente dos pneus e colocar uns galhos para evitar que o carro afundasse. Para Mei Dagi, ele não trabalhava mais para mim. Eu sugerira isso tudo apenas para vê-lo trabalhar. Como um escravo.

Para não piorar o clima, tentei sair para a frente e para trás. Aí o carro se enterrou de vez na areia, até tocar com o diferencial naquela fina farinha de vidro moído. Agora o trabalho seria maior. Era necessário descer as placas de ferro trazidas sobre o veículo. Levantar com o macaco hidráulico cada roda afundada. Colocar uma placa sob cada roda. E arriar o veículo. E repetir do outro lado. Quando o carro saísse, eu deveria mantê-lo andando, lentamente, em grandes círculos. Com cuidado para não encalhar. Mei Dagi recolheria uma placa de cada vez. Alcançaria o carro e a lançaria na carroceria. Quando tudo estivesse embarcado, ele subiria no carro em movimento. Parar naquele tipo de areia tão fina e tentar sair de novo era quase certeza de encalhar outra vez.

Já fizéramos isso antes. Já fizera isso sozinho, uma vez. Bloqueei o acelerador, graças a uma espécie de piloto automático do carro. Travei a direção esterçada, graças a um recurso mecânico previsto, e deixei o veículo rodando lentamente. Depois de me assegurar, sem sair do veículo, que ele dava sua voltinha sozinho, sempre no mesmo círculo e com muita serenidade, desci do carro. Nada sereno, recuperei as placas correndo. Como um louco, lancei-as na carroceria. Voltei a subir no carro em movimento.

Mei Dagi se recusava a me ajudar. Discutimos. Bastou a proposta de uns *kudis* adicionais e isso logo o demoveu de seu posicionamento obstinado. Ele desceu. Seguiu com cuidado e com minha ajuda a maioria das etapas. Resolvemos o problema. Quando desencalhamos e começamos a rodar, paguei-o imediatamente. Tudo o que eu lhe devia com alguma gorjeta. Ele olhou com desprezo. Cobertos dessa areia irritante do Saara, penetrando pelo corpo e pelas roupas como se estivesse cheia de vida e mobilidade, prosseguimos em silêncio. Emburrados. Por muitos quilômetros.

Num dado momento, surgiu uma enorme lagoa temporária em nosso caminho. A pista entrava de um lado e saía do outro, bem longe. Fiquei preocupado em atravessá-la com o veículo. Nunca passara por ali. Talvez no centro a lagoa fosse profunda demais. Poderia existir algum obstáculo submerso. Falei em contorná-la. Isso implicava um longo e cuidadoso desvio em meio à estepe. E talvez encalhássemos mais umas vezes.

Mei Dagi, sem olhar para mim, disse não. Taxativamente. *Babo*. Eu podia seguir em frente, sem problemas. *Ein baiot*. Não era necessário contornar. Íamos acabar furando os pneus ou encalhando de novo na areia se nos embrenhássemos pela estepe. E ele não me ajudaria mais por nenhum dinheiro do mundo. Na prática, isso significava: por menos de 50 francos CFA. Acima disso, tenho certeza, o negócio seria fechado.

— Vá em frente — Mei Dagi proclamou, estendendo o braço, a mão e um dedo em riste.

Fui. Como o clima não era dos melhores, não quis contrariá-lo e entrei com o veículo tracionado e reduzido na água. O centro da lagoa era profundo, como previsível. A água foi subindo e chegou quase ao nível da janela. Nada para assustar um Land Rover. O nível da água logo começou a baixar, à medida que eu avançava. Mantinha o rumo, imaginava o traçado da pista embaixo d'água. Atravessava a lagoa, lentamente. Até relaxei. Já, já estaríamos do outro lado.

Para minha surpresa, de repente senti as rodas dianteiras flutuarem. A direção mecânica ficou leve como se fosse assistida ou automática. O carro jogou para a direita. Tentei controlar. Ele flutuou, girou e entrou na água de traseira. E afundou completamente, em marcha a ré. Ficamos quase plantados na água. A frente do carro de fora e o resto, submerso. Apesar das tentativas, o carro encalhou as rodas traseiras, enquanto as dianteiras giravam no vazio, agitando a água turva. Não havia como sair. Olhei para Mei Dagi e ele, agarrado no painel, me disse desolado:

— O que está esperando, Mei Sanda? Desliga logo esse motor.

Foi o que fiz. Descemos pela frente e entramos na água. Na traseira tudo estava ensopado, parte afundando, parte flutuando: herbário, anotações, valises com roupas, catre, comidas, amostras de solos, esperanças, latinhas de massa de tomate, pesquisas e boa parte das mercadorias de Mei Dagi. Afastamo-nos um pouco e ficamos em silêncio. Contemplativos, molhados e ridículos.

Era patético ver o veículo plantado daquela forma. Precisávamos de alguém para nos rebocar. Por ali não passaria ninguém. O jeito era ir buscar ajuda no povoado de Mayahi, o núcleo urbano mais próximo, cortando caminho por dentro da estepe. Mei Dagi disse ter avistado um pastor com um pequeno rebanho e alguns dromedários nas proximidades da lagoa. Eu, como sempre, nada vira. Ele se afastou. Saiu caminhando, cômico, com seu chapéu de caubói e mais da metade de seu bubu ensopado, colado às suas pernas.

Tentava imaginar o impacto daquela inundação sobre minhas anotações e coletas. Era trágico. A água terminou por atingir o banco da frente e alguns de nossos pacotes flutuavam na janela da porta dianteira. Salvei duas ou três coisas e, com a rou-

UM MERGULHO PARA OS CÉUS

pa ensopada, saí da lagoa. Meu sentimento era de muita leveza. Sentia-me como um neonato, um batizado. Livre do veículo, das mercadorias, da ciência, de Mei Dagi e de tudo. Pensei em deitar sob algum arbusto e, em sonho, ser elevado aos céus. Dormi. Mas meu êxtase durou pouco. Para minha surpresa, Mei Dagi voltou logo com um pastor. Traziam dois dromedários. Falou comigo, de novo, de forma taxativa:

— Você, suba nesse dromedário e o siga.

— Sim.

— Ele vai te levar até Mayahi

— Sim.

— Lá você paga a ele 5 mil francos CFA, pede ajuda à Administração e retorna. Enquanto isso, fico tomando conta de tudo.

— Sim, patrão — eu disse com ironia.

— Se sair agora, você chega lá amanhã de manhã.

— Não seria melhor você ir em meu lugar?

— *Babo*. Você é a autoridade. Se eu for, não consigo nada

 - Sim, patrão.

Confesso que até achei interessante essa pequena aventura no dromedário para encerrar meus périplos sahelianos. Eu me sentia tão leve. A minha resposta também foi taxativa:

— Vou mesmo. E você, esvazie o carro. Imediatamente.

— Sim, patrão — respondeu Mei Dagi, sereno.

— Ponha todas as coisas para secar.

— Sim, patrão.

— Bem afastadas da lagoa.

— Sim, patrão.

— Pode chover. A lagoa encherá muito mais. Não podemos correr esse risco.

— Sim, patrão.

— Se for o caso, sinalize a posição do carro. Faça isso já.

— Sim, patrão.

— Voltarei o mais rápido possível.

— Sim, patrão. Boa viagem.

Recuperei meu cantil e um saco intacto de bolachas, localizado a salvo das águas, no porta-luvas do carro. Coloquei uma toalha colorida, sempre levada no banco do carro, sob meu chapéu. Ainda encharcado, acomodei-me no meu dromedário. Ninguém monta um dromedário. A gente se acomoda. Um pequeno gesto para meu novo guia e partimos. Meu dromedário seguia o outro, o do guia. Esse pastor parecia um *tubu*, outra etnia da região, muito requisitada para fornecer guardas e vigilantes de residências e edifícios. Gente linha-dura.

Nossa silenciosa caravana de dois camelídeos se pôs em marcha. Sem dizer uma palavra, ele deixou a pista para Mayahi e começou a cortar caminho pelas dunas, em meio à vegetação. Tinha razão. E conhecia os atalhos para dromedários. Os animais prosseguiam lentamente. O passo e o sacolejar eram constantes. Dava quase para dormir montado. Caminhamos pouco mais de uma hora, com o vento nas costas. O silêncio habitual do Sahel nos envolvia, ritmado pelo farfalhar das almofadadas patas dos animais, pilando as areias. De repente, o homem se levantou em seu dromedário. E parou. Voltou-se para mim, atônito. Fiquei assustado. Com um sorriso, ele disse:

— *Mota! Mota!* Carro! Carro!

— *Ina? Ina?* Onde? Onde?

Eu olhava para todos os lados, sem ouvir nem ver nada. Como sempre me acontecia no caso de avestruzes, gazelas e chacais. Ele não respondeu às minhas perguntas. Eu não escutava nenhum ruído de motor ou de algo parecido. Então o *tubu* desembestou, sem dar indicações. Corria o máximo possível. Galopava firme, numa direção determinada. Eu pensava no risco de esse carro passar e nós não conseguirmos alcançá-lo. Talvez fosse essa a tentativa dele, a de cortar o caminho do carro.

Meu dromedário o seguia, e aos poucos foi ganhando velocidade. Ao contrário dos cavalos, e da maioria dos quadrúpedes, os dromedários e os camelos não têm um ligamento que mantenha as patas dianteiras bem junto ao corpo. Por isso eles são capazes de afastar as pernas dianteiras, e quase fazem um *grand écart* quando se abaixam para beber água. O outro lado dessa curiosa morfologia se manifesta perigosamente quando correm. As patas lançadas para a frente não se projetam de forma paralela como as dos cães, gazelas, bois e cavalos. Elas parecem se cruzar e se embaralhar em pleno galope. O tombo se anuncia a cada passada, iminente, sempre por um triz.

Eu tentava frear e não conseguia. O animal fazia jus à etimologia do seu nome, dromedário, do grego *dromas*, "o que corre". E corria mesmo. O cantil pulava de um lado para outro. O pacote de bolachas caiu. Junto com ele, também uma folha recheada das últimas ideias e pretensões ainda presentes em minha cabeça. Tentava me manter. Tentava guardar o resto de conhecimentos e de dignidade. Inútil. Quando a correia do cantil se partiu, lá se foram os últimos restos das reservas de água, das minhas ciências e de minhas derradeiras lembranças.

Quando chegamos ao alto de uma duna, pela primeira vez vi e ouvi dois carros ao longe. Desciam do outro lado e vinham em nossa direção. O *tubu*, com grande dianteira, já corria como louco no fundo do pequeno vale, ao encontro dos veículos. Quando o viram, diminuíram a marcha. Devem ter ficado assustados. Não sabiam do que se tratava. Talvez um ataque de algum grupo étnico desconhecido. Agora só faltava atirarem em meu guia ou abaterem seu dromedário!

Aproximaram-se. Nada de tiros. O *tubu* desceu do camelo. O meu mais novo auxiliar de fortuna gesticulava, excitado. Apontava na minha direção. Dava pulinhos de alegria. O retardatário

352 A GEOGRAFIA DA PELE

Mei Sanda apareceu depois, distante, agarrado, amassado, aferrado meio de lado no dromedário. Quase caindo.

Enquanto aqueles senhores brancos desciam de seus Land Rovers, ultramodernos e equipados, me aproximei. O *tubu* apontava para mim, inclinando-se e fazendo reverências. Praticamente caí do dromedário. E dei a primeira risada do dia. Um britânico, num inglês impecável, me saudou:

— *Dr. Livestone, I presume.*

Humor à parte, era inacreditável encontrar ajuda tão cedo e tão perto. Eles faziam parte de um programa de luta contra a praga dos gafanhotos. Dirigiam-se, em prospecção, à cidade de Maradi. Quando lhes contei meu problema, eles ficaram um pouco decepcionados. O seu desejo era salvar-me de uma situação mais complexa e difícil. Nem a ponto de morrer de sede e fome estávamos. Mesmo sem a chance de praticarem grandes heroísmos, estavam prontos para salvar Mei Sanda e seu veículo.

Paguei o prometido ao homem dos dromedários. O previsto, caso ele tivesse ido até Mayahi. Ele ficou feliz da vida. Com calma, eu conversava com os ingleses sobre o ocorrido e a improvável coincidência de encontrá-los por ali, naquele deserto. Com fleuma, subi no carro dos ingleses e indiquei a direção aproximada da fatídica lagoa.

Paramos numa pequena colina e com poderosos binóculos contemplamos a lagoa, o Land Rover atolado e meu guia adormecido. Ao contrário do ordenado e combinado, Mei Dagi não movera uma palha. Dormia sob a tortuosa e minúscula sombra de um arbusto que seu corpo acompanhava no detalhe. Tinha umas 24 horas pela frente antes de me ver de regresso. Por que apressar-se? O inglês fazia comentários bem-humorados. E, de repente, tocou sua poderosa buzina.

Ao ouvir aquele som, mais o ruído dos motores, talvez ainda sem nos ver claramente no horizonte, Mei Dagi começou a cor-

UM MERGULHO PARA OS CÉUS

rer, como um super-herói, tirando as coisas do carro e organizando-as ao sol. Saía e entrava na água com a agilidade de um crocodilo do Nilo. Pedi que o inglês fosse mais devagar. Mei Dagi precisava de tempo para terminar sua tarefa. E recolocaria tudo de volta, logo depois.

Separou suas coisas das minhas. As suas, devidamente classificadas e delicadamente colocadas na areia. As minhas, amontoadas e lançadas ao solo sem cerimônia. Formaram duas pirâmides: uma quase perfeita e a outra, a minha, em ruínas.

Mei Dagi ficou estupefato com nossa chegada. Desci do carro e deixei a operação resgate nas mãos dos representantes de Sua Majestade, a rainha Elizabeth. Eles analisaram o caso. Aproximaram um de seus veículos. Começaram a esticar seus cabos de aço, entraram na água e os engataram na frente emersa do meu carro. Para isso tiveram de avançar num trecho da lagoa que antes prospectaram, tocando o fundo com um bastão. Não sabiam quantas manobras seriam necessárias para salvar meu veículo. Por segurança, engataram a traseira de seu Land Rover na frente de seu outro veículo. Se fosse necessário, os dois tracionariam.

Enquanto tratavam do caso, Mei Dagi conversava com o guia hauçá dos ingleses. Informado sobre o destino final do grupo, a sua querida cidade de Maradi, Mei Dagi pediu autorização aos bretões e começou a colocar seus pertences no outro carro dos ingleses. Terminou de arranjar as coisas, louco para me perguntar como eu achara aqueles dois veículos. Seu novo amigo hauçá não fora capaz de informar-lhe.

A operação britânica de resgate foi outra decepção. Engatado ao carro dos ingleses, por um cabo ligado ao torque, o veículo saiu da lagoa no primeiro puxão. Suavemente. Nada de pneus patinando, fumaça de embreagem, trancos, rupturas de cabos e complicações. Apenas o torque do motor girando seu sarilho.

354 A GEOGRAFIA DA PELE

Nenhuma necessidade de usar dois veículos. Nem de realizar complexas manobras automobilísticas. Nada mais foi necessário.

Quando o veículo estabilizou, subi a bordo para conduzi-lo, sem ligar o motor. Estacionei-o num local inclinado para facilitar a saída da água. Abri as portas. A água minava de todas as partes. Mei Dagi ajudou a secar os bancos e o que foi possível. Superficialmente. Recolocou ou chafurdou meus pertences ensopados no veículo. Enquanto isso, os ingleses coletavam uns gafanhotos e preparavam um lanchinho, com direito a chá.

Eu conversava animado com os súditos de Sua Majestade. Mei Dagi bufava. Por fim, eu relaxava um pouco de um período difícil. Quando nos preparávamos para sair, apareceu o dono dos dromedários, o valoroso *tubu*, com o pacote de bolachas na mão, a toalha colorida e meu cantil. Viera até nós para devolvê-los. Estava de roupa trocada e trajava uma veste colorida, muito elegante. Um mistério. Teria tido tempo de ir até a cidade comprar uma roupa nova só para entregar o pacote de bolachas? Usou um de seus dromedários voadores? Autorizei-o a guardar as bolachas, o cantil e a toalha de lembrança. Ele agradeceu atônito e foi conversar com Mei Dagi. Antes de atendê-lo, Mei Dagi perguntou-me se eu havia pagado o *tubu*.

— Sim. Paguei todos os *kudis* prometidos. Tudo.

— Tudo?

— Tudo.

Ele se afastou, esfregando as mãos. Seu olho singular brilhava. Tive a certeza de que ele cobraria uma comissão do *tubu*. As conversas com os ingleses e o surrealismo do chá perfumado mobilizavam minha atenção.

Passado algum tempo, Mei Dagi apareceu e me chamou. Fez algumas considerações e me pediu para acertar ali mesmo, antes de partirmos, o pouco que eu lhe devia. Havia acertado e adiantado tudo antes do início da viagem, mas ele exigira um adicional para acompanhar-me ao norte de Dan Kulu, em terras tuaregues. Concordei, para não criar mais nenhum *casus belli*. Tinha dinheiro e paguei-o com folga. O único senão eram as cédulas: velhas e molhadas. Ele agradeceu. Guardou o dinheiro e voltou a mascar sua noz-de-cola. Sempre de olho no outro veículo, onde estavam seus úmidos pertences.

Seguimos nos três carros para Maradi. Um verdadeiro comboio. Por conhecer mais o lugar ou por ter um carro inferior, eu seguia na frente. No início, deixei um pequeno rastro de água pelas areias. Não sei como podia continuar saindo tanta água das entranhas e profundezas do veículo. Era como se ele tivesse bebido toda a lagoa e escondido reservas de água como um dromedário de metal. Mei Dagi vigiava de perto suas coisas e mercadorias. Atento aos retrovisores. E se os ingleses tentassem uma fuga desesperada para se apropriar de suas latinhas de massa de tomate e sardinhas? Nunca se sabe.

Anoiteceu. Avançávamos por uma pista de laterita, bem implantada. Quando comecei a perceber as luzes da cidade de Maradi no horizonte, notei nos céus algo familiar, que ainda não tinha observado. Seria possível? Parei o carro ao lado da pista e desci. Apaguei os faróis. Os ingleses fizeram o mesmo e se aproximaram, curiosos. O céu estava estrelado como eu nunca vira. Bem diante de nós, pairava magicamente sobre a cidade de Maradi, perto da linha do horizonte, a constelação do Cruzeiro do Sul. Aquilo me transportou ao Brasil.

Decidi parar um pouco por ali. Bastava aos ingleses seguir em frente. A cidade já estava visível no horizonte. Mei Dagi perguntou se podia seguir com eles, acompanhando suas mercadorias. Eles concordaram. Eu também. Mei Dagi agradeceu levantando o seu chapéu de caubói com a mão direita. Deu-me um tapinha nas costas, fixou-me com seu olho ciclópico e disse:

356 A GEOGRAFIA DA PELE

— Eu esperava um pouco mais de *kudis* de sua parte, depois de tudo o que fiz por você. Mas quem sabe o futuro?

Contemplei-o uma última vez, com uma infinita compaixão. Ele sorriu encabulado. Fechou seu olho ciclópico e saiu. Nunca mais o vi.

O comboio afro-britânico afastou-se. Logo desapareceu com suas luzes, rugidos e fumaça. A estrada deserta fundiu-se na escuridão reinante. Subi no teto do carro. O ruído dos grilos enfeitava o vento. Não estridulavam. Apenas berravam para um céu negro e impenetrável. Apreciei, mais uma vez, o espetáculo do oráculo celeste. Perscrutei o silêncio das estrelas, por um momento. Sentia os odores do Sahel, o frescor da brisa, e contemplava o cosmos. Sentia-me um verdadeiro Rei Mago, a caminho do mistério.

Um meteoro rasgou a escuridão, como a garra de uma águia. Resvalou no Cruzeiro do Sul e deixou um longo risco alaranjado no céu, quase perpendicular ao horizonte, em direção ao austro. Para mim, era um derradeiro e estupendo sinal. Eu não acreditava no que vira. Que sincronismo. Se, junto aos tuaregues, uma porta de tenda voltada para o Sul indicava uma imperiosa necessidade de deixar um acampamento, a conjunção do Cruzeiro do Sul com o rastro de um meteoro convidava a abandonar um continente para um dia — quando a política, a história e a vida permitissem — retornar ao Brasil.

Em Maradi, nos dias seguintes, avaliei os estragos da inundação no deserto. As coletas florísticas estavam inutilizadas. Perdi diversas amostras de solos e parte dos cadernos de anotações. Lavei e deixei secar as roupas, logo doadas aos familiares do guarda da casa onde ficava a base de pesquisa. A data de partida se aproximava. Uma coisa era certa: não haveria excesso de peso na bagagem. Ao embarcar para a França, meu corpo perdera pelo menos 10% do seu peso e as bagagens uns 50%. Nunca me senti tão leve e aliviado.

Meu bastão desaparecera durante o incidente na lagoa. Não tinha a menor ideia de quando e como. Talvez ele tenha saído do veículo nadando, discretamente, na lagoa. Como uma enguia de água doce. Ou quem sabe escapou rastejando como uma serpente, com medo do inverno europeu. Talvez tenha caído do dromedário. E espetou-se no chão e transformou-se numa árvore. Ou Mei Dagi, raivoso, o enterrou na estepe. Se algum pastor ou o *tubu* o encontrar, mesmo nos dias de hoje, fará bom uso. Quem sabe se Mei Dagi não lançou o meu bastão na água, no meio da lagoa? Sua madeira era matéria eterna, capaz de adoçar qualquer água amarga da mãe África.

Senti a perda do bastão. Seu desaparecimento marcou radicalmente o fim da minha fase Mei Sanda. Agora estava sem Haladu, Diô, Mei Dagi, Tambari ou Yakei. E sem o meu bastão. Só me restava voltar para a França. Magro, barbado, tatuado pelo Sahel, queimado pelo sol, solteiro, solitário, bem moreninho, sem cavalos ou camelos, sem terras, sem uma bela esposa tuaregue, nem uma parideira escrava buzu.

O hauçá consta em meu *curriculum vitae*, na parte de línguas estrangeiras. Quem lê ou descobre esse fato está diante de um mistério. Hauçá? O que é isso? Há trinta anos estou mudo em hauçá. Não ouço, não falo e não leio. A areia do tempo apagou e soterrou essa língua africana em meu coração. E não há pastores peuls capazes de retirá-la desse poço. Após frequentarem por vários anos as minhas noites, os olhares peuls, a luta dos hauçás, as espadas dos tuaregues e até os sorrisos de Yakei desapareceram de meus sonhos e pesadelos. Sua morte misteriosa interroga e pede mais trinta anos de segredo.

Voltei várias vezes à África. Nunca ao Níger. No papel da memória ficaram sinais hieroglíficos, espelhados nos céus de minha epiderme. As marcas na pele, o tempo não apagou. Diluíram-se em meio a tantas outras, amazônicas, polares e nordestinas. À noite, ainda cintilam. Sempre as contemplo. Diante desses grafismos, com suas vozes de oráculo mudo e sua misteriosa geografia, ainda me pergunto:

— Quem sabe o futuro?

Epílogo

As terras do Sahel vivem dias difíceis neste século XXI, particularmente no Mali, no Níger e na Nigéria. Ao sul de Magami, impera o movimento islamita radical Boko Haram (que significa "o Ocidente é impuro"). Seus militantes agem livremente, sequestram mulheres, atacam vilarejos, incendeiam igrejas, estupram e escravizam jovens cristãs. Matam e mantêm sob terror a população de uma ampla região, impondo a charia, a lei islâmica, aplicada com extremo rigor. Ao norte, a revolta armada dos tuaregues na última década, a derrubada do ditador Kadafi na Líbia, a criação abortada de um Estado islâmico pela *Al-Qaeda* no Mali e a intervenção militar da França e dos países africanos trouxeram violência e insegurança inéditas para os nômades do Saara e para os vilarejos nas fronteiras do Sahel com o grande deserto. Em meio a emboscadas, combates, bombardeios e controles militares, os agricultores, os pastores e seus rebanhos persistem silenciosamente na busca de seus humildes e infindáveis sonhos verdes.

Epílogo

Principais plantas e árvores citadas

	NOMES		FAMÍLIA
Português	Hauçá	Científico	
?	Aduwa	Balanites aegyptiaca	Balanitaceae
?	Bagaruwa	Acacia nilotica	Fabaceae
?	Dachi	Commiphora africana	Burseraceae
?	Gao	Faidherbia albida	Fabaceae
?	Yodo	Ceratotheca sesamoïdes	Pedaliaceae
?	Dum ou Kaba	Hyphaene thebaica	Arecaceae
?	Nelbi ou Kaya	Diospyros mespiliformis	Ebenaceae
Amendoim	Gugiá	Arachis hypogaea	Fabaceae
Andropogon	Gamba	Andropogon gayanus	Poaceae
Anona	Goandá	Annona senegalensis	Anonaceae
Baobá	Kuka	Adansonia digitata	Bombacaceae
Caqui	?	Diospyros kaki	Ebenaceae

Carité	*Karité*	*Vitellaria paradoxa*	*Sapotaceae*
Feijão--fradinho	*Wakê*	*Vigna unguiculata*	*Fabaceae*
Jujuba	*Magaria*	*Ziziphus mauritiana*	*Rhamnaceae*
Lã de seda	*Tunfafia*	*Calotropis procera*	*Asclepiadaceae*
Milheto	*Hatsı*	*Pennisetum americanum*	*Poaceae*
Nim	*Neem*	*Azadirachta indica*	*Meliaceae*
Paineira	*Kuryia*	*Bombax costatum*	*Bombacaceae*

Este livro foi composto na tipologia Palatino LT Std,
em corpo 11/16,35, e impresso em papel off-white
no Sistema Cameron da Divisão Gráfica
da Distribuidora Record.